Annegret und Wolfgang Weikert

Rebellen in Strampelhosen

Ebenfalls von ANNEGRET WEIKERT im Ariston Verlag erschienen:

Tyrannen in Turnschuhen
Überlebenstraining für geplagte Eltern

Annegret Weikert, 1955 geboren, hat Erziehungswissenschaften studiert und als Diplompädagogin erste Erfahrungen mit der gesamten Erziehungsproblematik durch ihre Mitarbeit in einem freien »Kinderladen« gesammelt. Sie absolvierte eine Zusatzausbildung als Paar- und Familientherapeutin und arbeitet in einem Klinikum und in der Erwachsenenbildung. Sie verfaßte mehrere Fachpublikationen über die Gruppenarbeit mit Frauen und schrieb zusammen mit ihrem Mann, *Wolfgang Weikert* (Jahrgang 1951, Verhaltenstherapeut, Sachbuchautor), bereits mehrere Bücher, darunter *»Tyrannen in Turnschuhen«* (Ariston Verlag, 1994). Mit ihm hat sie zwei Kinder im Alter von 12 und 16 Jahren.

Annegret und Wolfgang Weikert

Rebellen in Strampelhosen

Familienglück mit kleinen Monstern

Ariston Verlag

Die Deutsche Bibliothek – CIP-Einheitsaufnahme

WEIKERT, ANNEGRET:
Rebellen in Strampelhosen :
Familienglück mit kleinen Monstern /
Annegret und Wolfgang Weikert. – Erstaufl. –
Kreuzlingen ; München : Ariston Verlag, 1996
ISBN 3-7205-1939-2
NE: Weikert, Wolfgang

Einbandgestaltung: Egon Meichtry, Zürich
Titelmotiv: Prisma Zürich, Stockimagery
Satz: SatzTeam Berger, Ellenberg
Druck und Bindung: Wiener Verlag, Himberg

Erstauflage: September 1996
Printed in Austria

ISBN 3-7205-1939-2

Inhalt

Dieses Buch ist
der neuesten Rebellengeneration,
Nele und Lotte, gewidmet.

Zur Einführung

Partnerschaft, Kinderwunsch, Schwangerschaft und Geburt sind wichtige Lebensphasen. In ihnen stecken viele Möglichkeiten zu persönlichem Wachstum und Reife. Sie bergen, bei realistischer Betrachtung, aber auch einige Risiken. Doch keine Angst: Mit ein bißchen Vorbereitung und gutem Willen kann man die meisten »Klippen umschiffen«.

Wie der Titel dieses Buches schon sagt, sind die Babys und Kleinkinder unsere »Zielgruppe«. Wir sehen sie – aus eigener Erfahrung – keineswegs nur als »die süßen Kleinen«, sondern durchaus auch als »Rebellen«, die sich stets zu Wort melden. Neben aller Freude verbindet sich mit ihnen zugleich eine Aufgabe, der Eltern sich stellen und gewachsen sein sollten. Kinder weisen sofort darauf hin – meist unmißverständlich und lautstark –, wenn sie das für sie Notwendige nicht oder nicht ausreichend erhalten, wenn ihre Bedürfnisse nicht erfüllt werden. Und sie sind gleichsam der Familienseismograph, der untrüglich anzeigt, wenn innerhalb der Familie »etwas nicht stimmt«, Spannungen, Belastungen, Mängel oder andere Schwierigkeiten herrschen.

Das ist der Grund, warum wir uns, ohne unseren »Schwerpunkt«, das Kind, aus den Augen zu verlieren, zu Beginn scheinbar von ihm entfernen – in seine nächste Umgebung, seine Familie, die Partnerschaft der Eltern.

Viele Elternratgeber beschränken sich auf das Kind und sein Verhalten. Die Eltern und deren Situation werden kaum genügend einbezogen und hinterfragt. Die komplexen Zusammenhänge um die Entwicklung und Erziehung des Kindes und die verschiedensten daran beteiligten Einflüsse verlangen jedoch eine umfassendere Betrachtung. Denn das Schicksal des Kindes beginnt bereits mit der Entscheidung zweier Menschen für eine *Partnerschaft*.

Der *Kinderwunsch* wirft einen Teil dieser Fragen neu auf. Wer sich ein Kind wünscht oder ein Kind erwartet, denkt meistens wieder darüber nach, ob die Ehe noch zeitgemäß ist oder nicht – jetzt mit dem Schwerpunkt: Wie wird das für unser Kind sein? Sind Kinder benachteiligt, wenn man nicht verheiratet ist? – Sie finden in diesem Buch nicht nur eine kompetente Antwort darauf, sondern zur besseren Einschätzung auch die Ergebnisse der neuesten Untersuchungen zu Ehe und Partnerschaft.

In der *Schwangerschaft* zeigt es sich, wie verläßlich und stabil die Partnerschaft ist. Hilft man einander oder geht einer dem anderen während dieser besonderen Lebensphase »auf die Nerven«? Worauf muß man dabei achten? Wie kann man Mißverständnisse vermeiden? Soll man streiten, oder lieber schweigend dulden? Wohin mit den Gefühlen? Fühlen sich alle Frauen so wie ich? Oder bin ich »nicht mehr ganz normal«? – Wir verraten Ihnen die besten Tips und Tricks für diese schwierige Zeit und erprobte Lösungsvorschläge für die meisten Konflikte und Krisen in der Schwangerschaft.

Endlich ist es soweit: Der neue Erdenbürger ist da. Aber in die große Freude über die *Geburt* des Kindes mischt sich Angst: Mache ich alles richtig? Das Kind bringt zunächst alles restlos durcheinander. Es verändert unseren Tagesablauf, aber auch unseren persönlichen Lebensrhythmus. Dieser richtet sich nun nicht mehr nach unseren eigenen Bedürfnissen, sondern nach den Bedürfnissen des Babys. Zur Freude über das Kind gesellt sich das Gefühl der Überlastung. Aber was kann man dagegen unternehmen? Wieviel Liebe und Zuwendung braucht ein Baby? Und wieviel Ruhe braucht eine Mutter, ein Vater?

Damit das neugeborene Kind »zu seinem Recht« kommt, bedarf es ausgeglichener, ruhiger, gelassener Eltern und vor allem einer zufriedenen und glücklichen Mutter (die ja meist die Hauptbezugsperson ist). Aber wie kann man glücklich und zufrieden sein, wenn man vor Überlastung ständig angespannt und nervös ist? Wie kann man die Bedürfnisse des Kindes nach Liebe, Zuwendung und Zärtlichkeit befriedigen, ohne sich selbst dabei zu vergessen? – Das Geheimnis einer erfolgreichen, für alle Seiten befriedigenden Kindererziehung heißt: *ein ausgewogenes Gleichgewicht zwischen den Bedürfnissen der Mutter, des Vaters und des Kindes herstellen.* Denn nur zufriedene Eltern können zufriedene Kinder aufziehen.

Aber wie können die Eltern in solch einer anstrengenden Situation, wie die Geburt des Kindes sie darstellt, zufrieden sein? Dazu sollten Sie sich zunächst über Ihre eigenen Bedürfnisse klar werden. Wir geben Ihnen dazu viele Anregungen und Hinweise, die Ihnen helfen können, Ihre eigenen Bedürfnisse besser einschätzen zu lernen. Wesentlich ist es dazu auch, die Quelle dieser Bedürfnisse zu erkennen, die in der eigenen Kindheit verborgen liegen kann. Neueste wissenschaftliche Forschungen haben ergeben, daß zum Beispiel Mütter, die sich in der Erziehung ihrer Kinder verausgaben und selbst völlig zu kurz kommen, nicht selten selbst als Kinder vernachlässigt wurden.

Indem Sie versuchen, Ihre eigenen Bedürfnisse herauszufinden, lernen Sie sich auch selbst besser kennen und verstehen. Wie verschiedene Untersuchungen zeigen, projizieren wir oft eigene vernachlässigte Bedürfnisse auf unsere Kinder. Wir agieren hier Verletzungen aus, versuchen, es selbst »besser zu machen als unsere Eltern«, und vergessen dabei, daß wir nicht um unser Kind und sein Wohl, sondern um unser eigenes Wohl bemüht sind.

Dies läßt sich vermeiden, wenn wir gut über uns selbst und unsere Entwicklung als Kind Bescheid wissen. Nur eine Mutter oder ein Vater, die sich über ihre eigenen, oft verschütteten Bedürfnisse im klaren sind, können ihren Kindern gute Eltern sein. Kinder sind nicht dazu da, unerfüllte Wünsche und Bedürfnisse der Eltern zu befriedigen.

Ein Gleichgewicht zwischen Ihren eigenen Bedürfnissen und denen des Kindes können Sie finden, indem Sie sich nicht hintanstellen und zugunsten des Kindes verzichten, sondern sich selbst fragen: Was fehlt mir? Wo brauche ich etwas und wie kann ich es bekommen? Wer sich auf diese Weise mit sich selbst beschäftigt, (miß-)braucht nicht sein Kind, um seine eigenen Bedürfnisse erfüllt zu sehen. Es ist gar nicht so schwer, ein ausgewogenes Verhältnis zwischen den eigenen Bedürfnissen und denen des Kindes zu erreichen, wenn man sich selbst nicht vergißt. Nicht das Kind sollte im Mittelpunkt stehen, sondern Sie selbst.

Der Aufbau des Buches folgt den Lebensjahren des Kindes und zeigt Ihnen die wichtigsten Phasen im Leben eines Kleinkindes auf. Von der Schwangerschaft bis zur Einschulung lernen Sie alle wichtigen Entwicklungsschritte kennen, die Ihr Kind durchläuft. Ob es sich um die richtige Ernährung handelt, um das leidige »Auf's-Töpfchen-Gehen« oder um das oftmals entnervende Geschrei des Kindes – Sie erfahren, wozu dies alles dienen kann und was es bedeutet.

1.
Wenn aus Paaren Eltern werden

Partnerschaft, Schwangerschaft und Geburt

Können Sie sich noch daran erinnern, wie es war, als Sie Ihrem Partner mitteilten: »Wir bekommen ein Kind!« Vielleicht sind Ihnen die Gefühle, die Sie dabei empfanden, noch ganz präsent. Sie wissen genau, wie Sie sich freuten und wie sich in diese Freude langsam auch Ängste mischten. Wie wird er reagieren? Was wird er dazu sagen? Wie wird er sich verhalten?

Auch wenn Ihre Schwangerschaft schon einige Zeit vorüber ist, werden Sie sich noch lange an diese Zeit erinnern. Die meisten Frauen vergessen sie nie. Das ist verständlich, handelt es sich doch um eine der wichtigsten Lebensphasen, in der sich zeigen wird, wie stabil ihre Partnerschaft ist. In dieser Phase entscheidet es sich oft, ob sich eigene und gemeinsame Vorstellungen und Träume in die Realität umsetzen lassen.

Vielleicht gehören Sie aber zu jenen Frauen, die gerade inmitten dieser Phase stehen und gerne wissen möchten, was in dieser schwierigen Situation für sie wichtig ist, worauf sie unbedingt achten sollten.

Unabhängig davon, ob alle Fragen um Schwangerschaft und Partnerschaft gerade aktuell für Sie sind oder schon einige Zeit zurückliegen, hilft Ihnen dieses Kapitel, vieles besser zu verstehen. Denn es bietet Ihnen die Möglichkeit, entweder noch einmal über bestimmte Abläufe während der Schwangerschaft und über ihren Einfluß auf Ihre Partnerschaft und die nachfolgende Kindererziehung nachzudenken, oder sich auf diese vorzubereiten.

Wir wissen heute, daß einige der häufigsten Erziehungsprobleme in der frühen (und späteren) Kindheit ihre Ursache in Unstimmigkeiten haben, die sich schon vor der Geburt des Kindes abzeichnen und sich schon frühzeitig erkennen lassen, wenn man weiß, worauf man achten soll. Immer mehr wissenschaftliche Untersuchungen beschäftigen sich daher mit der Entwicklung einer Partnerschaft und den dabei auftretenden Problemen. Sie fördern Befunde ans Licht, die noch wenig bekannt sind, aber zunehmend an Bedeutung für die Lösung von Partnerschaftsproblemen gewinnen.

Die folgenden Seiten schildern die häufigsten Probleme, denen sich Eltern oder solche, die es werden wollen, bereits vor der Geburt gegenübersehen. Dabei spielt es zwar eine gewisse Rolle, wie alt Sie sind und wie lange Sie bereits in einer Partnerschaft leben, aber die zwangsläufig auftretenden Schwierigkeiten sind altersunabhängig. Sie entstehen – was nur die wenigsten Paare wissen – bei allen, die sich zusammentun und ihr Leben gemeinsam verbringen wollen. Der Umgang mit diesen (vorhersehbaren) Konflikten beeinflußt, wie wir herausfanden, nicht nur den späteren Erziehungsalltag, sondern er entscheidet auch darüber, ob die Partnerschaft auf Dauer hält, ob sie zu einer zufriedenstellenden und glücklichen Lebensgemeinschaft werden kann. Keine Angst! In den weiteren Kapiteln erfahren Sie, wie Sie diesen Krisen, Konflikten und Problemen so begegnen können, daß Sie mit sich selbst und mit Ihrem Partner zufrieden sind.

Christiane und Rolf: Ängste und Unsicherheiten in der Schwangerschaft

Christiane (23), Studentin der Pädagogik, war nervös. Seit ein paar Tagen wartete sie auf ihre Menstruation. Normalerweise kam ihre Regel mit der Pünktlichkeit einer Uhr. Aber nun war sie ausgeblieben. Zuerst hatte Christiane sich noch nicht allzuviel dabei gedacht. »Sie wird schon kommen. Bisher ist sie immer gekommen!« Doch nach ein paar weiteren Tagen des Wartens wurde sie immer nervöser. »Ich dachte: ›Hoffentlich bekommst du kein Kind!‹«

Sie behielt ihre Ängste zunächst für sich. Sie wollte ihren Freund

Rolf (25) damit nicht belasten. Rolf befand sich gerade im Examen und konnte zu seinem Prüfungsstreß bestimmt nicht noch weiteren Ärger gebrauchen, meinte Christiane damals. »Dann beging ich, aus heutiger Sicht, einen schwerwiegenden Fehler!« sagte Christiane in einem Interview. »Ich schob die Möglichkeit, ich könnte schwanger sein, so weit weg, daß ich sie vergaß. Ich wollte nicht schwanger sein, jetzt, in der Mitte des Studiums, und so verdrängte ich die Tatsache, ich könnte es sein, in die hinterste Ecke meines Verstandes.«

Erst als die Regel auch das zweite Mal ausblieb, konnte sie der Angelegenheit nicht mehr aus dem Weg gehen. Sie suchte eine Apotheke auf und kaufte sich einen Schwangerschaftstest. »Ich hätte nie gedacht, daß ich bei so was nervös werden könnte. Aber in der Apotheke fühlte ich mich wie ein kleines Mädchen, das etwas Verbotenes tut. Ich hatte mich bisher für eine selbstbewußte junge Frau gehalten, die genau weiß, was sie will und was nicht. Und nun stand ich vor der Apothekerin und stotterte hilflos herum!«

Der Test brachte ihr zwar die Gewißheit, schwanger zu sein, aber Christiane wehrte sich innerlich so sehr gegen eine Schwangerschaft, daß sie sich selbst nach dem positiven Test noch einige Zeit einredete: »Der Test könnte ja auch falsch sein!« Während dieser, für sie schwierigen Phase bemerkte sie, daß Rolf, trotz seines Prüfungsdrucks anscheinend doch eine Veränderung an ihr auffiel – etwas stimmte nicht mit ihr. Denn er sagte zu ihr: »Hast du was? Was ist mit dir los? Du bist so eigenartig seit ein paar Wochen!« »Ich glaube, ich bekomme ein Kind. Aber ich weiß es nicht genau, vielleicht ist es auch Fehlalarm.«

»Ich fiel aus allen Wolken«, erzählte Rolf später. »Ich war zu sehr mit meinen Prüfungen beschäftigt, als daß ich an so etwas gedacht hätte. Ich vermutete eher, sie hätte jemand anderen, weil ich mich in der letzten Zeit nicht sehr viel um sie gekümmert hatte.«

Rolf studierte damals Wirtschaftswissenschaften, und als Pragmatiker war der nächste Schritt für ihn sofort klar: »Als erstes mußt du mal zum Arzt gehen, damit wir Klarheit bekommen, was wirklich los ist. Und dann können wir immer noch überlegen, was zu tun ist!«

Christiane ging zum Arzt, und die Diagnose bestätigte ihre bisherigen Befürchtungen: »Herzlichen Glückwunsch! Sie sind schwanger. Sie bekommen ein Kind!« Für Christiane brach eine Welt zusammen. »Was sollte ich mit einem Kind inmitten des Studiums?« Und vor allem: »Was würde Rolf dazu sagen, wie würde er damit umgehen?«

Sabine und Siegfried: Arbeitsteilung im Alltag

Sabine (29), Fremdsprachenkorrespondentin, streichelte ihren Bauch. Sie war im sechsten Monat schwanger, und langsam sah sie sich als »unausstehlich und fett«! Das heranwachsende Baby war zwar ein Wunschkind, aber Sabine fand trotzdem, daß eine Schwangerschaft »nicht gerade das Gelbe vom Ei« sei, vor allem für Frauen. »Mein lieber Siegfried kam abends nach Hause und wollte erst sein Essen auf dem Tisch haben, bevor er mich dann nebenbei, während er die Zeitung las, fragte: ›Was macht unser Liebling?‹«

»Für Siegfried kam zuerst die Arbeit, dann noch mal die Arbeit, dann das heranwachsende Kind in meinem Bauch und dann kam ich.« Siegfried (31) arbeitete als Computeringenieur in einer großen Softwarefirma als Abteilungsleiter. »Ich war verantwortlich für dreißig Ingenieure und hatte ganz andere Probleme im Kopf als Sabine. Das bißchen Schwangerschaft würde sie doch wohl hinkriegen, meinte ich damals. Schließlich wollten wir doch beide ein Kind und freuten uns darauf. Ich hätte nie gedacht, daß dies so viele Schwierigkeiten mit sich bringen könnte.«

Sabine arbeitete für einen internationalen Elektronikkonzern in einem Großraumbüro. Sie hatte sich die Schwangerschaft leichter vorgestellt. Sie achtete sehr auf ihr Aussehen, und jeder Blick in den Spiegel bereitete ihr »große Sorgen«. Von Tag zu Tag beobachtete sie, wie »mein Bauch unförmig anschwoll, aber das war eigentlich nicht das größte Problem während dieser Zeit.«

»Wir waren uns doch immer einig gewesen«, überlegte Siegfried. »Ich machte Karriere, sorgte erst mal dafür, daß wir uns etwas leisten konnten, dann ein Kind, vielleicht auch zwei. Sabine würde arbeiten, solange es ging, schließlich verdiente sie gut, und das Geld konnten wir gut gebrauchen, dann würde sie für ein paar Jahre aufhören, bis das Kind aus dem Gröbsten raus ist. Das hatten wir oft genug besprochen.«

Siegfried kam mit seiner herumnörgelnden, unzufriedenen Frau während dieser Zeit nicht zurecht. Er konnte nicht damit umgehen, daß »sie mit einem Mal« Forderungen an ihn stellte. »Gut, daß sie darunter litt, immer dicker zu werden, konnte ich verstehen. Ich fand auch, daß sie nicht mehr so attraktiv aussähe. Aber daß sie auch noch anfing, von mir zu verlangen, ich solle mehr im Haushalt mithelfen, erschien mir doch etwas überzogen.«

Siegfried war bisher der Meinung, in ihrer beider Ehe sei alles in Ordnung, es bestünden keinerlei Probleme. Sie verdienten beide gut, hatten sich während der vergangenen Jahre einiges leisten können, und durch das Kind sollten sie eine »richtige Familie« werden, »mit allem Drum und Dran«. Er wies die Forderungen seiner Frau nach mehr Mithilfe im Haushalt zurück. »Zuerst blockte er alles ab, mit dem Hinweis darauf, daß ich das ja vorher auch alles erledigt hätte, und zwar gut, wie er meinte. Doch als ich immer mehr herumjammerte und ihm auf die Nerven ging, blieb er immer häufiger abends in der Firma und machte Überstunden.«

Sabine, die gerade in dieser für sie schwierigen Zeit die Unterstützung ihres Mannes gebraucht hätte, fühlte sich nicht nur allein gelassen, sondern sie bekam auch Angst vor der Zukunft: »Wie soll das denn erst werden, wenn das Kind da ist?«

Sarah und Roger: Probleme in der Partnerschaft

Sarah (34), Erzieherin in einem Heim für Behinderte, kam Abend für Abend mit einem Gefühl der Unruhe nach Hause. »Ich hatte Angst, ich könnte vielleicht ein behindertes Kind bekommen, schließlich war ich schon 34 Jahre, und das Risiko war nicht gerade klein, dachte ich damals.« Sarah sah Tag für Tag, was es bedeutete, mit einem behinderten Kind zu leben. »Die Kinder waren ja acht Stunden am Tag um mich herum. Und jeden Abend sah ich die Eltern, die sie abholten, konnte verstehen, was es hieß, ein behindertes Kind zu haben.«

Sarah dachte auch darüber nach, wie es wäre, wenn sie wirklich ein behindertes Kind bekäme. Sie überlegte, wie sie damit umgehen und damit fertig würde. »Ich dachte damals auch: ›Könnte ich so etwas schaffen? Würde ich daran nicht zerbrechen?‹« Ein großer Teil ihrer Schwangerschaft wurde von der Angst überschattet, möglicherweise ein behindertes Kind zur Welt zu bringen. »Aber das war nur ein Problem, mit dem ich mich während dieser Zeit beschäftigte. Ein anderes war mein Mann Roger.«

Roger (36) kam aus dem Iran. Er arbeitete als Botschaftssekretär in der iranischen Botschaft. »Er war nicht nur ein Frauenheld, sondern auch ein Patriarch. Niemand kann sich vorstellen, was es für mich bedeutete, daß er mit meiner Berufstätigkeit einverstanden war!« Roger hatte kein Verständnis für die Ängste seiner Frau, möglicherweise wegen ihres Alters ein behindertes Kind zu bekommen. »Er betrachtete das als Angriff auf seine Männlichkeit.«

»Die europäischen Frauen machen viel zuviel Aufhebens davon, wenn sie ein Kind bekommen!« meinte Roger in einem Interview mit uns, zu dem er sich, sehr zur Überraschung seiner Frau, bereit erklärt hatte. Roger hatte in Bonn studiert und war sehr darauf bedacht, als »fortschrittlicher Mann – aber mit bestimmten Prinzipien« zu gelten.

»Ich fühlte mich in der Zeit der Schwangerschaft sehr unsicher. Meine Ängste machten mich manchmal ganz konfus. Da war der Mann, den ich liebte, der aber schwierig war. Da waren die Probleme, die man hat, wenn man mit einem ›Ausländer‹ verheiratet ist. Da waren die Schwierigkeiten mit der späten Schwangerschaft. Sollte ich eine Fruchtwasser-Untersuchung durchführen lassen oder nicht? Ich fühlte mich alleingelassen. Da half es auch nicht, daß das Kind eigentlich ja ein Wunschkind war!«

Die Partnerschaft auf dem Prüfstand: Wie entstehen die häufigsten Probleme?

Männer denken anders – verschiedene Einstellungen als Ursache von Partnerschaftsproblemen

Gehören Sie auch zu den Frauen, die denken, daß wir heute in einer emanzipierten Zeit leben? Vielleicht sind Sie ebenso überrascht, wie wir es waren, als wir entdeckten, daß eine der Hauptursachen der meisten Partnerschaftsprobleme – die sich gerade in der Schwangerschaft am deutlichsten zeigen – in den unterschiedlichen Ansichten der Partner zur Partnerschaft, zur Berufstätigkeit, zur Haushaltsarbeit und zur Kindererziehung begründet liegt.

Immer wieder mußten wir in unseren Interviews mit Paaren feststellen, daß zum Teil erhebliche Differenzen in den Ansichten über die gemeinsame Zukunft bestanden. Und dies erfuhren wir nicht nur, wie man vermuten könnte, bei jungen Paaren, die noch nicht so lange zusammen waren, sondern auch bei mehrjährigen Partnerschaften mit oder ohne Trauschein.

Wir fragten uns daher, ob wir diese Einstellungsunterschiede, die sich in unseren Interviews überraschend zeigten, in wissenschaftlichen Untersuchungen bestätigt fänden. Handelte es sich dabei um allgemein vorkommende Probleme, die repräsentativ für Paare in der heutigen Zeit sind? Wir fragten uns aber ebenso, warum Frauen, die darunter litten, diese auffälligen Einstellungsunterschiede nicht rechtzeitig genug bemerkten.

Ansichten der Männer

Die Diplomsoziologin Ulrike Popp untersuchte 1993 die Einstellungen von jungen Frauen und Männern, die die Oberstufe eines Gymnasiums besuchten, zu den Themen »Partnerschaft«, »Ehe«, »Haushalt« und »Kindererziehung«. Dabei traten Befunde zutage, die uns sehr überraschten. Die Untersuchung kann zwar nicht verallgemeinert werden, weil sie sich auf eine kleine Gruppe von jungen Erwachsenen beschränkte, aber wir fanden diese Einstellungsunterschiede später auch in repräsentativen Studien wieder.

In einem Punkt waren sich sowohl die Männer als auch die Frauen einig: Sie wollten möglichst lange zur Schule gehen, um sich so eine solide Basis für die spätere Berufstätigkeit zu sichern und um den Beginn der Verantwortung für das eigene Leben möglichst hinauszuschieben.

Auffallende Unterschiede bestanden zum Beispiel bei den Ansichten über die spätere Berufstätigkeit und über das Privatleben. Alle jungen Männer vertraten die Meinung, daß ihr eigene Berufstätigkeit im Vordergrund zu stehen habe und ihre Partnerinnen sich danach zu richten hätten. Alle jungen Männer wollten Karriere machen, und ihre Frauen sollten sie dabei unterstützen. Sie wollten früh heiraten und Kinder bekommen. Aber sie wollten auch, daß ihre Frauen sich auf den Haushalt konzentrieren:

»Die Familie soll sich freuen, daß ich komme ..., und es ist halt schön, wenn dann alle zu Hause sind und daß auch meine Frau da ist, wenn ich komme.« (Dieter, 19 Jahre.)

»Von mir aus kann sie vormittags arbeiten, aber wenn ich nach Hause komme, muß das Essen auf dem Tisch stehen, das ist klar.« (Frank, 20 Jahre.)

Die befragten Jungen stimmten ebenso darin überein, daß ihre Partnerinnen nicht nur, selbstverständlich, für den Haushalt zuständig sein, sondern sich auch um die »Beziehungspflege« kümmern sollten. Sie hielten das sogar für wichtig – aber natürlich nur für »Frauensache«.

Da fragt man sich unwillkürlich, ob denn die Zeit an diesen jungen Menschen spurlos vorübergegangen sei? Haben sie nichts von »Emanzipation« und »Partnerschaft« gehört? Unter welchen Bedingungen haben sie während der vergangenen Jahre gelebt?

Sollten Sie jetzt glauben, das seien Ausnahmen, dann werden Sie über das Gegenteil erstaunt sein! Sehen wir uns aber vorher noch die Ansichten der jungen Frauen an, die Ulrike Popp untersuchte.

Meinungen der Frauen

Während die jungen Männer die berufliche Karriere und das entsprechende Einkommen für sehr wichtig hielten, setzten die jungen Frauen ganz andere Prioritäten. Sie waren mehrheitlich der Ansicht »der Beruf müsse auch Spaß machen«. Sie legten Wert darauf, »daß man sich mit den Kollegen gut versteht« (Beate, 18 Jahre). »Berufsarbeit wird von den Mädchen nicht ausschließlich mit ›Geldverdienen‹ assoziiert, sondern sollte auch als ein gut funktionierendes Netz zwischenmenschlicher Beziehungen erlebt werden«, schreibt Ulrike Popp. Aber nicht nur in bezug auf die Berufstätigkeit wurden die Akzente anders gesetzt, sondern ebenso hinsichtlich der zukünftigen Partnerschaft. Über die mögliche Ehe hatten die jungen Frauen ganz andere Ansichten als die jungen Männer.

»Also ich kann mir schon vorstellen, daß ich irgendwann mal mit 'nem Freund zusammenzieh'n werde und auch mit dem leben werde ..., aber so heiraten ..., das ist außerhalb meines Fassungsvermögens im Moment. Kann ich mir einfach nicht vorstellen. Genausowenig, wie in der nächsten Zeit Kinder zu haben ..., ich weiß nicht, ich glaub', ich fühl mich jetzt noch nicht reif genug dazu.« (Katrin, 18 Jahre.)

»Ja, so die häusliche Arbeit..., ich finde, also wenn beide berufstätig sind, machen halt beide ihren Anteil. Ich sehe nicht ein, daß ich dann alles allein mach', und er packt sich ... dahin, ich mein', wo bin ich denn!« (Katrin, 18 Jahre.)

Die befragten jungen Frauen waren also ganz anderer Ansicht als die jungen Männer. Sie wollten zuerst einen Beruf erlernen, der auch Befriedigung verschaffen sollte, und später eine Partnerschaft eingehen. Haushalt und Kindererziehung sollten gemeisam absolviert werden.

Augenscheinlich haben junge Frauen und junge Männer ganz andere Ansichten, als das jeweils andere Geschlecht glaubt.

Die Ergebnisse dieser Studie ließen sich leicht mit dem Argumemt der fehlenden Repräsentativität vom Tisch wischen, wären da nicht mittlerweile auch entsprechende Untersuchungen, die diese Trends ebenfalls bei den meisten Erwachsenen bestätigen.

Widersprüche – oder: Wie »blind« sind die Frauen?

In Deutschland etwa untersuchte 1992 im Auftrag des Bundesministeriums für Frauen und Jugend eine Expertenkommission die Ansichten der Frauen und Männer zur Frage der Gleichberechtigung in Beruf und Familie. Die Ergebnisse dieser Studie (*Gleichberechtigung von Männern und Frauen)* sollten nachdenklich stimmen, vor allem, weil sie zunächst einen völlig falschen Eindruck erwecken.

Die eindeutige Mehrheit aller Befragten, mehr als neunzig Prozent, also auch die Männer, hielten die Partnerschaft für »den wichtigsten Lebensbereich«. An zweiter Stelle nannte man die Kinder, erst dann folgte der Beruf! Im Alltag der Familien kamen die Männer dann aber nicht mehr vor. Fast achtzig Prozent der Frauen gaben nämlich an, sie würden sowohl Hausarbeit als auch Einkaufen, Kochen und Kindererziehung allein bewältigen – und zwar unabhängig davon, ob sie »nur Hausfrau« oder »voll berufstätig« waren. Nur knapp zwanzig Prozent der Männer helfen im Hauhalt mit. Lediglich beim Einkaufen scheint die Emanzipation der Frau erste Früchte getragen zu haben: Immerhin dreizehn Prozent der Männer können dieses schon allein erledigen und vierzig Prozent aller Befragten gaben an, gemeinsam einzukaufen.

Vergleicht man das mit dem Verhalten der Männer aus unseren ersten Fallbeispielen in diesem Buch, könnte man meinen, wir hätten die falschen Familien interviewt. Aber diese, auf den ersten Blick unverständlichen, Widersprüche lösen sich schnell auf, wenn man etwas genauer hinsieht. Es besteht nämlich ein großer Unterschied zwischen den »Einstellungen« der Männer und ihrem tatsächlichen »Verhalten« im Alltag.

Betrachtet man in vielen Familien das tatsächliche Verhalten der Männer, so stellt sich heraus, daß die meisten Männer zwar verbal für Werte wie Partnerschaft, Beziehung und andere eintreten, in der Alltagssituationen aber anders handeln und dem Beruf oberste Priorität einräumen. Die Soziologen ELISABETH BECK-GERNSHEIM und ULRICH BECK nennen das in ihrem Buch *Das ganz normale Chaos der Liebe* die »Gleichheitsrhetorik« des Mannes – wofür Männer mit ihrem Kopf einträten, das setzten sie nicht in die Tat um.

Vergleicht man die Ergebnisse der Untersuchungen über das Verhalten von Männern in Familie und Beruf und die Aussagen aus unseren Interviews, gelangt man zu ähnlichen Schlußfolgerungen: Viele Männer sprechen zwar so, daß ihre Ansichten mit denen ihrer Partnerinnen vordergründig übereinzustimmen scheinen, aber die tägliche Praxis straft ihre Worte Lügen. Vielleicht fragen Sie sich jetzt – wie wir uns auch fragten –: Wie kommt es bei den Männern zu diesen Widersprüchen und vor allem, warum fallen viele Frauen auf das, was Männer nur sagen, herein?

Auf der Suche nach dem Traummann – Partnerwahl als Ursache von Partnerschaftsproblemen

Beim nächsten Mann wird alles anders – lautet der Titel eines bekannten Bestsellers. In diesem Titel wird das ganze Dilemma deutlich, in dem sich viele Frauen befinden. Auf der einen Seite möchten sie einen Partner, mit dem sie »durch dick und dünn« gehen können, den vielbeschworenen »Traummann«, der sie in ihren Wünschen und Bedürfnissen unterstützt und mit dem sie gemeinsam dieser Welt die Stirn zu bieten vermögen. Auf der anderen Seite wissen die meisten Frauen natürlich, daß es solche Männer gar nicht gibt. Anstatt sich nun von den unrealistischen Wünschen zu verabschieden und sich mit den tatsächlichen Gegebenheiten auseinanderzusetzen, fallen viele Frauen auf das Verhalten der Männer während der Werbungsphase herein.

Sie scheitern in einer Beziehung an der Realität, am tatsächlichen Verhalten des Mannes, stolpern in die nächste und vertrauen nicht ihren Wahrnehmungen, sondern hören mehr auf ihre Gefühle und Wünsche. Trotz gegenteiliger Erfahrungen glauben sie, beim nächsten Mal werde es anders.

Anpassung aus Angst, keinen Partner zu bekommen

»Ich hatte, bevor ich Rolf während einer Erstsemesterveranstaltung kennenlernte, gerade eine gescheiterte Beziehung hinter mich gebracht. Mein damaliger Freund, Rico, hatte hinter meinem Rücken eine neue Beziehung angefangen, war einfach eines Tages gekommen und hatte gesagt: ›Du, es ist Schluß. Ich habe mich verliebt!‹«

Christiane war zwar sehr verletzt und enttäuscht, doch das Argument »Ich habe mich verliebt« wurde von ihr akzeptiert, weil sie der Meinung war, wenn man sich verliebe, könne man nichts dagegen tun. Das heißt auch: Hätte sie sich verliebt, hätte sie sich »wahrscheinlich ähnlich verhalten«.

An dieser Stelle wird deutlich, daß das Scheitern einer Partnerschaft eher als Schicksal, nicht als Scheitern des gegenseitigen Bemühens um eine Partnerschaft erlebt wird. Viele, gerade junge Menschen, glauben, eine Partnerschaft basiere ausschließlich auf dem Gefühl des Verliebtseins, und wenn dieses Empfinden vorbei sei, sei auch die Partnerschaft zu Ende.

Die Partnerschaft wird so zum Glücksspiel, das von unbestimmten (biologischen) Gesetzen dominiert wird, auf die der einzelne keinen Einfluß hat, denn »wer kann schon etwas dafür, wenn er sich verliebt«, sagte die 23jährige Studentin.

Ihre Einstellung, Liebe und Partnerschaft seien vom Zufall abhängig, nicht vom tatsächlichen Verhalten in der Partnerschaft, ist leider weit verbreitet und bringt viele Frauen in eine Abhängigkeit von Männern und deren Launen, die ausschließlich lustorientiert sind. Für Christiane bedeutete das: »Als ich Rolf kennenlernte, war ich ein ›gebranntes Kind‹. Ich hatte Angst, wieder verlassen zu werden, und bemühte mich, wenigstens selbst keinen Anlaß dafür zu bieten.« Was nichts anderes hieß, als: »Ich passe mich an!« Sie bemühte sich, nichts entstehen zu lassen, das Rolf als Grund für eine Trennung nehmen könnte. Sie sah daher, als die beiden einander näher kennenlernten, schnell über »vieles hinweg«, das sie normalerweise vielleicht gestört oder das sie angesprochen hätte.

Angst vor der Ablehnung durch den Partner

Sabine war es in vielerlei Hinsicht ähnlich ergangen. Als die junge Fremdsprachenkorrespondentin Siegfried kennenlernte, war dieser bereits mit seiner Ausbildung fertig, und er versprach »eine gute Partie« zu werden.

Sabine dachte damals, sie müsse alles unternehmen, um diesen Mann an sich zu binden. Sie unterstützte ihn bei seinen Karriereplänen, sagte zu allem ja, dachte aber, sie könne ihn später schon so »erziehen«, daß er ein guter Partner würde.

Für Siegfried war damit »alles klar«. Er gewann den Eindruck, seine Frau sei mit ihm und seinen Plänen einverstanden, und konnte sich so ganz »auf die Berufstätigkeit konzentrieren«. Sabine getraute sich die ganzen Jahre nicht zuzugeben, daß sie »mit vielem eben nicht einverstanden war«. Sie hatte Angst, daß Siegfried sie dann ablehnen würde. »So schluckte ich alles runter und dachte immer: ›Es wird schon alles gut werden.‹«

Sie wagte es nicht, Siegfried zu mehr Mitarbeit im Haushalt zu bewegen, weil sie meinte, dann würde er sie ablehnen. Und ihre zaghaften Versuche in dieser Richtung gaben ihr recht: Kaum hatte sie ihn darauf angesprochen, blieb er immer häufiger lange im Büro. »Da glaubte ich dann: ›Er hat ja auch so viel Arbeit, da kannst du ihn nicht auch noch mit deinen Problemen bedrängen.‹«

Illusionen: Der Schein trügt

Sarah war damals sehr stolz darauf, daß jemand wie Roger sich in seiner Position für sie, die »kleine Erzieherin«, interessierte. »Als Roger mich das erste Mal zu einem Botschaftsball mitnahm, war ich hingerissen. Ich dachte, es sei egal, ob er aus dem Ausland komme oder nicht, ich gab nichts auf das Gerede von der Unterdrückung der Frauen und dergleichen, sondern ich glaubte, das bekäme ich schon alles hin. Ich glaubte, er sei anders.«

Im weiteren Verlauf der Partnerschaft stellte sich zwar immer mehr heraus, daß Roger nicht anders war als andere Männer, sondern sogar schlimmer, als Sarah es sich vorgestellt hatte. Nach und nach bemerkte sie, daß alles stimmte, was Freundinnen ihr erzählt hatten. Sie fand sich in einer Ehe gefangen, die viel einengender war, als Außenstehende es begreifen konnten.

Nach außen hin war ja alles in Ordnung. Da erschien sie als die Frau eines Botschaftsmitarbeiters, die mit einem ausnehmend netten Mann verheiratet war. Aber hinter den Kulissen sah das anders aus. Je länger die beiden verheiratet waren, desto mehr zeigte Roger »sein wahres Gesicht«.

Mangelnde Anpassungsbereitschaft der Männer

Die Männer aus unseren Beispielen folgten alle einer Werbestrategie, die auf den ersten Blick ähnlich ist wie die der Frauen. Auch sie verstellten sich zunächst, hielten mit ihren wahren Absichten »hinter dem Berge«, um die Frauen an sich zu binden. An dieser Stelle muß man allerdings hinzufügen, daß solche Vorgänge nur den wenigsten Menschen in der Situation selbst bewußt sind. Es handelt sich ausnahmslos um psychische Prozesse, die erst im nachhinein, in der Reflexion, deutlich werden.

Zu Beginn einer Beziehung, wenn man einander kennenlernt, gehen alle Menschen nach der gleichen (biologisch begründeten) Strategie vor: Mit verschiedenen Methoden »testen« sie den anderen, um zu prüfen, ob er zu ihnen paßt.

Exkurs in die Verhaltensbiologie der Partnerwahl

Der englische Zoologe und Verhaltensforscher Desmond Morris hat in seinem Buch *Das Tier Mensch* das Werbeverhalten des Menschen in verschiedenen Kulturen untersucht. Dabei stellte er über die unterschiedlichsten kulturellen Bedingungen hinweg fest: »Der Ablauf des menschlichen Paarwerbens variiert zwar von Gegend zu Gegend, folgt aber immer demselben Muster. Es beginnt mit dem Augenkontakt und endet mit dem Geschlechtsverkehr.«

Sechs typische Stadien des Paarwerbens

- Gegenseitiges Betrachten – ohne Körperkontakt,
- einfacher Körperkontakt – der Arm wird auf die Schulter gelegt,
- zugewandter Körperkontakt – das Paar umarmt sich,
- Mundkontakt – die Partner küssen einander,
- intimer Kontakt – die Hände erforschen den Körper des anderen,
- intimer Kontakt – der Mund erforscht den Körper des anderen.

Dieser durch die Evolution geprägte und in unseren Genen verankerte Vorgang dient dem gegenseitigen Kennenlernen und enthält Möglichkeiten, einander näherzukommen, oder, wenn der »Test« nicht positiv verläuft, auch »auszusteigen« und das Kennenlernen abzubrechen. In der modernen Industriegesellschaft unterlaufen aber immer mehr Menschen Mechanismen, mit denen sie den anderen durch allerlei Tricks zu täuschen versuchen und so einer eventuellen Ablehnung durch den anderen zuvorzukommen versuchen.

Beim gegenseitigen Betrachten, der ersten Phase des Kennenlernens, entdeckten Verhaltensforscher noch eine Besonderheit, die ebenfalls über alle Kulturen hinweg bei allen Menschen aufzutreten scheint: Männer und Frauen haben unterschiedliche »Blickfänge«, die sie intensiv »ins Auge fassen«.

Dies hing übrigens nicht von der Kleidung ab, die die Beobachteten trugen oder bevorzugten. Ob Rock oder Hose, der Blick des Mannes blieb stets auf den mittleren Körperpartien der Frauen »hängen«, das heißt: Männer fixierten hauptsächlich die Bereiche Brust, Bauch und Unterleib bei den Frauen, während diese bei den Männern hauptsächlich auf das Gesicht achteten. Diese Befunde, die mit Hilfe eines »Eye-View-Monitors« gemessen wurden, ließen sich immer wieder verifizieren.

Der deutsche Verhaltensbiologe KARL GRAMMER schreibt darüber in seinem Buch *Signale der Liebe. Die biologischen Gesetze der*

Partnerschaft: »Frauen, die Männer anblicken, suchen zuerst Blickkontakt. Männer tasten mit den Augen hauptsächlich die Figur ab. In etwa fünf Sekunden werden dabei alle subjektiv wesentlichen Informationen wahrgenommen. Es gibt demnach wirklich biologisch ›heiße Körperstellen‹, die als erste abgefragt werden.«

Wissenschaftler wie Grammer und Morris interpretieren diese Befunde als Maßnahme, die Partnerschaftsqualitäten des Beobachteten in Sekundenschnelle einschätzen zu können. Bei den Männern geht es (unbewußt) um die Prüfung der Gebärfähigkeit, während die Frauen eher nach den emotionalen Qualitäten des Mannes sehen, die sie im Minenspiel ablesen können. Sie verraten den Frauen, ob dieser Mann erwarten läßt, ein verläßlicher Partner beim Aufziehen der Kinder zu sein.

Diese biologischen Mechanismen laufen unbewußt ab und sind durch die Evolution in unsere Gene »einprogrammiert«. Sie dienen zu nichts anderem als der Erhaltung der Art, also der Fortpflanzung.

Das Menschenkind ist eine »physiologische Frühgeburt«

Die Evolution mußte sich einiges einfallen lassen, damit es bei den Menschen überhaupt »funktionierte«. Denn die rasante Entwicklung unseres Gehirns führte dazu, daß der menschliche Schädel fast zu groß für den Geburtskanal wurde, dessen Erweiterung durch das Becken der Frau Grenzen gesetzt sind. Doch die Natur erfand dafür etwas Besonderes. Und diese Eigenart der menschlichen Entwicklung ist auch verantwortlich für das Dilemma, das menschliche Eltern im Gegensatz zu ihren tierischen Verwandten im Ablauf des Aufwachsens ihres Nachwuchses zu erdulden haben.

Das komplexe Werbegeschehen bei uns Menschen hat nur einen Zweck: Es soll sicherstellen, daß bei der Partnerwahl Fehler ausgeschlossen werden. Wir werben deshalb so kompliziert umeinander, damit wir in dieser Phase unseres Lebens einen zuverlässigen Partner finden und sicher sein können, daß er bei uns bleibt und unsere Kinder aufzieht. Denn was im Tierreich nur eine kurze Episode darstellt, dauert bei uns fast achtzehn Jahre – lang genug also, um

Zeit für viele Probleme zu lassen, die auftreten könnten, sollte man sich in der Wahl des Partners »geirrt« haben. Der Grund für dieses komplexe Geschehen besteht in der Hilflosigkeit des Säuglings nach seiner Geburt.

Wenn die Evolution den menschlichen Schädel für den Geburtskanal beziehungsweise das Becken der Frau zu groß werden ließ, warum – so könnte man einwenden – ist es dann nicht, ebenfalls evolutionär bedingt, mitgewachsen? Dagegen spricht, daß der Mensch, um aufrecht gehen zu können, ein kleines Becken braucht. So kam es durch physikalische Gegebenheiten zu einem Konflikt, den die Natur dadurch löste, daß sie den menschlichen Säugling vorzeitig auf die Welt brachte, nämlich bevor sein Gehirn so groß wurde, daß der Schädel nicht mehr durch das Becken der Mutter gepaßt hätte.

Der deutsche Biologe ALFRED PORTMANN nannte den Säugling in seinem Buch *Biologische Fragmente zu einer Lehre vom Menschen* daher eine »physiologische Frühgeburt« – weil »er ein Jahr früher auf die Welt kommt, als es der Kompliziertheit seines Gehirns und seines Nervensystems angemessen« ist.

Warum wir so weit vom eigentlichen Thema abschweifen und dies alles erwähnen: In dieser biologischen Tatsache liegen die meisten Schwierigkeiten bei der Säuglingspflege und späteren Kindererziehung begründet, sie kann daher nicht außer acht gelassen werden.

Der neugeborene Säugling müßte eigentlich noch etwa neun Monate länger im Bauch der Mutter bleiben, um voll ausgereift und damit überlebensfähig zu sein. Deswegen wird auch im Zusammenhang mit dem ersten Lebensjahr des Säuglings von einer »extrauterinen Schwangerschaft« gesprochen. Das heißt nichts anderes als: Im ersten Lebensjahr braucht das Kind Bedingungen, die denen einer Schwangerschaft ähneln. Der Säugling ist ohne die Hilfe seiner Eltern nicht lebensfähig.

Ja, Sie haben richtig gelesen: »Eltern«. Hier denken die meisten zwar, er braucht eigentlich ja nur seine Mutter beziehungsweise eine verläßliche Bezugsperson, aber das ist ein Trugschluß. Kehren wir wieder zu unserem Werbeverhalten und den darin enthaltenen »Prüfungen« zurück, so wird schnell deutlich, warum die Natur so viele Kontrollen darin eingebaut hat.

Der Säugling benötigt die ganze Zuwendung seiner Mutter, um überleben zu können. Das bedeutet aber auch, daß die Mutter sich zumindest im ersten Lebensjahr des Kindes kaum um etwas anderes kümmern kann, und da kommt der Mann ins Spiel. Während der Werbephase muß die Frau sich also dessen versichern, daß ihre Wahl richtig und die Partnerschaft von Bestand ist, damit bei einer späteren Schwangerschaft sichergestellt ist, daß der ausgewählte Mann sie nicht verläßt, sondern sie und das Kind versorgt.

Es handelt sich daher um eine biologische Begründung der Mutterrolle, die nicht immer mit den Absichten um die Emanzipation und anderen Selbständigkeitsbestrebungen von vielen Frauen übereinstimmt. Hier stoßen solche Bestrebungen an natürliche Grenzen, die durch die Biologie vorgegeben sind. Und hier liegen auch die Ursachen für viele Probleme, die später auftreten. Sehen wir uns das am Beispiel der schon beschriebenen Paare an.

Anpassung an veränderte Gesellschaftsbedingungen?

Die Studentin Christiane ist ein gutes Beispiel dafür, wie neuere gesellschaftliche Entwicklungen die Ursache für Probleme in den Partnerschaften sein können. Christiane studiert, will, anders als zum Beispiel ihre Mutter, nicht mehr nur für Haushalt und Kindererziehung zuständig sein.

Was uns heute als völlig »normal« erscheint, war aber bis vor einigen Jahren durchaus noch nicht selbstverständlich. Unsere Elterngenerationen lebten noch nach anderen Verhaltensnormen. Bei ihnen galt: Der Mann muß hinaus ins feindliche Leben, die Frau soll an den Herd und ins Heim und für die Familie da sein.

Die heute allgemein (von vielen) akzeptierten Veränderungen durch die sogenannte »Emanzipation der Frau« laufen aber nicht nur den dargestellten biologischen Grundlagen zuwider, sondern erfordern von den Paaren erhöhte Anpassungsleistungen an die veränderte gesellschaftliche Situation. Evolutionäre Bedingungen können hier nicht greifen, dauert es doch etwa 18 000 Jahre, bis ein Verhaltensmerkmal sich in unseren Genen konstituiert. Wir können also nicht warten, bis die Natur diese Veränderungen in unserer Gesellschaft zur Kenntnis nimmt und unsere Anpassungsleistungen daran über unsere Gene weitergibt.

Es verwundert daher nicht, daß konservative Kräfte gerne die Biologie und die Natur als Argument verwenden, um die »Uhr wieder zurückzudrehen« und die Frauen wieder an den Herd und ins Heim zu verbannen. Doch da stellt sich die Frage, ob wir in unserer heutigen modernen Gesellschaft darauf verzichten können, das Potential der berufstätigen Frauen zu nutzen? (Immerhin sind gegenwärtig die Hälfte der Berufstätigen Frauen.) Unserer Ansicht nach ist es nicht nötig. Wir sind der Meinung, daß die Entwicklung nicht rückwärts, sondern vorwärts schreiten muß und unsere Aufgabe nun darin besteht, den gesellschaftlichen Veränderungen Rechnung zu tragen, indem wir uns in dieser Hinsicht an sie anpassen und mit ihnen leben.

Die moderne Industriegesellschaft verändert den Menschen

Bei der Partnerwahl kommt es, wie schon gesagt, darauf an, sich einen Partner zu sichern, mit dem man das weitere Leben verbringen kann und mit dem man Kinder großziehen kann. Dieser alte biologische Mechanismus wird inzwischen aber schon von vielen Paaren umgangen.

Auf der einen Seite entscheiden sich immer mehr Paare für eine Zukunft ohne Kinder. Dies geschieht zum Teil aus einer bewußten Absicht heraus, oder kann auch das Ergebnis erfolgloser Bemühungen um ein Kind sein. Wenn bei einem Paar zum Beispiel materielle Werte und die Selbstverwirklichung im Vordergrund stehen, können Kinder dabei durchaus als »Störenfriede« gesehen werden. Ebenso wollen viele Paare die Mühen der Kindererziehung und die damit verbundenen, auch materiellen, Einschränkungen nicht auf sich nehmen. Ein Blick in die Geburtenstatistik, die seit Jahren rückläufig ist, gibt zu denken.

Auf der anderen Seite finden sich zahlreiche Paare, die gerne ein Kind hätten und trotz vieler Versuche, die mit erheblichen Mühen verbunden sein können, kein Kind bekommen.

Diese beiden Entwicklungen kennzeichnen die verschiedenen Pole, zwischen denen sich Elternschaft heute vollzieht.

Die Industriegesellschaft stellt ihren Mitgliedern eine Reihe von Hilfsmitteln zur Verfügung, mit denen sie ihre Ziele erreichen können, auch wenn die natürlichen Gegebenheiten dagegen sprechen. Verhütungsmittel verhindern unerwünschte Schwangerschaften und lassen sich dazu einsetzen, auch ohne Wunsch nach Nachwuchs miteinander sexuell zu kommunizieren. Medizinische Techniken können Eltern, die trotz widriger physischer Gegebenheiten gerne ein Kind hätten, trotzdem zu ihrem Glück verhelfen. Beide Methoden enthalten aber auch gewisse Risiken. Die besten Verhütungsmittel können fehlschlagen oder vergessen werden, und es tritt dennoch eine Schwangerschaft ein. Die Wunder der modernen Medizin können ebenfalls versagen.

Der Glaube an die technische »Machbarkeit«, der Glaube an die Möglichkeiten der technischen Kontrolle natürlicher Vorgänge, kann dazu verleiten, sich zu sehr auf sie zu verlassen und dann vor Problemen zu stehen, die mit wieder anderen Methoden gelöst werden müssen.

Die menschliche Psyche entwickelt sich bei weitem nicht so schnell wie der technische Fortschritt. Aber wenn der technische Fortschritt nichts leistet, sind wird auf die Kräfte unserer Psyche angewiesen. Sie hilft uns bei der Bewältigung unserer Probleme.

Während Christianes Eltern noch sicher waren, daß sie eine Familie gründen und Kinder aufziehen wollten, scheint das für viele Menschen heute nicht mehr selbstverständlich zu sein. Während ein Computer damals noch so groß wie ein Haus war und nur wenige Operationen durchzuführen vermochte, arbeiten Computer von der Größe eines Schuhkartons heute viel differenzierter und in wesentlich schnellerer Zeit als damals. Aber die Menschen haben sich nicht so schnell weiterentwickelt wie ihre Technik. Immer noch herrschen Einstellungen und Erfahrungen vor, die wir (leicht verändert) von unseren Eltern übernommen haben und die nicht immer an die neue Zeit angepaßt sind.

Wir können heute ein Selbstbewußtsein vortäuschen, das wir vielleicht gar nicht haben. Wir können uns so kleiden, daß wir den Eindruck erwecken, viel Geld zu besitzen und eine sichere Existenz zu bieten. Frauen können sich so schminken, daß sie Vorzüge zu haben scheinen, die nicht vorhanden sind und die nur aus dem Repertoire der Kosmetikindustrie stammen. Männer können sich sportlich so betätigen, daß sie groß und stark (und damit auch attraktiv) wirken, ohne über die entsprechenden genetischen Voraussetzungen zu verfügen. Ihre Kraft können sie von künstlichen Hormonen, aus den Labors der Pharmakonzerne beziehen. Ein gut geschnittener Anzug kann breite Schultern vortäuschen, ein großes Dekolleté Ergebnis eines besonderen Büstenhalters sein und dergleichen mehr.

All diese Täuschungsmanöver dienen dazu, sich mit Hilfe technischer Errungenschaften attraktiver zu geben, als man in Wirklichkeit ist. Am Anfang der Werbephase gelingt das auch. Wir fallen auf die ausgesandten Signale herein. Männer und Frauen täuschen sich auf diese Weise über ihre Mängel hinweg, seien sie physischer oder psychischer Natur.

Schaffen es die meisten Männer zu Beginn der Werbephase noch, eine partnerschaftsorientierte Einstellung zu signalisieren, so bringt der Alltag nach und nach die Mängel ans Licht, und sie müssen »Farbe bekennen«. Im Alltag erkennen die meisten Paare mit einem Mal, daß sie sich im anderen getäuscht haben oder daß sie getäuscht wurden. Jetzt zeigt es sich, wie groß die gegenseitige Liebe, und vor allem, wie groß die Anpassungsbereitschaft der einzelnen Partner ist. Sie stellt das wichtigste Moment in der Gemeinschaft von Frau und Mann dar.

Das Wunschkind und die Veränderungsbereitschaft der Eltern

In jüngster Zeit haben Wissenschaftler das Werbe- und Partnerschaftsverhalten und die dabei stattfindenden Prozesse vermehrt unter die Lupe genommen. Denn es fällt auf, daß immer mehr Ehen und Partnerschaften ohne Trauschein sich auflösen. Die Zahl der Trennungen und Scheidungen hat bedrohliche Ausmaße angenommen. In vielen Ländern verzeichnen die statistischen Jahrbücher Jahr für Jahr steigende Quoten. Zwar bestehen meist regionale Unterschiede, zum Beispiel zwischen Stadt und Land, aber im großen und ganzen steigen die Zahlen an. So sind zum Beispiel in vielen deutschen Großstädten mittlerweile etwa Scheidungsquoten von dreißig bis fünfzig Prozent aller Ehen keine Seltenheit mehr.

Es erstaunt also nicht, wenn Wissenschaftler sich von der Untersuchung der Entwicklung von Partnerschaften Aufschlüsse über die Gründe der Auflösung erhoffen. Und die Ergebnisse lassen auch Rückschlüsse darauf zu, wie man sich auf Partnerschaftskrisen einstellen kann, um eine Trennung oder Scheidung zu verhindern.

Betrachten wir nun diese Ergebnisse, um zu sehen, was wir daraus für die Stabilisierung einer Partnerschaft lernen können, die sich gerade im Übergang zur Elternschaft befindet.

Psychologen haben herausgefunden, daß die Geburt eines Kindes das Paar vor große Anforderungen stellt, die bewältigt werden wollen. Interessant ist, daß der Verlauf dieses Anpassungsprozesses sich vorhersagen läßt. Im Grunde genommen gerät jedes Paar, das ein Kind bekommt, in ähnliche Situationen. Der im folgenden dargestellte phasenhafte Verlauf dient nur als Modell, es handelt sich um eine aus Gründen der Überschaubarkeit stark vereinfachte Sichtweise. In der Realität finden sich keine »Phasen«, sondern ein kontinuierlicher Vorgang, der in seinen vielen Facetten nicht klar in Abschnitte zu untergliedern ist.

Hypothetisches Verlaufsmodell des Übergangs zur Elternschaft

1. Verunsicherungsphase,
2. Anpassungsphase,
3. Konkretisierungsphase,
4. Antizipations- und Vorbereitungsphase,
5. Geburtsphase,
6. Phase der Überwältigung und Erschöpfung,
7. Phase der Herausforderung und Umstellung,
8. Gewöhnungsphase.

In der *Verunsicherungsphase* nach dem Bekanntwerden der Nachricht: »Ich bekomme ein Kind!« entstehen zunächst starke Gefühlsaufwallungen, deren Ausmaß davon abhängt, inwieweit man sich auf das Ereignis vorbereitet hat oder davon, wie Christiane, überrascht wird.

Die Stärke und Intensität der erlebten Gefühle, zum Beispiel der Ängste, stehen in einem direkten Zusammenhang mit allen Erfahrungen der Person. Wie fühlt sie sich in ihrer Partnerschaft? Empfindet sie diese als befriedigend? Oder fürchtet sie um die Stabilität innerhalb der Partnerschaft? Die Nachricht »Ich bekomme ein Kind!« bringt alle Schwächen der Partnerschaft sofort ans Licht, auch dann, wenn man wie Christiane zunächst versucht, diesen Tatsachen durch Verdrängung aus dem Weg zu gehen.

Der Impuls, diese starken Gefühle nicht zu beachten und sich ihnen dadurch zu entziehen, ist ganz natürlich, wenn die persönlichen oder die beim Partner eingeschätzten Kompetenzen für den Moment noch nicht ausreichen. Der Verdrängungsvorgang soll die nötige Zeit verschaffen, die man braucht, um damit fertig zu werden.

Bei Paaren, die sich ein Kind wünschen, sich daher auf diese Nachricht vorbereitet haben, treten solche Ängste zunächst nicht

auf. Bei ihnen überwiegt die Freude über diese Nachricht. Aber auch sie werden nach einiger Zeit verunsichert, wenn die erste Freude abgeklungen ist und sie die einmal getroffene Entscheidung dennoch in Frage stellen.

Diese Phase der Verunsicherung tritt bei allen Paaren, die ein Kind bekommen, auf. Lediglich der Zeitpunkt ihres Auftretens und die Art, wie die Paare damit umgehen, zeigt Unterschiede. Während sie bei einem ungeplanten Kind eine zentrale Episode mit stark gemischten Gefühlen sein kann, läuft sie bei einem Wunschkind eher kaum bemerkt ab und ist nur kurz, wenn man sicher ist, wie der Partner sich in Zukunft verhalten wird.

Während Paare, die nicht bewußt ein Kind wollten, sich längere Zeit in der Unsicherheitsphase befinden – je nachdem, wie die innere und äußere Auseinandersetzung damit verläuft –, kommen Paare, die sich auf ein Wunschkind gefreut haben, schnell in die *Anpassungsphase.* Sie verdrängen die Nachricht nicht, sondern lassen sich darauf ein. Sie beschäftigen sich in Gedanken damit, wie es sein wird, ein Kind zu bekommen.

Hier spielt das Verhalten des Mannes gegenüber seiner Partnerin eine entscheidende Rolle. Wendet er sich seiner Partnerin zu, erleichtert er ihr diese für sie schwierige Zeit. Sein Interesse an ihr und an dem werdenden Kind in ihrem Bauch gibt ihr Sicherheit. Darüber hinaus schafft das gemeinsame Empfinden Nähe zwischen den Partnern.

Viele Männer erschweren ihren Frauen diese Zeit, weil sie die Intensität der Gefühle, die die werdende Mutter spürt, nicht entsprechend beachten. Sie gehen oberflächlich mit dem Ereignis um und vermeiden allzu große Nähe in der Beziehung, indem sie sich jetzt mit allerlei anderem beschäftigen. Sie haben Angst vor dem, was auf sie zukommt, sind aber nicht in der Lage, darüber zu sprechen.

»Ich hatte das Gefühl: ›Gut, er freut sich über das Kind, aber er ist nicht richtig dabei.‹ Er nahm mich zwar mal in den Arm und so, aber ich hatte das Gefühl, er wollte schnell wieder weg, zu seiner Arbeit oder zu seinen Kumpels. Irgendwie fühlte ich mich trotz

seiner Zuwendung mit allem alleingelassen.« So berichtete Sabine über die Zeit ihrer Schwangerschaft.

Auch wenn Männer sich, wie Siegfried, augenscheinlich über das Kind freuen, sind sie oft nicht in der Lage, in ihrer Beziehung Nähe zu ihrer Partnerin herzustellen. Sie haben nicht die gleiche, direkte körperliche Verbindung zum Kind, und ihre Empfindungen reichen nicht tiefer. Zumindest sind sie nicht in der Lage, Gefühle offen mitzuteilen. Vielleicht erscheint ihnen die neue Situation auch bedrohlich. Denn eines ahnen alle Männer: Sie werden während der nächsten Monate nicht mehr die Hauptrolle im Leben ihrer Partnerin spielen. Sie haben Konkurrenz erhalten.

Ebenso zeigt sich an dieser Stelle, wie die eigene Kindheit erlebt wurde, welche Rollenvorbilder vom eigenen Vater, von der eigenen Mutter übernommen wurden. Im Verhalten der Partner zueinander, gerade während der Phase der Anpassung, wird das Muster, welches die Eltern in dieser Hinsicht an ihre Kinder weitergegeben haben, sichtbar.

Die *Konkretisierungsphase* beinhaltet erste Anstrengungen, sich mit den Tatsachen abzufinden, sie zu akzeptieren. Das Paar gewöhnt sich immer mehr daran, nun zu Eltern zu werden. Erste Babykleidung wird gekauft und die Zeit nach der Geburt ins Auge gefaßt. Diese Phase dauert am längsten. Sie währt einige Monate.

Bestehen unbewußte Bestrebungen, das Kind abzulehnen, obwohl es erwünscht zu sein scheint, werden solche praktischen Vorbereitungen hinausgeschoben. Kennzeichen einer solchen unbewußten Ablehnung des Kindes können neu aufflackernde Angstgefühle und Unsicherheiten sein, die Verdrängungsmechanismen freisetzen.

Die *Antizipations- und Vorbereitungsphase* findet kurze Zeit vor der Geburt statt. Nun wird es ernst! Ein praktisches Beispiel für diese Phase findet sich in der Vorbereitung auf die Geburt durch eine gemeinsam ausgeübte Schwangerschaftsgymnastik oder in Gesprächen, die dazu dienen, sich über den genauen Ablauf der Geburt klar zu werden. Hierher gehört die Wahl der Geburtsmethode, des Krankenhauses oder die Entscheidung für eine Haus- oder ambulante Geburt. Herausragendes Kennzeichen für spätere Probleme ist dabei wieder das Verhalten des Mannes während dieser Zeit. Beteiligt er sich an diesen Vorbereitungen aktiv? Oder trägt er nur dann etwas bei, wenn er von seiner Partnerin dazu aufgefordert wird?

Die *Geburtsphase* beendet einen wichtigen Abschnitt der Partnerschaft oder des Lebens überhaupt. Sie bedeutet Abschied von der eigenen Kindheit, Übernahme von Verantwortung für einen anderen Menschen, das Kind, und Eintritt in die Erwachsenenwelt, in die Welt der Elternschaft.

Auch hier können Rückschlüsse auf den späteren Verlauf dieses Lebensabschnitts und weiterer, die noch folgen, gezogen werden: Bleibt die Mutter bei diesem bedeutsamen Ereignis allein mit fremden Menschen (Ärzten, Schwestern, der Hebamme), oder wird sie von ihrem Partner unterstützt?

Gerade bei einem komplizierten Geburtsverlauf ist das Gefühl, nicht allein zu sein, mehr wert als alle medizinische Kunst.

Viele Männer sind den Belastungen aber nicht gewachsen. Sie überlassen ihren Partnerinnen allein die Bewältigung dieser schwierigen Lebenssituation. In solchem Zusammenhang zeigt sich, daß Frauen oft die »Stärkeren« in der Beziehung sind und viele Männer in allem, was Gefühle betrifft, zum »schwachen Geschlecht« gezählt werden dürfen. Ein Umdenken findet hier nur bei wenigen Männern statt. Einen »Lichtblick« und eine große Ausnahme stellen allerdings etliche junge Männer dar, die sich den Aufgaben in einer Partnerschaft nicht entziehen und ihre Partnerin, so gut sie können, unterstützen.

Nach der Geburt kommt es zur *Phase der Überwältigung und Erschöpfung.* Und dies bezieht sich, wie die bisherigen Ausführungen erwarten lassen, eher auf die Frauen als auf die Männer. Auf der einen Seite handelt es sich um einen körperlich anstrengenden Vorgang, der nun vorerst zu Ende ist, auf der anderen Seite sind auch alle Ängste – zum Beispiel die, ob es ein behindertes Kind wird oder nicht – ausgestanden, wenn das Kind gesund zur Welt gekommen ist. Frauen, die ein behindertes Kind zur Welt gebracht haben und deren Ängste sich nun in schrecklicher Weise bewahrheiten, tragen viel schwerer daran als die »normale« Mutter mit einem gesunden Kind.

Für Paare mit einem behinderten Kind beginnt nun ein schwieriger Abschnitt, in dem sie alle Phasen der Unsicherheit und der Angst, die für den Beginn der Schwangerschaft gelten, noch einmal durchleben. Sie brauchen viel mehr Zeit als andere Eltern, sich mit dem Ereignis der Geburt abzufinden, vor allem aber, um sich daran zu gewöhnen, nun Eltern eines behinderten Kindes zu sein. Für sie gelten zwar die nachfolgenden Phasen auch, aber diese »Stadien« laufen doch etwas anders ab als bei Eltern mit einem gesunden Kind. Denn außer den Betroffenen kann niemand ermessen, was es bedeutet, wenn diese Ängste wahr geworden sind oder wenn man als Eltern davon überrascht und damit konfrontiert wird.

Kurze Zeit später folgt die *Phase der Herausforderung und Umstellung* für die meisten Eltern. Jetzt beginnt die Zeit der Anpassung an die Ansprüche, die ein neugeborenes Kind an den Tagesablauf der Eltern stellt, vor allem aber an die Mutter. Die Anforderungen eines Babys an die Eltern werden im allgemeinen stark unterschätzt. Denn je nachdem, wie die Eltern vorher lebten, werden nun Veränderungen in ihrer Lebensführung stattfinden, die ihnen einiges abverlangen. Jüngere Eltern sind hier etwas im Vorteil, weil sie in ihrer Lebensführung noch nicht so festgelegt sind wie ältere Paare, die sich an bestimmte Gegebenheiten gewöhnt haben und meistens nicht so ohne weiteres bereit sind, diese wieder aufzugeben. Das beginnt bei der Freizeitgestaltung und endet bei der Arbeitsteilung. Wir kennen keinen Bereich, den das Baby nicht kräftig durcheinanderwirbelt und von den Eltern erhebliche Anpassungsleistungen verlangt. Selbst so intime Gewohnheiten wie jene in der Sexualität werden vom Baby bestimmt und verändert. Aber auch das Schlafen, die persönlichen Einschlaf- und Durchschlaf- oder Aufstehrhythmen werden vom Baby hoffnungslos durcheinandergebracht. Nach der Geburt ist nichts mehr so, wie es einmal war.

Dies betrifft natürlich beide Elternteile, aber vor allem die Mütter, denn gerade während der ersten Lebensmonate sind sie es, die ihren bisherigen Lebensablauf völlig umstellen müssen. Die Väter kommen hier in dreierlei Weise ins Spiel: Erstens sichern sie den finanziellen Rahmen für die Familie, zweitens sorgen sie für die seelische Unterstützung der Mutter, und drittens helfen sie der Mutter bei der Säuglingspflege und im Haushalt.

Das Ausprobieren eines neuen Lebensrhythmus für die ganze Familie, der während der ersten Wochen und Monate auf das Baby bezogen ist, stellt die große Aufgabe für die Familie dar. Hier zeigt sich nun, wie gut oder wie schlecht ein Paar auf diese Herausforderungen vorbereitet ist und wie es sie gemeinschaftlich lösen kann.

Danach folgt eine *Phase der Gewöhnung* an die neuen Lebensumstände, die sich unter den veränderten Bedingungen bewähren müssen. Ob innerhalb dieser Gewöhnungsphase Konflikte zwischen den Partnern auftreten, hängt nicht zuletzt davon ab, wie beide die Verteilung der wesentlichen Aufgaben vorgenommen haben. Sind beide zufrieden mit den Lösungen, wird es kaum zu Konflikten kommen, wird einer der Partner ungerechtfertigt überlastet, treten immer wieder Konflikte auf. Während der Gewöhnungsphase zeigt sich, wie gut das Paar diese Entwicklungsaufgaben in der Partnerschaft gemeistert hat.

Die Zeit der Schwangerschaft und die Zeit der Geburt sind die große Generalprobe der Partnerschaft. Im Verhalten der Partner zueinander zeigen sich im Kleinen alle Probleme, die den weiteren Verlauf der Beziehung und der nachfolgenden Säuglingspflege und -erziehung beeinflussen. Hier wird deutlich, welche tragende Rolle die meisten Frauen in ihren Partnerbeziehungen übernehmen und wie beklagenswert manche Männer mit dieser wichtigen Zeit umgehen. Aber weder muß das so sein, noch muß es so bleiben.

Eine neue Sichtweise von der Elternschaft, wie sie aus den jüngsten wissenschaftlichen Ergebnissen zu diesem Bereich hervorgeht, vermag Paaren zu helfen, diese schwierige Zeit besser und vor allem leichter zu bewältigen und zu Lösungen zu finden, mit denen beide Partner zufrieden sein können.

Sie kann Paaren in einer schon fortgeschrittenen Partnerschaft von Nutzen sein, wenn die Kinder schon etwas größer, sie selbst aber mit verschiedenen Aspekten innerhalb ihrer Familie unzufrieden sind und neue Lösungsansätze für viele Partnerschafts- und Kindererziehungsprobleme suchen. Diese Lösungsansätze können aber auch Paaren, die sich gerade in einer der eben beschriebenen Phasen befinden, dazu dienen, Fehler in ihrer Partnerschaft zu vermeiden und den meisten Konflikten vorzubeugen.

Selbsthilfe in der Partnerschaft – gemeinsam glücklich werden

Welche Erwartungen hatten Sie, als Sie sich mit Ihrem Partner verbanden? Träumten Sie nicht auch davon, wie glücklich und harmonisch das Leben sein sollte? Und nun haben Sie eine ganze Reihe von Problemen, die Sie zur Zeit beschäftigen und für die Sie gerne eine Lösung wüßten. Oder gehören Sie zu denjenigen, die gerade am Beginn einer Partnerschaft stehen und nun wissen wollen, wie man die meisten Fehler vermeidet?

Ob Sie schon längere Zeit in einer Partnerschaft leben und schon ein Kind oder mehrere haben, oder ob Sie gerade am Anfang einer Beziehung stehen oder irgendwo dazwischen, ist unerheblich, denn unser entwicklungsorientiertes Konzept eignet sich für alle, die in einer Partnerschaft leben und diese verbessern möchten.

Der Grundgedanke dieses Konzepts basiert auf der Vorstellung, daß der Mensch ein sehr lernfähiges Wesen ist und sich eigentlich an die meisten Umweltbedingungen anpassen kann, wenn er einige Voraussetzungen dazu kennt. An welcher Stelle in der Entwicklung Ihrer Partnerschaft Sie sich auch gerade befinden: Sie können sich immer weiterentwickeln, wenn Sie wissen, wo Sie stehen, was Sie wollen und vor allem, wie Sie das mit Ihrem Partner erreichen können.

Partnerschaft als Entwicklungsaufgabe

Die meisten Menschen überlegen sich nicht, welche Mechanismen ablaufen, wenn sie jemanden kennenlernen. Sie verschwenden keine Zeit damit, sich der Bedingungen bewußt zu werden, die sie leiten, wenn sie sich auf die Suche nach einem Partner begeben. Noch während der Schulzeit, als Mädchen oder Junge, üben sie sich im Umgang mit dem anderen Geschlecht und orientieren sich dabei an den in ihrer Gruppe üblichen Normen und Werten. Sie machen dabei sehr unterschiedliche Erfahrungen, die nicht zuletzt darauf zurückgehen, wie sie erzogen wurden und welche Persönlichkeit sie haben. Als Jugendliche bauen sie diese ersten Erfahrungen aus, manchmal sogar schon in Form länger andauernder Beziehungen. Kaum einer von ihnen weiß, daß sie alle ein Erbe erhielten – es besteht aus den Vorbildern, die ihre Eltern ihnen mit auf den Weg gaben.

Den eigenen Standpunkt kennen

Weder im Elternhaus noch in der Schule wird jungen Menschen gezielt etwas über Beziehungen, Partnerschaft, Elternschaft, Ehe oder ähnliches vermittelt. Niemand erklärt ihnen, nach welchen Spielregeln solche Prozesse vonstatten gehen, klärt sie über Fallstricke oder Sackgassen auf. Das einzige, worauf sie bauen können, sind ihre persönlichen Erfahrungen in ihrer Familie und in ihrer sozialen Gruppe, ihrer Clique.

Das gleiche gilt für das Gebiet der Erziehung. Dieser Mangel ist um so erstaunlicher, als die Bedeutung dieser Lebensbereiche stets betont wird. Trotzdem läßt man die jungen Menschen damit allein. Man vertraut darauf, daß sich dies von alleine löst, sich sozusagen auf natürliche Weise vollzieht. Früher mag das auch gelungen sein, heute stehen wir aber vor Problemen in Partnerbeziehungen, wie sie noch nie auftraten. Wenn fast jede dritte Ehe geschieden wird und viele nichteheliche Partnerschaften auseinandergehen, wird es Zeit, sich nach anderen Lösungen umzusehen.

Da die Gesellschaft keine Lösungsansätze anbietet, sind wir, wie bei so vielen Schwierigkeiten, wieder auf uns selbst angewiesen. Wie können wir mit den beschriebenen Problemen in der Partnerschaft umgehen? Wie können wir zu praktikablen Lösungen finden?

Der erste Schritt besteht darin, sich seine Handlungen bewußt zu machen, sich darüber klar zu werden, wo man steht und wie man dorthin gekommen ist. »Selbsterkenntnis ist der erste Schritt zur Veränderung«, sagen wir unseren Klienten. Und diese Erkenntnis stammt weder von uns, noch ist sie neu, denn schon die alten Griechen meißelten über den Eingang zum Orakel von Delphi: »Erkenne dich selbst.« Als zweiten Schritt klären wir unsere Ziele und Absichten und versuchen herauszufinden, was uns daran hindert, so zu werden, wie wir eigentlich sein möchten. Und der dritte Schritt erfolgt, indem wir unsere Ziele und Absichten in die Tat umsetzen. »Schön und gut«, werden Sie nun vielleicht einwenden, »das hört sich alles ganz logisch an, ist aber auch sehr allgemein. Was bedeutet das denn für mich selbst? Wie kann ich das auf meine Probleme anwenden?«

Erinnern Sie sich noch an das zuvor angegebene Schema über den Verlauf des Übergangs zur Elternschaft? Ist Ihnen beim Lesen bewußt geworden, daß wir uns beim Durchlaufen dieser Phasen entwickeln, uns dabei verändern – daß wir bei diesem Veränderungsprozeß lernen können, mit den Bedingungen, die zum Beispiel eine Partnerschaft, eine Schwangerschaft und die spätere Geburt eines Kindes mit sich bringen, fertig zu werden?

Die wesentliche Erkenntnis lautet daher: Wir stehen zu jedem Zeitpunkt an irgendeiner Stelle unserer persönlichen Entwicklung und wir vermögen, wenn uns das bewußt geworden ist, zu lernen, diesen Bedingungen so zu begegnen, daß wir dabei zufrieden und glücklich werden können.

Wir sind eben nicht, wie viele glauben, hilflos unseren Lebensumständen ausgesetzt, sondern in höchstem Maße lernfähige Wesen. Wir sind also nicht »fertig«, wenn wir auf die Welt kommen, sondern flexibel. Zu jedem Zeitpunkt unseres Lebens können wir, wenn wir wollen, dazulernen und uns weiterentwickeln. – Dies ist auch während des Verlaufs unserer Partnerschaft möglich.

Gemeinsame Lebensplanung

Die meisten der Paare, die wir für unser Buch interviewten, hatten keine bestimmte Lebens- und Zukunftsplanung miteinander entworfen. Natürlich haben Christiane und Rolf, die Studenten, genauso wie Sabine und Siegfried, die Fremdsprachenkorrespondentin und der Computeringenieur, oder Sarah und Roger, die Erzieherin und der Botschaftssekretär, immer wieder miteinander über diese Themen gesprochen. Aber wie bei den meisten wichtigen Themen, geschah dies nicht gezielt, nicht bewußt aus gewissen Überlegungen heraus, sondern eher zufällig. Und nicht nur das, es vollzog sich auch meistens auf einem Niveau, das nicht geeignet ist, so bedeutsame Themen in eine Tat umzusetzen.

»Klar haben wir darüber geredet«, sagte Christiane, »aber mehr als Wunschvorstellung, als Vermittlung von Träumen, die man so hat.«

»Wir haben oft darüber gesprochen«, meinte Sabine, »aber immer ging es mehr um Siegfrieds berufliche Pläne dabei und weniger um mich oder um unsere gemeinsame Zukunft. Nur was das Kind betraf, da waren wir uns einig. Das war klar. Wir wollten beide das Kind. Aber wie und unter welchen Bedingungen das ablaufen sollte, das hat Siegfried völlig mir überlassen!«

»Wir waren uns über das Kind einig, aber nicht darüber, wie unsere Zukunft als Paar eigentlich aussehen sollte. Ich hatte keine Ahnung, daß Roger davon sehr konkrete Vorstellungen hatte, die, wie ich dann feststellte, von meinen kilometerweit entfernt waren«, beklagte Sarah sich in einem Interview.

Keines der Paare hatte systematisch und gezielt miteinander darüber gesprochen, wie die gemeinsame Zukunft als Paar aussehen sollte. In unserer Gesellschaft ist diese bewußte und geplante Reflexion über gemeinsame Ziele in der Partnerschaft nicht gerade üblich. Es sei denn, ein Paar sucht wegen auftretender Schwierigkeiten eine Beratungsstelle oder eine Partnertherapie auf. Aber dann ist es in vielen Fällen schon zu spät, weil einer der Partner sich schon entschlossen hat, sich vom anderen zu trennen, und der Besuch einer Beratungsstelle häufig nur noch der Versuch eines der Partner ist, die Beziehung zu retten.

Wer Schwierigkeiten dieser Art vermeiden oder solche, die schon vorhanden sind, beheben will, kommt nicht umhin, sich zu überlegen, ob es sinnvoll sein könnte, sich regelmäßig über gemeinsame Ziele und den Weg, auf dem man sie erreichen möchte, zu unterhalten.

Selbsterkenntnis ist der erste Schritt zur Veränderung

Es bestehen verschiedene, vielfältige Möglichkeiten, der eigenen Beziehung neue Impulse zu geben, damit man sich innerhalb der Beziehung gemeinsam weiterentwickeln kann. Bevor man sich jedoch mit solchen Ideen an den anderen wendet, sollte man zunächst selbst herausfinden, wo man steht, was man will und vor allem, wie man das in der Beziehung umsetzen möchte.

Viele Frauen und Männer begehen einen weitverbreiteten Fehler, wenn sie in ihrer Beziehung etwas verändern möchten: Sie fangen an, den anderen zu kritisieren und an ihm herumzumäkeln, weil sie mit dem Zustand der Beziehung unzufrieden sind. Schon nach kurzer Zeit bemerken sie meistens jedoch, daß diese Methoden sie nicht weiterbringen. Der Lebenspartner reagiert nicht wie gewünscht auf Kritik, sondern verhält sich sogar so, wie man es sich genau nicht wünscht. Entweder er kritisiert seinerseits, oder er zieht sich beleidigt zurück.

Dieses vorschnelle Verhalten, etwas, das einen belastet, möglichst sofort verändern zu wollen, ist zwar verständlich, denn wer möchte schon in einer unbefriedigenden Situation leben, aber es führt meistens nicht zum erwünschten Ergebnis!

In dieser Situation ist es besser, sich zunächst selbst zurückzuziehen, um sich selbst klar darüber zu werden, wo die Ursachen für die gegenwärtigen Probleme liegen. Dabei können folgende Fragen eine erste Hilfe sein, um sich intensiver mit den Auslösern der aufgetretenen Schwierigkeiten auseinanderzusetzen:

- Wo stehe ich selbst in meiner Entwicklung?
- Was will ich erreichen?
- Wo möchte ich hin? Welche sind meine Ziele?
- Wo steht mein Partner in seiner Entwicklung?
- Was will er erreichen?
- Wo möchte er hin? Welche sind seine Ziele?
- Wie können wir unsere Ziele in unserer Partnerschaft gemeinsam erreichen?

Sich bewußt werden: Wer bin ich?

Ob Sie sich noch in einer Ausbildung befinden, eine Lehre oder ein Studium absolvieren, oder dergleichen schon erfolgreich hinter sich gebracht haben, hat große Bedeutung bei der Frage nach dem Bewußtsein, das Sie von sich selbst haben. Christiane, die Studentin, steht am Anfang ihrer beruflichen Laufbahn. Sie weiß noch nicht, ob sie diese Ausbildung abschließen kann, ob sie nach dem Abschluß eine Stelle bekommen wird und ob sie in dieser Stelle zufrieden sein wird. Eine Menge von Unbekannten und eine Menge Ungewißheit werden die junge Frau mehr oder weniger bewußt belasten. Sabine dagegen hat eine erstklassige Ausbildung abgeschlossen und arbeitete bereits sehr erfolgreich in ihrem Beruf. Sie ist, zumindest was ihre berufliche Entwicklung betrifft, schon einen Schritt weiter. Ihr berufliches Selbstbewußtsein ist ausgeprägt und stark. Sarah hat eine gute Ausbildung, die aber nur einen geringen gesellschaftlichen Stellenwert besitzt, zumindest wenn Sarah sich mit ihrem Mann, dem Botschaftssekretär, vergleicht.

Jede dieser Frauen steht also an einer ganz anderen Stelle ihrer individuellen Entwicklung im Berufsleben. Aber das Berufsleben ist ja nur eine Seite der persönlichen Entwicklung, obgleich eine wichtige. Auch innerhalb der Partnerbeziehung nehmen die Frauen sehr unterschiedliche Standorte ein. Aber in einem Punkt sind sie einander ähnlich: Alle Frauen leben mit einem Partner zusammen und erwarten ein Kind. Sie stehen, was ihre Mutterschaft betrifft, am Anfang einer Entwicklung.

Wie ist meine berufliche Position?

Ihre Aufgabe ist es nun, für sich selber herauszufinden, wo Sie in Ihrer Entwicklung stehen. Vielleicht haben Sie schon ein Kind und auch einige Schwierigkeiten mit ihm und glauben, Sie müßten hier Hilfe erhalten. In diesem Fall ist es ebenso sinnvoll, zunächst bei sich selbst anzufangen und sich mit seinen Stärken und Schwächen besser kennenzulernen, um die augenblicklichen Schwierigkeiten dann aus einer besseren, weil selbstbewußteren (im wahren Wortsinne), Position heraus zu meistern. Fragen Sie sich:

- Was habe ich bisher beruflich erreicht?
- Wo möchte ich beruflich hin?
- Wie will ich das erreichen?
- Was hindert mich daran, meine Ziele zu erreichen?

Was hat dies alles mit Partnerschafts-, Schwangerschafts- oder gar Geburtsproblemen gemeinsam? Auf den ersten Blick vielleicht nichts, aber wer genauer hinsieht, wird schnell feststellen, daß die berufliche Position eines Partners ihm in der Beziehung eine gewisse Machtstellung gibt, die ihrerseits wieder eine Quelle für Unzufriedenheit beim anderen sein kann.

Wer mit seiner beruflichen Situation nicht zufrieden ist, sich dies aber nicht bewußtmacht, wird viele Gefühle der Unzufriedenheit unterdrücken oder verdrängen. Diese verdrängten Gefühle können aber gerade in Konfliktsituationen wieder an die Oberfläche kommen und eine sachliche, am Problem orientierte Auseinandersetzung behindern. Wer sich insgeheim darüber ärgert, selbst nur »eine schlechte berufliche Position zu haben« (Sarah, 34, Erzieherin), »während der Partner beruflich hochangesehen ist«, wird sich in vielen Auseinandersetzungen über den anderen ärgern, ohne die Quelle des Ärgers zu kennen.

Objektive Unterlegenheit in einer Beziehung – zum Beispiel auf der beruflichen Ebene – die sich nicht zuletzt in unterschiedlichen Einkommen manifestieren kann, verstärkt eventuell andere Unterlegenheitsgefühle so sehr, daß man sich als »Mensch zweiter Klasse fühlt«. So kann das Selbstbewußtsein einer vierunddreißigjährigen Frau (Sarah) viel schwächer sein als das einer dreiundzwanzigjährigen Studentin (Christiane).

Die daraus resultierenden Entwicklungsaufgaben für die einzelne Person sehen daher entsprechend anders aus:

Besteht in einer Beziehung ein großes berufliches Qualifikationsgefälle, so stellt sich meist für die betroffene Frau die Frage, ob sie dieses so akzeptiert und damit auch das Machtgefälle innerhalb ihrer Beziehung zementiert, oder ob sie ihr Selbstbewußtsein durch weitere berufliche Ausbildung verändern will?

In beiden Fällen ist aber zunächst das Bewußtsein für die persönliche Situation unabdingbar. Denn diese bildet die Ausgangslage für jede weitere Auseinandersetzung innerhalb der Beziehung.

Frauen, die hier eine schlechtere Ausgangslage haben, sich dessen aber weder bewußt sind, noch etwas daran ändern können oder wollen, werden die meisten ihrer partnerschaftlichen Auseinandersetzungen verlieren, weil ihr Partner am längeren Machthebel sitzt.

Sehen Sie sich einmal in Ihrem Bekanntenkreis um und betrachten Sie die Stellung von Frauen in Beziehungen, in denen der Mann eindeutig die bessere berufliche Ausbildung und Position hat. Ist es dort nicht vielfach so, daß die Frauen in diesen Familien meistens mehr Kinder haben und durch die Kinder ziemlich gebunden sind? Und fällt es häufig nicht auch auf, daß diese Frauen relativ unselbständig sind?

Viele Frauen, die sich zu Beginn ihrer Beziehung oder in deren weiterem Verlauf nicht über ihre Position im klaren sind, versuchen dies mit verstärkten Aktivitäten im Bereich der Familie zu kompensieren. Und nicht wenige Männer festigen die Abhängigkeit ihrer Partnerinnen mit dem Wunsch nach mehr Kindern, denn mit jedem weiteren Kind binden sie ihre Partnerin mehr an den Haushalt und in die Kindererziehung ein.

Wollen Sie auf diese Weise »ruhiggehalten« werden? Oder wollen Sie eine eigenständige berufliche Entwicklung, die Sie zu einem gleichberechtigten Partner in Ihrer Beziehung macht? Überlegen Sie sich das genau, denn die Beantwortung solcher Fragen entscheidet darüber, wie die nächsten Jahre Ihres Lebens aussehen werden!

Und lassen Sie sich nicht von der Meinung irritieren, daß man sich mit einem Kind nicht mehr beruflich weiterentwickeln könne. Eine Schwangerschaft muß nicht das Ende einer eigenen beruflichen Karriere bedeuten, sofern man seine Ziele nicht aus den Augen verliert.

Berufsziele und Elternschaft

Frauen, die sich – oft auch gegen den Wunsch ihres Mannes – nicht durch ein oder mehrere Kinder an Heim und Herd fesseln lassen möchten, tun gut daran, sich zunächst selbst darüber klar zu werden, was sie wollen. Erst, wenn sie in bezug auf ihre Ziele sicher sind, sollten sie sich an den Partner wenden, um mit ihm darüber zu sprechen, seine Ansichten zu erfahren und, wie er sich das (für sich) vorstellt. Erst dann kann man erörtern, wie sich die Ziele jedes einzelnen gemeinsam in einer Partnerschaft durchsetzen lassen.

Wir haben schon versucht aufzuzeigen, daß Frauen und Männer hier ganz unterschiedliche Auffassungen haben können, über die während des Kennenlernens kaum eine Kommunikation stattfindet. Je weiter sich die Schere zwischen den Partnern zugunsten der Männer öffnet, desto schwerer wird es für die betroffenen Frauen, sich aus dieser Entwicklung zu lösen und eine eigene Entwicklung voranzutreiben.

Nehmen Sie sich also die Zeit, über solche elementaren Themen nachzudenken. Vielleicht schreiben Sie Ihre Überlegungen sogar auf. Das hat den Vorteil, daß man sich viel genauer damit auseinandersetzt und zudem eine Gedankenstütze in der Hand hat, wenn man sich schließlich mit dem anderen darüber unterhält. Nachdenken allein ist zwar wichtig, aber nicht alles, denn Gedanken sind flüchtig. Haben Sie sie aufgeschrieben, können Sie viel in Gang setzen.

Gerade während einer Schwangerschaft, wenn man Tag für Tag das werdende Leben in sich wachsen spürt, kann es leicht geschehen, daß man sich selbst aus den Augen verliert. Achten Sie also darauf, daß Sie sich wenigstens einmal pro Woche, am besten zu einem festen Termin, mit Ihren Wünschen, Träumen und persönlichen beruflichen Zielen befassen.

- Nehmen Sie sich Zeit für sich selbst,
- regelmäßig jede Woche zu einem festen Termin.
- Schreiben Sie Ihre Wünsche, Träume und beruflichen Ziele auf.
- Klären Sie erst mit sich selbst alles ab, bevor Sie mit Ihrem Partner darüber reden.
- Unterteilen Sie Ihre Ziele, etwa in »berufliche Ziele«, »persönliche Entwicklung«, »Freizeit«, »partnerschaftliche Ziele« und so weiter.

Viele Untersuchungen haben ergeben, daß manche Frauen, die mit ihrem Partner vor der Schwangerschaft und vor dem Ereignis der Geburt noch darüber einig waren, wie sie mit diesen neuen Situationen umgehen wollten, nach der Geburt allmählich doch alles allein bewältigen mußten. Das kann damit zusammenhängen, daß einige Frauen sich mit ihrer neuen Rolle als »Mutter« so anfreunden, daß sie daraus Befriedigung beziehen, Freude daran finden und in diesem Überschwang der Gefühle dazu neigen, frühere Forderungen nach Beteiligung des Partners einzuschränken.

Sie verzichten zunächst auf eigene Berufstätigkeit zugunsten des Kindes, verlieren dabei oft ihre Ziele aus den Augen und finden sich schnell in einer beruflichen Sackgasse wieder, weil sie so eventuell für mehrere Jahre den »Anschluß« an sich rasant vollziehende Entwicklungen verlieren.

Wenn Sie dies nicht geschehen lassen wollen, sollten Sie schon während der Schwangerschaft genau wissen, welche Ziele Sie sich für die Zeit nach der Geburt stecken. Sich »nur« auszuruhen und auf diese Weise etwas Luft zu verschaffen, hilft Ihnen nicht weiter. Wesentlich ist nun, sich Ziele zu erarbeiten, die Sie später (gemeinsam mit Ihrem Partner) umsetzen können. Um sie präzise formulieren zu können, bedarf es realistischer Antworten zu den folgenden Überlegungen.

---

1. Ziehen Sie Bilanz: Was haben Sie hinsichtlich Ihrer Ausbildung bisher erreicht?
2. Wie spielt die Schwangerschaft hier hinein? Kommt sie überraschend, oder war sie geplant?
3. Wenn sie überraschend kam, wie lassen Ihre beruflichen Ziele sich trotzdem weiterverfolgen?
4. Wenn sie geplant war, wie vermögen Sie dafür zu sorgen, daß Sie Ihre beruflichen Ziele nicht aus den Augen verlieren?
5. Wenn Sie sich für ein paar Jahre zurückziehen, um sich dem Kind und seiner Erziehung zu widmen, wie können Sie trotzdem den Anschluß in Ihrem Berufsfeld nicht verlieren?

Wenn Sie für sich alles so weit geklärt haben, daß Sie genau wissen, was Sie wollen, und auch schon ein paar Ideen haben, wie dies in die Tat umzusetzen wäre, dann (aber wirklich erst dann) suchen Sie das Gespräch mit Ihrem Partner. Sprechen Sie zu früh mit ihm, ohne selbst ein durchdachtes Konzept zu haben, besteht die Gefahr, daß er seine Pläne ohne Rücksicht auf Ihre Pläne in den Vordergrund stellt und sie Ihnen »überstülpt«!

Natürlich wäre es am besten, solche Gespräche bereits vor einer Schwangerschaft zu führen, um sie dann eventuell in Anbetracht Ihrer Pläne zu vermeiden. Aber die Erfahrung hat gezeigt, daß dies nur in den wenigsten Fällen gelingt. Setzt man sich erst hinterher damit auseinander, dann sollte man versuchen, möglichst zufriedenstellende Lösungen zu finden.

Wie gehe ich mit mir selbst um?

Wir haben die Auseinandersetzung mit den beruflichen Zielen an den Anfang gestellt, weil die berufliche Situation für viele Frauen eine zentrale Rolle innerhalb einer Partnerschaft einnehmen kann. Je schlechter die Frau ausgebildet ist, desto mehr ist sie »auf Gedeih und Verderb« den Launen des Mannes ausgeliefert beziehungsweise auf seine Großzügigkeit angewiesen. Je besser sie ausgebildet ist, desto mehr Unabhängigkeit und Selbständigkeit hat sie innerhalb und außerhalb der Beziehung.

Wer hier feststellt, daß er sich vorschnell mit weniger zufrieden gibt, als er erreichen könnte, wird auch auf anderen Gebieten immer wieder bereit sein, auf die Erfüllung eigener Wünsche und Bedürfnisse zu verzichten.

Dieser Verzicht, der auch in unseren Interviews deutlich anklang, führt aber langfristig zu Frustrationen. Die betroffenen Frauen stecken zugunsten des Kindes und zugunsten der Entwicklung des Partners immer mehr zurück und werden auf die Dauer mit ihrer Situation immer unzufriedener. Das muß nicht sein!

Nehmen Sie Ihre Gefühle ernst! Lassen Sie sich nicht in eine Position bringen, in der Sie diejenige sind, die alles allein zu bewältigen hat, und »schlucken« Sie auf keinen Fall »alles herunter«. Aber achten Sie ebenso darauf, daß Sie nicht zuerst schweigen, vieles hinnehmen und dann, wenn Sie es nicht mehr ertragen, zu nörgeln beginnen.

Denn so haben Sie »schlechte Karten«. Besser ist es, sich von vornherein auf die eigenen Wünsche und Bedürfnisse einzulassen, sie ernst zu nehmen und nach Wegen zu suchen, sie umzusetzen. Aber dafür sind Sie selbst mitverantwortlich. Rechnen Sie nicht damit, daß Ihr Partner sich um Ihre Belange kümmern wird. Warum sollten Männer freiwillig ihre günstige Position aufgeben? Denn wenn sie eine Frau zu Hause haben, die ihnen alles abnimmt und sich selbst dabei vergißt, fahren sie doch ganz gut damit.

Arbeitsteilung im Alltag

Sie haben sich mit Ihren Wünschen und Bedürfnissen auseinandergesetzt und dabei möglicherweise festgestellt, daß Sie nicht zu Ihrem Recht, sondern in vielen Bereichen zu kurz kommen. Auch bei den von uns befragten Paaren war es der Fall, daß sich die Frauen häufig für alles als allein zuständig empfanden und die Männer ihnen nur wenig zur Hand gingen. Je später die Auseinandersetzung darum geführt wird – je länger eine Frau alles allein erledigt –, desto schwieriger wird es, daran etwas zu verändern.

Meistens zeigt sich schon in der Zeit vor der Schwangerschaft, wie ernst es dem Mann mit der Arbeitsteilung im Haushalt ist. Die Schwangerschaft aber kann, wie schon erwähnt, als »Probezeit« dafür gelten, was später den Arbeitsalltag in der Partnerschaft bestimmt. Als umsichtige Frau überlegen Sie daher frühzeitig, wie Sie sich den Arbeitsalltag in der Partnerschaft vorstellen und wünschen. Wie zuvor schon gesagt, gilt hier wie bei allem anderen: Klären Sie Ihre Wünsche, Bedürfnisse und Vorstellungen zunächst für sich, bevor Sie sich damit an Ihren Partner wenden.

- Ziehen Sie zunächst eine ehrliche Bilanz: Wie wird im Moment der Alltag bei Ihnen organisiert? Wer kümmert sich um was?
- Nehmen Sie den gegenwärtigen Zustand als Ausgangssituation und formulieren Sie von da aus Ihre Wünsche.
- Gehen Sie alle Bereiche systematisch durch, schreiben Sie sich den momentanen »Istzustand« auf!
- Präzisieren Sie (möglichst schriftlich), vom »Istzustand« ausgehend, einen wünschenswerten »Zielzustand«.
- Führen Sie ihn anhand von Beispielen so konkret und praktisch wie möglich aus.

Wenn Sie sich bei diesen Überlegungen ärgern, weil das, was bei Ihnen im Moment abläuft, weit von dem entfernt ist, was Sie sich wünschen, dann nehmen Sie diesen Ärger ernst.

Achten Sie darauf, mit Ihren eigenen Gefühlen in Kontakt zu kommen und in Kontakt zu bleiben. Wenn sie Ihnen bewußt sind, wenn Sie sie zulassen können, wenn Sie genau spüren, was in Ihnen vorgeht, können Sie mit Ihrem Partner darüber reden. Wie man das am besten handhabt, möchten wir Ihnen nun zeigen.

Kommunikation in der Partnerschaft

Sie haben sich einige Wochen oder Monate mit dem befaßt, was Sie beruflich, persönlich und in der Partnerschaft erreichen wollen. Nun kommt es darauf an, es in die Tat umzusetzen. Ein gutes Gespräch gelingt leichter, wenn Sie diese Auseinandersetzung frühzeitig führen und nicht gewartet haben, bis Sie den »Frust« nicht mehr aushielten. Im ersten Fall sind wohl ohne große Probleme mehrere ruhige Gespräche möglich, in denen Sie und Ihr Partner sich auf bestimmte Positionen einigen. Im zweiten Fall wird es schon schwieriger, und Sie müssen darauf achten, daß bei aller Kritik Raum genug für konstruktive Vorgangsweisen bleibt.

Nehmen wir zunächst an, jemand stünde noch am Beginn einer Beziehung und wollte sich nun über seine Ziele klar werden. Nehmen wir außerdem an, diese Person wisse auch, wo sie beruflich steht, was sie beruflich erreichen will, und gehen wir von einer abgeschlossenen eigenständigen Berufsausbildung aus. Wesentlich sind dabei weniger Richtung und Art der Ausbildung, sondern vielmehr, ob man damit zufrieden ist oder ob man eine Weiterentwicklung anstrebt.

Die beruflichen Perspektiven der Partner

Die günstigste Ausgangsposition für eine gleichberechtigte Partnerschaft stellt eine identische Ausbildung im gleichen oder zumindest ähnlichen Beruf dar. Beide Partner verfügen über die gleiche Ausbildung.

Bei einem solchen Paar hätte die Kommunikation das Aushandeln der individuellen Berufsperspektive zum Inhalt: Wer strebt wann welche Karriere an, und welche Konsequenzen hätte das für die Partnerschaft, vor allem aber für den anderen?

Wenn zum Beispiel beide ein akademisches Studium abgeschlossen haben und sich darüber unterhalten, wie es nun weitergehen soll, wird in den meisten Fällen dem männlichen Partner ein gewisser Vorrang gewährt, der darin besteht, daß er zunächst seine beruflichen Ambitionen verwirklichen darf. Wegen der noch zu erwartenden Schwangerschaft stecken viele Frauen hier instinktiv zurück und verzichten (vorläufig) auf Karriereschritte. Aus biologischen und kulturell anerzogenen Gründen räumt der weibliche Partner dem anderen also Vorteile bei seiner Lebensgestaltung ein. Das wäre dann in Ordnung, wenn es abgesprochen ist (der Partner dies auch zu schätzen weiß) und die sich zurückstellende Partnerin damit keine Schwierigkeiten hat.

In vielen Fällen jedoch erhält die gleichsam nachgebende Partnerin dafür keinerlei Kompensationsleistungen, sieht man einmal davon ab, daß die Einkommenssituation sich eventuell verbessert und sie vom finanziellen Zuwachs profitiert. Das heißt: Der männliche Partner erhält vom weiblichen Partner ein Geschenk, ohne sich dafür durch irgendeine Gegenleistung zu bedanken. Nennen wir das einmal Liebe.

Sieht man sich aber den weiteren Verlauf solcher Partnerschaften an, wird deutlich, daß hier etwas gefehlt hat. In vielen Fällen kommt es nämlich später zur Frustration derjenigen Person, die zurückgesteckt hat. Und was geschieht mit diesen Frustrationen? Sie brechen sich innerhalb der Paarbeziehung Bahn und belasten die Kommunikation des Paares mit ständigem Streit.

Besser wäre es, sich gleich zu Beginn der Partnerschaft zu überlegen, was die zurücksteckende Partnerin als Gegenleistung für den Karriereverzicht (auf Zeit!) erhält. Die zeitliche Beschränkung wird von vielen Paaren aus den Augen verloren, könnte der Verzicht leistenden Partnerin die Situation jedoch erträglicher gestalten.

Die Diskussion in der Partnerschaft sollte nicht von angeblichen gesellschaftlichen Bedingungen ausgehen, die nur für die männliche Karriere geschaffen wurden. Denn bei genauer Betrachtung zeigt sich, daß eine Frau, die über die entsprechende Ausbildung und Motivation verfügt, ebenso Karriere machen könnte, wenn ihr Partner sich entsprechend einschränkte. Die Benachteiligung einer Person in der Partnerschaft bleibt so jedoch erhalten, nur gleichsam seitenverkehrt. Ein bloßer Rollenwechsel führt also nicht unbedingt zu mehr Gleichberechtigung.

Das Paar sollte sich vielmehr etwas überlegen, das die Interessen beider sicherstellt, und sich auf etwas einigen, das die verzichtende Person als Gegenleistung erhält. Sehen wir uns nun genauer an, worin der Verzicht besteht, wenn man zugunsten der Karriere des anderen zurücksteckt.

Beruflich Karriere zu machen, bedeutet, der Betreffende erhält ein Verfügungsrecht über seine Zeit, die er dann ausschließlich beruflich nutzt. Er entzieht seiner Partnerin damit Zeit, die man gemeinsam verbringen könnte. Während der Arbeitnehmer ohne Karriereambitionen abends zu Hause sein kann, um die Freizeit mit seiner Frau beziehungsweise Familie zu teilen – ob das wirklich der Fall ist, sei dahingestellt –, verbringt der beruflich Erfolgreiche seine Zeit allein, ebenso seine Partnerin. Karriere läßt sich so auch als Entzug von Zeit für Gemeinsames verstehen. Außerdem kehrt er am Abend meistens erschöpft aus dem Berufsalltag zurück und erwartet von seiner Partnerin Zuwendung in Form von Zärtlichkeit. Und er möchte den Rücken frei gehalten haben, also nicht mit irgendwelchen Problemen belastet werden.

Für viele Frauen, die ihrem Mann eine Karriere zugestehen, bedeutet das: Sie verzichten nicht nur auf gemeinsame Zeit als Paar, sondern sie müssen zusätzlich eigene Bedürfnisse nach Zuwendung und Zärtlichkeit zurückstellen, denn der überanstrengte Mann kann sie abends nicht mehr erfüllen. Er kann nicht mehr geben, er will nur noch haben.

Ein offenes Gespräch über diese zu erwartenden Probleme kann dazu führen, sich einmal mehr Gedanken darüber zu machen, was Männer als Gegenleistung für diesen zeitweisen Verzicht ihrer Frauen zu erbringen bereit sind. Dies kann ein Wechsel nach einigen Jahren sein, bei dem der Mann sich ebenfalls für mehrere Jahre der Unterstützung seiner Frau bei ihren beruflichen Plänen widmet, oder ein anderes »Kompensationsgeschäft«. Einwänden, hier würde es sich doch um »Liebe« und nicht um Geschäfte handeln, möchten wir durch den Hinweis begegnen, daß eine Partnerschaft ein gegenseitiges Geben und Nehmen sein sollte, will sie über Jahre hinweg bestehen, ohne daß jemand sich benachteiligt fühlt.

Und ein kleiner Blick auf die Nachbarschaft, in der Sie leben, zu männlich orientierten Karrieremustern, kann Ihnen das Ausmaß der Ausbeutung von Frauen in dieser Hinsicht verdeutlichen. Hinzu kommt, daß berufliche Karrieren in unserer Gesellschaft den Menschen materiell fixieren und seine mitmenschlichen Fähigkeiten, etwa Liebe und Zuwendung zu geben, zerstören.

In einer modernen Beziehung muß das nicht so sein: Beide Partner können miteinander ein Modell aushandeln, das beiden zu ihrem Recht verhelfen soll.

Schwieriger wird es, wenn einer der Partner, in vielen Fällen ist das die Frau, beruflich weniger ausgebildet ist als der Mann. In diesen Fällen wird häufig, ohne Einigkeit darüber herzustellen, davon ausgegangen, daß der Mann wegen der besseren Ausbildung den Vorrang erhält. Dies vergrößert aber den Abstand hinsichtlich der Ausbildung und der damit verbundenen Chancen weiter.

Hier wäre es sinnvoll, sich gemeinsam zu überlegen, wie man den Abstand verringern könne, anstatt ihn zu vergrößern und die Abhängigkeit der Frau vom Mann damit auf alle Zeit festzuschreiben.

Nähe und Intimität

Die Gespräche über die wirtschaftliche Existenz der Familie stellen auch die Weichen für den Umgang mit Intimität und Nähe in der Beziehung. Wenn Frauen von vornherein auf eine eigenständige Berufstätigkeit verzichten und dieses Feld dem Mann überlassen, werden sie in seinen Augen wie selbstverständlich für alles andere zuständig.

Wir haben zuvor schon zu zeigen versucht, daß Männer heute vielfach noch glauben, all das sei ohnehin »Frauensache«. Kommt es innerhalb der Partnerschaft gerade zu Beginn nicht zu Gesprächen, bei denen die verschiedenen Ansichten und Erwartungen bekannt werden, sind die späteren Probleme vorprogrammiert. Um dies zu verhindern, ist es notwendig, sich nicht nur über die wirtschaftliche Existenz der Familie auszutauschen, sondern auch darüber, wie man sich das Zusammenleben auf anderen Ebenen der Beziehung vorstellt.

Überlegen Sie sich, wie Sie sich das Zusammenleben mit Ihrem Partner denken, wie Sie es haben möchten, und sparen Sie dabei möglichst nichts aus. Fragen Sie sich:

- ○ Bin ich für meinen Partner da, wenn er ein Anliegen oder Problem hat?
- ○ Sprechen wir darüber?
- ○ In welcher Form geschieht dies?
- ○ Kommen wir gemeinsam zu Lösungen?
- ○ Ist er für mich da, wenn ich Probleme habe?
- ○ Kann ich mit ihm über alles sprechen?
- ○ Was kann ich nicht mit ihm bereden und warum nicht?
- ○ Unterstützt er mich seelisch, wenn ich Probleme habe?
- ○ Bietet er mir konkrete Hilfe an?

Wir haben uns ausführlich mit den Bereichen des Umgangs der Partner miteinander befaßt, mit der beruflichen Perspektive und mit der Art des Umgangs mit sich selbst. Die Begriffe »Nähe« und »Intimität« beinhalten die Fortführung der Entwicklung zu einer echten Partnerschaft. Zu Beginn lernte man sich kennen und lieben, man wußte oder glaubte zu wissen, wie der andere handelt, wie er denkt und fühlt, und man hoffte, daß er das auch von uns wüßte. Hier liegt allerdings eine Gefahrenquelle, denn die meisten Männer denken und fühlen anders als Frauen und haben diese Beziehungsaspekte gar nicht im Auge.

Sie sind meistens sehr einseitig auf die Bewältigung der praktischen Aufgaben im Beruf fixiert. Hier läßt sich dieses Phänomen nicht weiter erörtern. Es soll zunächst genügen, es festzustellen, und ohne Schwierigkeiten werden viele Leserinnen es bestätigen können. Wenn man aber weiß, daß der Partner mehr an seinen Beruf als an alles andere denkt, und man ebenso weiß, daß das im Grunde genommen mehr oder weniger »normal« ist, sollte man nicht hoffen, daß sich hier etwas von selbst ändert. Unveränderlich ist diese Haltung allerdings nicht, und es bieten sich verschiedene Möglichkeiten, den Mann zu etwas mehr Nähe und Intimität zu »erziehen«.

Das »Verwöhnwochenende«

Das Verwöhnwochenende eignet sich besonders für Paare, die nur wenig Nähe und Intimität in ihrer Beziehung spüren und sich diesbezüglich mehr Gemeinsamkeit wünschen. Der Vorteil des Verwöhnwochenendes liegt darin, daß hier beide Partner zu »ihrem Recht« kommen. Das heißt, jeder Partner gestaltet ein solches Wochenende für den anderen. Es handelt sich also eigentlich um zwei Wochenenden, bei denen jeweils ein Partner den anderen das ganze Wochenende lang verwöhnt. Haben Sie keine Angst, daß Sie damit überfordert wären. Erstens erhalten Sie bei dem Ihnen gewidmeten Wochenende alles zurück und somit den Ausgleich für Ihre »Investition«, und zum anderen wird der Partner, der selbst ein Wochenende lang verwöhnt wurde, danach sehr aufmerksam sein, um auch Ihnen zu geben.

Vorbereitung des Verwöhnwochenendes

Setzen Sie sich mit Ihrem Partner gemütlich zusammen und erklären Sie ihm, wie das Verwöhnwochenende aussehen könnte und welche Vorteile das für beide haben und vor allem für frischen Wind in Ihrer Beziehung sorgen könnte:

- Ein Partner wird ein ganzes Wochenende lang vom anderen verwöhnt!
- Er (oder sie) erfährt an diesem Wochenende sehr viel Liebe und Zuneigung vom anderen.
- Das führt normalerweise dazu, dem anderen etwas »zurückgeben« zu wollen.
- Beide fühlen sich einander sehr nahe.

Dann vereinbaren Sie einen Termin für das erste und das zweite Verwöhnwochenende. Die Wochenenden sollten nicht zu weit auseinander liegen, weil sonst der positive Effekt eines Wochenendes wieder im Alltag versinkt. Ein solches Wochenende soll von Freitagabend bis Sonntagnachmittag dauern.

Nun nehmen Sie beide ein Blatt Papier und schreiben auf, was für Sie ein »Verwöhner« darstellt. Sehen wir uns anhand eines Beispiels einmal an, was damit gemeint ist.

Gertrud (34), Büroangestellte in einem Pharmakonzern, plant mit Helmut (37), einem Meister für Maschinenbau, zwei gemeinsame Verwöhnwochenenden. Sie haben sich auf zwei Wochenenden geeinigt und sind gerade dabei, ihre »Verwöhner« aufzuschreiben.

Helmut schreibt auf seinen Zettel:

»1. Ich möchte morgens länger im Bett liegenbleiben können und dann mit einem Kuß und der Frage: ›Wie möchtest du dein Frühstück haben?‹ geweckt werden.

2. Beim Frühstück möchte ich meine Ruhe haben und meine Zeitung lesen dürfen, ohne Gespräche mit dir führen zu müssen!
3. Dann möchte ich gefragt werden, wozu *ich* heute Lust habe!
4. Zum Mittagessen möchte ich mein Lieblingsessen, Rouladen mit Rotkohl.
5. Nach dem Essen soll der Abwasch liegenbleiben, und ich möchte nach allen Regeln der Kunst verführt werden!
6. Ich möchte bestimmen, was wir an diesem Wochenende unternehmen, wie wir es verbringen.«

Gertrud schreibt auf ihren Zettel:
»1. Ich möchte im Bett liegenblieben können, während du für mich das Frühstück zubereitest (und den Abwasch hinterher erledigst)!
2. Dann sollst du mich fragen, ob wir nicht mal schwimmen gehen wollen!
3. Während des Aufenthalts im Schwimmbad holst du mir alles, was ich möchte, und kümmerst dich um die Kinder, während ich mich auf der Sonnenbank ausruhe.
4. Abends, wenn die Kinder im Bett sind, will ich mit dir in die Sauna und danach still ausruhen können, ohne daß der Fernseher läuft.
5. Du sollst mir von den Lippen ablesen, wenn ich etwas brauche, sollst an diesem Wochenende nur für mich da sein!«

Bei diesen Beispielen wird schnell deutlich, was den einzelnen Partnern in ihrer Beziehung anscheinend vom anderen fehlt, gleichzeitig werden auch erste Informationen gegeben, wie man sich ein Beheben dieses Mangels vorstellt.

Durchführung des Verwöhnwochenendes

Während des Wochenendes ist man ganz für den anderen da und versucht die »Verwöhner«, die man jetzt ja kennt, einzusetzen, um dem anderen ein Wohlgefühl zu vermitteln. Darüber hinaus hat man nun Anhaltspunkte für weitere Verwöhner, die man aus den Informationen, welche der Partner gab, herausfinden und berücksichtigen kann.

Kümmern Sie sich während des Wochenendes hauptsächlich um das Wohlbefinden und die Wünsche Ihres Partners. Achten Sie bei den Verwöhnern darauf, daß sie so ausfallen, wie der andere das möchte. Orientieren Sie sich also nicht an Ihren Vorstellungen davon, sondern an seinen Bedürfnissen.

Nachbesprechung des Verwöhnwochenendes

Wenn jeder von Ihnen »sein« Wochenende erhielt, sollten Sie sich noch einmal für eine halbe Stunde zusammensetzen, um über das Erlebte zu sprechen. Dies soll dem anderen die Rückmeldung liefern, wie Sie seine Verwöhner empfanden. Bei den Formulierungen sollten Sie darauf achten, nur positiv zu formulieren (und keinesfalls irgend etwas zu kritisieren): »Mir hat besonders gut gefallen, wie du mir den ...«

War etwas dabei, das der Partner miß- oder gar falsch verstanden hat, dann kommt es darauf an, dies so mitzuteilen, daß der andere es beim nächsten Mal verbessern kann, also etwa so: »Das Frühstück im Bett war ganz gut, aber die Krümel in meinem Nachthemd waren nicht so angenehm. Ich fände es besser, wenn wir beim nächsten Mal ein Tablett oder eine Tischdecke verwendeten.« Oder: »Die Massage von dir war toll, aber den Bauch solltest du beim nächsten Mal aussparen. Da bin ich kitzelig. Vielleicht könntest du dafür das Gesicht leicht streicheln?«

Wirkung auf die Partnerschaft

Gertrud: »Ich habe dabei zum ersten Mal richtig bemerkt, daß es vieles gab, das ich vorher gar nicht wußte. So hat Helmut zum Beispiel zum ersten Mal gesagt, daß er zwar gerne mit mir schwimmen ginge, ihm dabei aber die Kinder zu wirbelig wären, weil wir uns dann nicht richtig ausruhen könnten. Da haben wir beschlossen, wenigstens einmal im Monat ohne die Kinder schwimmen zu gehen!«

Helmut: »Meine Frau meinte immer, ich würde bei körperlicher Nähe bestimmte Rituale wollen und sie gut finden. Beim vergangenen Verwöhnwochenende habe ich ihr zum ersten Mal sagen können, was ich wirklich mag und was nicht. Sie war ganz überrascht, sie wußte das nicht. Wir hatten noch nie über sexuelle Bedürfnisse geredet!«

Der Austausch von Wünschen und Bedürfnissen bei der Vorbereitung des Wochenendes zeigt nicht nur deutlich, woran es in der Beziehung anscheinend mangelt, sondern auch, wie man sich die Beseitigung dieser Mängel vorstellt.

Beim Verwöhnwochenende wird nicht nur über Wünsche und Bedürfnisse kommuniziert, sondern sie werden auch erfüllt. Die Befriedigung bislang unerfüllter Bedürfnisse schafft Zufriedenheit in der Beziehung und verhindert Frustrationen. Das wichtigste aber ist, daß das Empfangen liebevoller Zuwendung die Fähigkeit zu nehmen sensibilisiert und den Impuls fördert, ebensolche Zuwendung zurückzugeben.

Das Verwöhnwochenende kann so den Austausch von Geben und Nehmen in einer Beziehung wieder mehr ins Gleichgewicht bringen. Jeder hat hinterher das Gefühl, etwas bekommen zu haben, und nicht, wie sonst oft, immer nur geben zu müssen, ohne etwas zu erhalten. Auf diese Weise kann man einander schnell näherkommen und Intimität in der Beziehung intensiver erleben als mit anderen Methoden.

Am besten gelingt das natürlich, wenn man es in einer frühen Phase der Beziehung einsetzt. Aber auch, wenn es schon etwas »kriselt«, können der Verzicht auf eine Auseinandersetzung und das Eingehen auf den anderen am Wochenende der Beziehung etwas Luft verschaffen und eine neue Ausgangsbasis für die Bewältigung von Konflikten mit sich bringen.

Natürlich handelt es sich bei dieser Vorgangsweise um einen Lern- und Entwicklungsprozeß. Sie werden also nicht erleben, daß zuerst gar nichts, dann alles klappt. Vielmehr werden Sie sich Schritt für Schritt als Paar mit den jeweiligen eigenen Bedürfnissen und denen des anderen auseinandersetzen und allmählich zu einer optimalen, den persönlichen Umständen angemessenen Art des Umgangs in Ihrer Beziehung finden können, wenn Sie solche Wochenenden oder ähnliche Vereinbarungen regelmäßig in Ihre Partnerschaft einbauen.

2.
Schwierigkeiten mit Kindern im Säuglingsalter erfolgreich bewältigen

Schreiattacken – wenn Ihr Baby Ihnen die letzten Nerven raubt

Bisher hielten Sie ständig schreiende Säuglinge für ein Problem, das Sie nicht betrifft. Ihr Baby entwickelte sich gut, nahm zu und aß regelmäßig. Sie hatten zwar schon von Freundinnen und Bekannten von kleinen Schreihälsen gehört, die ihren Müttern und Vätern den »letzten Nerv« raubten, aber Ihr kleiner Liebling gehörte bislang (»Gott sei dank!«) nicht dazu.

Vielleicht ängstigten Sie sich etwas, machten sich Gedanken, wie Ihr Kind sich entwickeln würde, aber nervös waren Sie nicht – bis zu dem Tag, an dem alles anders wurde! An diesem Tag verlief nichts mehr so, wie Sie es bislang gewohnt waren. Dabei hatte dieser Tag auch nicht anders begonnen als andere zuvor. Sie hatten, wie gewohnt, Ihr Kind gestillt und es dann gewickelt. Gerade wollten Sie es ins Kinderbett legen, da begann es herzzerreißend zu schreien.

Im ersten Moment haben Sie vielleicht gedacht, es sei noch hungrig, und dem Baby erneut die Brust gegeben. Aber es wollte nichts trinken und schrie aus vollem Hals weiter. Dann überlegten Sie, ob es krank sei, und Sie untersuchten es. Aber diese Untersuchung brachte nichts zutage. Sie konnten nichts finden. Doch irgend etwas mußte mit dem Baby los sein, denn es schrie sich weiter die Seele aus dem Leib!

Wir wissen nicht, wie Sie dann mit Ihrem Kind verfahren sind. Aber viele Eltern, mit denen wir bei den Recherchen für dieses Buch sprachen, berichteten, sie hätten nach einigen Tagen ständiger

Schreiattacken verzweifelt ihren Kinderarzt aufgesucht, weil sie dachten, ihr Baby sei ernsthaft krank.

Janina: Jeden Tag das gleiche Theater?

»Ich hatte sie gerade in ihr Kinderbettchen gelegt und wollte mich ein paar Minuten ausruhen!« Marianne (28), Büroangestellte und seit sechs Wochen Mutter von Janina, wurde von dem Geschrei ihrer Tochter völlig überrascht. – »Sie war eigentlich ein ruhiges Baby und hat noch nie irgendwelchen Ärger gemacht. Im Gegenteil. Ich dachte manchmal sogar schon, sie könnte gerne etwas munterer sein.«

Marianne rannte ins Kinderzimmer und nahm Janina sofort auf den Arm, aber das Mädchen war nicht zu beruhigen. »Ich dachte natürlich zuerst, sie habe noch Hunger, und wollte sie noch einmal an die Brust legen, doch sie drehte den Kopf weg und schrie aus vollem Hals weiter!« Dann trug Marianne das Baby in der Wohnung umher. Doch auch das half nichts. Das Schreien hielt an. »Nach einer Stunde Herumlaufens war ich völlig aufgelöst. Ich wußte zuerst nicht mehr, was ich noch versuchen sollte. Dann dachte ich, sie sei vielleicht ernsthaft krank. Ich zog sie warm an und ging mit ihr zu unserem Kinderarzt.«

Der Kinderarzt untersuchte das Kind, das weiterhin kräftig schrie, dann befragte er die aufgeregte Mutter ausführlich über die Umstände der Geburt, die ersten Wochen zu Hause und sah sich die Unterlagen von Janina an. Aber weder aus der Untersuchung noch der Befragung oder den Unterlagen über die Vorsorgeuntersuchungen ging irgendein auffälliger Befund hervor. »Das Kind sei organisch völlig gesund. Ich solle mir keine Sorgen machen, nur die Ruhe bewahren, meinte der Arzt. Ich fragte ihn, was ich gegen das Schreien unternehmen könne. Er antwortete: ›Nichts, warten Sie einfach ab. Das wächst sich raus!‹. Ich war völlig perplex. Der hatte vielleicht Nerven!«

Torsten: Wenn die Nacht zum Tag wird

Sylvia wurde vom Schreien ihres Sohnes Torsten wach. Sie knipste die Nachttischlampe an und sah auf die Uhr. »Das durfte doch nicht wahr sein, drei Uhr! Ich hatte noch nicht einmal zehn Minuten geschlafen!« Die 23jährige Studentin der Biologie quälte sich aus dem Bett, versuchte dabei nicht allzu laut zu sein, um ihren Lebensgefährten Stefan nicht zu wecken. Stefan sollte heute früh eine wichtige Klausur schreiben, und Sylvia dachte: »Der braucht seinen Schlaf. Gleich darauf schoß mir allerdings durch den Kopf, daß ich auch meinen Schlaf brauchen könnte!«

Sylvia schlich auf Zehenspitzen zum Kinderbett, das sie in einer Ecke des Schlafzimmers aufgebaut hatten, damit sie immer gleich bei ihrem Sohn sein konnten, wenn er etwas brauchte. Torsten war drei Monate alt und hatte sich bisher völlig normal entwickelt. Seit einigen Tagen glaubte Sylvia allerdings, daß der Junge sich eigenartig verhielt. Gegen Abend begann er nach dem Stillen öfter zu schreien und dabei Arme und Beine ruckartig an den Körper zu ziehen.

Sie nahm den schreienden Jungen aus dem Bett. »Er war überhaupt nicht zu beruhigen. Ich setzte mich auf unser Bett und machte meine Brüste frei. Ich legte ihn an – und er? Er drehte den Kopf zur Seite und schrie weiter!«

Sylvia wurde nervös. Was hatte das Kind bloß? Dann wurde Stefan wach. Unwirsch fragte er: »Was ist denn los?«

In dieser Nacht kamen die jungen Eltern nicht mehr zu Schlaf. Die Schreiattacken dauerten von drei Uhr bis neun Uhr früh. »Er schrie in einer Tour, machte nur zum Luftholen zwischendurch mal eine kleine Pause, aber dann ging es wieder von vorne los. Erst trug ich ihn im Schlafzimmer herum, dann stand Stefan auf und versuchte ihn zu besänftigen. Dann gingen wir mit ihm ins Wohnzimmer. Abwechselnd nahmen wir ihn auf den Arm, legten ihn wieder hin und ruhten uns aus, um ihn doch wieder auf den Arm zu nehmen und in der Wohnung herumzulaufen. Wir schalteten die Stereoanlage an, spielten klassische Musik, in der Hoffnung, sie würde ihn beruhigen. Aber nichts half! Am Morgen waren wir beide völlig geschafft. Stefan schleppte sich in die Uni, zu seiner Klausur, und ich rief unseren Kinderarzt an, der mir riet, sofort mit Torsten zu kommen. Nach einer ausführlichen Untersuchung stand die Diagnose fest. Es sollte sich um die gefürchteten ›Dreimonatskoliken‹ handeln.«

Kerstin: Vom Regen in die Traufe?

Petra (31), Krankenschwester, saß mit ihrer Mutter beim Kaffee. Frau Weinberg war knapp fünfzig und bezeichnete sich selbst als »flotte Oma«. Sie unterhielten sich über ihr Lieblingsthema, die richtige Erziehung von Kerstin, Petras acht Wochen alter Tochter.

»Du verwöhnst das Kind viel zu sehr!« meinte Frau Weinberg. »Ihr jungen Leute seid heute viel zu nachgiebig! Als wir noch jung waren, war es klar, die Kinder wurden nicht verwöhnt.«

»Das mag damals ja richtig gewesen sein, aber heute weiß man einfach mehr über die Kinder und ihre Bedürfnisse.«

»Papperlapapp. Damals wußte man das auch. Heute ist es modern, den Kindern alles in den A.... zu stecken.« Frau Weinberg liebte es, bestimmte Sachverhalte drastisch auf den Punkt zu bringen.

Kaum hatte sie den Satz ausgesprochen, da hörte man aus der offenen Kinderzimmertür einen schrillen Schrei. Sofort stand Petra auf und lief ins Kinderzimmer. Sie kam mit der weinenden Kerstin zurück.

»Siehst du, das ist es, was ich meine!« stichelte Frau Weinberg. Aber dann sagte sie: »Komm, gib mir mal unseren Sonnenschein.«

Petra reichte ihrer Mutter das schreiende Baby. Doch kaum war Kerstin auf dem Arm ihrer Großmutter, schrie sie noch mehr.

»Ach, du kleines Würmchen, was hat du denn? Tut dir der Bauch weh?« flötete die Großmutter in den höchsten Tönen. Sie stand auf und trug das Kind im Wohnzimmer umher. Aber das Geschrei nahm nicht ab. Nach ein paar Minuten gab sie das Baby der Mutter zurück. »Du hättest sie ruhig mal schreien lassen sollen!«

Petra trug das Kind noch eine Weile im Wohnzimmer herum, dann brachte sie es wieder ins Kinderzimmer zurück und legte Kerstin ins Bett. Aber das Kind war nicht zur Ruhe zu bringen. Petra ging schweren Herzens wieder zu ihrer Mutter ins Wohnzimmer zurück. Sie zog die Kinderzimmertür zu.

»Du hättest besser zu Hause bleiben sollen und nicht gleich weiterarbeiten!« meinte Frau Weinberg zu ihrer Tochter.

»Mama, das Kind ist gut versorgt. Frau Siemens ist eine gute Tagesmutter.« Petra ärgerte sich über ihre Mutter. Diese verstand es wirklich gut, einem die eigenen unbewältigten Probleme »auf's Butterbrot zu schmieren« und immer die richtigen Stellen zu treffen.

Am Abend diskutierte sie mit ihrem Mann Fred die Vorschläge der Mutter. »Meinst du nicht auch, wir haben vielleicht ein schlechtes Gewissen, weil ich arbeite, und sind deswegen so nachgiebig mit dem Kind?« fragte Petra ihren Mann, der in einer Gesamtschule als Lehrer arbeitete.

»Das weiß ich nicht. Aber ich weiß, daß deine Mutter auf keinen Fall damit recht hat, das Kind schreien zu lassen.«

»Ich weiß nicht, vielleicht sollte ich es einmal ausprobieren. Vielleicht bin ich wirklich zu nachgiebig?«

In den folgenden Wochen ließ Petra das Baby eine Zeitlang schreien, wenn es sich meldete. Aber schon nach ein paar Tagen wurde sie unsicher. »Ich dachte: ›Ist das wirklich richtig? Hat meine Mutter recht oder mein Mann?‹ Ich war völlig durcheinander. Und das Schreien von Kerstin wurde nicht weniger. Im Gegenteil: Ich glaube sogar, es nahm zu. Nach zwei Wochen gab ich es auf und handhabte es wieder so wie vorher. Sobald Kerstin sich meldete, nahm ich sie auf den Arm. Aber das änderte auch nichts. Ich wußte nun gar nicht mehr, was richtig oder falsch war.«

Mütter wie Marianne, Sylvia und Petra werden von den Schreiattacken ihrer Kinder überrascht. Sie sind verunsichert, wissen nicht mehr, was sie unternehmen sollen, damit das Schreien des Kindes aufhört. Bei allen beschriebenen Beispielen fällt eines ins Auge. Die betroffenen Mütter unterscheiden sich zwar hinsichtlich verschiedener Merkmale, wie Alter, Beruf oder Einstellung zur Säuglingserziehung, aber in einem Punkt verhalten sie sich ähnlich: Da sie die Ursache für das Verhalten ihres Babys nicht kennen, probieren sie eine ganze Reihe von Methoden aus, um es zur Ruhe zu bringen – allerdings ohne Erfolg. Was also ist mit den Babys los? Warum reagieren sie nicht auf die gutgemeinten Beruhigungsversuche?

Warum schreien einige Babys oft, andere nicht?

Was bedeuten die Signale der Säuglinge?

Viele Eltern meinen, ein Säugling würde immer aus dem gleichen Grund schreien. Da man früher lange Zeit glaubte, Babys könnten aufgrund ihrer geringen Differenziertheit noch nicht zwischen verschiedenen Zuständen unterscheiden, war diese Ansicht weit verbreitet. Nicht nur die Eltern, auch die Wissenschaft hielt Säuglinge damals für »dumm«, für kleine Wesen ohne eigenen Willen, ohne Bedürfnisse, die weiter reichen könnten, als essen zu müssen, um überleben zu können.

Inzwischen wissen wir, daß Säuglinge zum Zeitpunkt ihrer Geburt über ein differenziertes Nervensystem verfügen, das zwar noch nicht voll ausgebildet ist, aber ausreicht, um sich mit der wichtigsten Bezugsperson, der Mutter, während der ersten Lebenstage zu verständigen. Man fand zum Beispiel heraus, daß nur wenige Tage alte Säuglinge schon in der Lage waren, den Geruch der Milch ihrer Mutter von anderer Milch unterscheiden zu können. Die Wissenschaftler legten links und rechts neben den Kopf des Säuglings ein Tuch. Das eine Tuch hatten sie mit der Milch der Mutter getränkt, das andere mit der Milch einer anderen Frau. Der Säugling drehte nun den Kopf immer zu der Seite, auf der der Lappen mit der Milch seiner Mutter lag. Diese Versuche wurden von anderen Wissenschaftlern wiederholt überprüft. Das Ergebnis blieb immer gleich. Der nur wenige Tage alte Säugling erkannte die Milch seiner Mutter.

Babys können aber nicht nur gut riechen, sondern sie sind auch in der Lage, die Stimme ihrer Mutter von anderen Stimmen zu unterscheiden. Sie können zwar noch nicht sehr weit sehen, aber sie vermögen bereits Gesichter und andere Gegenstände auseinanderzuhalten. Außerdem können sie schon verschiedene Geschmacksqualitäten, zum Beispiel süß oder bitter, feststellen. Ihre Sinnesorgane sind ausreichend entwickelt, um sie sehen, hören, riechen, schmecken, fühlen und tasten zu lassen.

Ihr Gehirn ist zu diesem Zeitpunkt zwar noch nicht voll ausgebildet, aber die Grundlagen für das spätere, ausdifferenzierte Gehirn eines Erwachsenen sind vorhanden. Die Verbindungen zwischen den Sinnesorganen und den eine Reaktion ausführenden Muskelgruppen bestehen bereits. Ein Säugling ist also in der Lage, auf seine Umwelt zu reagieren. Er empfindet hell und dunkel, laut und leise, bitter und süß, reagiert auf Druck und kann durch Tasten und vor allem durch Saugen Gegenstände empfinden.

Diese Grundausstattung, die in den nächsten Tagen, Wochen und Monaten sehr schnell weiter ausdifferenziert wird, gestattet ihm die Kommunikation mit der Mutter. Auch ohne große Vorkenntnisse sind die meisten Mütter von Natur aus in der Lage, die Signale ihres Babys richtig einzuschätzen. Die einzige Schwierigkeit besteht für den Säugling darin, daß er noch nicht sprechen kann, sich noch nicht sprachlich mitteilen kann. Die natürliche Fähigkeit der Mutter, instinktiv, ohne großes Nachdenken zu wissen, was ein Baby braucht, wird häufig durch verschiedene Faktoren gestört und abgelenkt. Müttern, die aufgeregt und nervös sind, weil sie durch irgend etwas unter Anspannung stehen, unterlaufen bei der Beurteilung der Babysignale verständlicherweise Fehler. Auf diese Fehler reagiert das Baby mit lauten Unmutsbekundungen, mit Geschrei. Dieses Schreien bedeutet: »Mir fehlt etwas. Ich möchte ...«

Der englische Verhaltensforscher und Zoologe DESMOND MORRIS untersucht in seinem Buch *Babywatching. Was dir dein Baby sagen will* das Verhalten von Säuglingen und Kleinkindern. Er stellt fest: »Das Schreien eines Babys ist immer ein Notruf. Da es sich noch nicht mit Worten mitteilen kann, ist das Geschrei in den ersten zwölf Lebensmonaten sein wichtigstes Verständigungsmittel.« Solange Babys noch nicht sprechen können, sind Schreie ihre bevorzugte Art, sich mitzuteilen. Das Problem besteht darin, diese Mitteilung zu »entschlüsseln«.

Sehen wir uns die Schreiattacken nun etwas genauer an und überlegen wir, was sie bedeuten können.

Das Baby schreit, weil es Hunger hat

An erster Stelle der möglichen Ursachen von Schreiattacken steht zweifelsohne ein Grundbedürfnis, auf das Babys mehrmals am Tage (und in der Nacht) hinweisen, das Bedürfnis nach Nahrung. Der häufigste Grund für das Schreien des Säuglings ist also der *Hunger.* Sein Magen ist noch so klein und der Verdauungsapparat darauf eingestellt, nur geringe Mengen flüssiger, also schnellverdaulicher Nahrung aufzunehmen. Es verwundert also nicht, daß das Baby – gerade in der Phase des Stillens – schon nach ein bis eineinhalb Stunden wieder Hunger hat.

Zumindest theoretisch ist es möglich, daß das Baby etwa 16- bis 20mal an einem Tag aus einem Hungergefühl heraus zu schreien beginnt. Daher ist es auch naheliegend, daß die meisten Mütter zunächst glauben, ihr Kind habe Hunger, wenn es schreit. Bekam es aber kurz vorher zu trinken, ist es unwahrscheinlich, daß es schon wieder Hunger hat. Und wenn es darüber hinaus durch das Wegdrehen des Kopfes deutlich macht: »Ich will nicht trinken!«, können wir den Hunger als Ursache des Schreiens ausschließen.

Wie wir noch sehen werden, läßt es sich oft vermeiden, daß das Baby in die Situation gerät, sich verweigern zu müssen und zu schreien.

Problematisch wird es, wenn ein Säugling aus Hunger schreit, dieser nicht sofort gestillt wird – aus welchen Gründen auch immer –, und die Mutter erst zum Baby kommt, wenn es sich schon »warmgeschrien« hat. Dann hat das Kind sich so in das Schreien hineingesteigert, daß das Füttern nicht mehr möglich ist. Denn durch das Schreien hat es sich so aufgeregt, daß es gar nicht trinken kann. Das geschieht häufig, wenn Eltern meinen, sie müßten einen Säugling schon an feste Essenszeiten gewöhnen, etwa einen vier- oder gar mehrstündigen Rhythmus. Damit sind Säuglinge hoffnungslos überfordert.

Hat sich das Baby schon in Rage geschrien, muß es zuerst beruhigt werden, bevor es trinken kann. Je länger es schon aussichtlos geschrien hat, desto länger dauert es aber, es zu beruhigen. Viele Mütter probieren schon nach ein oder zwei Minuten die nächste Methode aus, entfernen sich so von dem eigentlichen Bedürfnis des Kindes und provozieren das weitere Schreien, freilich ohne das auch nur im entferntesten zu ahnen.

Das Baby schreit, weil es sich unwohl fühlt

An zweiter Stelle der Gründe für heftiges Schreien steht das *Unwohlsein* des Babys, das es ebenfalls mehrmals am Tage kundtun kann, aber bei weitem nicht so häufig wie das Bedürfnis nach Nahrung. Eine der Hauptquellen für das Unwohlsein des Babys sind volle Windeln. Da die Haut des Säuglings noch ziemlich ungeschützt ist – der natürliche Säureschutzmantel der Haut wird erst noch aufgebaut –, können Kot und Urin schmerzhafte Hautreizungen hervorrufen. Viele Mütter wickeln ihre Babys vor dem Stillen, ohne zu bedenken, daß der Verdauungsapparat gerade durch das Stillen angeregt wird und die meisten Babys während des Stillens oder unmittelbar danach den Darm entleeren.

Das Unwohlsein kann aber noch andere Ursachen haben. Sie hängen mit der Empfindlichkeit der Säuglinge zusammen. Gerade während der ersten Lebensmonate sind Babys nicht in der Lage, ihre Körpertemperatur auszugleichen, sind daher sehr empfindlich gegenüber Temperaturschwankungen. Kälte oder Wärme können also ebenfalls das Wohlgefühl des Babys stören und sein Schreien auslösen.

Beim Wickeln mit Baumwollwindeln kommt es manchmal vor, daß die Windel zu stramm gewickelt oder zum Beispiel eine Hautfalte eingeklemmt wurde.

Das Baby schreit, weil es Schmerzen hat

Schmerzen sind ein ernstzunehmendes Warnsignal. Schließlich bedeuten sie in den meisten Fällen, daß unserem Baby etwas weh tut. Es ist krank – sieht man von den genannten Schmerzsignalen bei der eingeklemmten Hautfalte ab.

Die häufigste Schmerzursache im Säuglingsalter ist eine Verdauungsstörung. Dadurch ausgelöste Schmerzen sind leicht zu erkennen und von denen zu unterscheiden, die einen Grund haben. Das Baby zieht bei Bauchschmerzen, also bei Verdauungsstörungen, Arme und Beine krampfhaft an den Körper und zwar meist rhythmisch.

Obwohl die genauen Ursachen der sogenannten »Dreimonatskoliken« bis heute nicht bekannt sind, nimmt man an, daß sie auf Verdauungsstörungen zurückgehen. Der noch unfertige Verdauungsapparat des Säuglings reagiert sensibel auf das, was seine Mutter zu sich genommen hat, bevor sie stillt. Aß sie blähende Nahrungsmittel, wie Kohl, bekommen die meisten Babys kurz nach dem Stillen Blähungen.

Allerdings können Blähungen auch durch Luftschlucken beim Saugen an der Brust hervorgerufen werden, wenn das Baby zum Beispiel nervös oder überreizt ist. Dann untersucht die Mutter ihren Speiseplan vergeblich nach blähenden Nahrungsmitteln, Blähungen beim Baby werden trotzdem vorkommen. Außerdem werden Blähungen auch durch körperliche Aktivitäten während des Trinkens oder danach hervorgerufen. Und weil schreiende Babys meistens sehr unruhig sind und sich dabei viel bewegen, können diese Bewegungen ebenfalls Blähungen verursachen.

Das ruckartige Anziehen von Armen und Beinen stellt die Selbsthilfemöglichkeit des Babys dar. Es versucht, die Schmerzen im Bauch auszugleichen und abzuführen. Nicht selten geht die überschüssige Luft dann mit einem lauten Geräusch ab.

In den meisten Fällen aber ist das Baby ernsthaft krank und schreit, weil es verschiedene Schmerzen hat, die durch diese Krankheit ausgelöst werden. Sollte Ihr Kind die folgenden Symptome aufweisen, suchen Sie möglichst bald einen Kinderarzt auf und lassen Sie es behandeln.

An dieser Stelle seien zwei zunächst verwirrende Informationen mit paradoxem Charakter hinzugefügt:

---

1. Babys sind tatsächlich oft krank. Eltern tun also auf jeden Fall gut daran, auch eine Krankheit in ihr Kalkül mit einzubeziehen.
2. Die meisten Schreiattacken gehen jedoch nicht auf eine Erkrankung des Kindes zurück. Sie haben in mehr als achtzig Prozent der Fälle einen anderen Grund.

Während der Schwangerschaft und der Stillzeit gibt die Mutter ihrem Kind Abwehrstoffe gegen Krankheitserreger mit auf den Weg, sogenannte »Antikörper«. Durch sie wird der Säugling vor den meisten Krankheiten zunächst geschützt. Doch dieser Schutz bleibt nur einige Monate aktiv, dann muß das Kind sich selbst mit den Krankheitserregern in seiner Umwelt auseinandersetzen. Um selbst Antikörper gegen Erreger verschiedener Krankheiten zu bilden, muß es diese durchleben. Erst nach einer überstandenen Erkrankung hat das Kind genügend Antikörper entwickelt, um gegen die Krankheit geschützt zu sein.

Da sein Immunsystem noch untrainiert ist, durchläuft das Kind eine Reihe von Krankheiten, die das Immunsystem stärken. *Es ist also völlig »normal«, wenn ein Säugling oft krank ist, nur so kann er in Zukunft gesund bleiben.*

Der Kinderarzt Helmut Keudel schreibt in seinem Buch *Kinderkrankheiten*: »Das Kind muß also Krankheiten durchmachen, um eine stabile Gesundheit zu erreichen.«

Im Gegensatz zu der häufig geäußerten Meinung, ein Kind müsse auf jeden Fall vor Krankheiten geschützt werden, verhält es sich so, daß die im Kindesalter erlebten Krankheiten gleichsam für die spätere Gesundheit nötig sind.

Chronische Schreiattacken – gemeint sind Schreiepisoden, die länger als eine Stunde pro Tag anhalten – sind ohne große Schwierigkeit vom Geschrei eines kranken Kindes zu unterscheiden.

Schmerzen sind häufige Begleiterscheinungen von vielen Krankheiten im Kindesalter. Es verwundert nicht, daß ein Kind schreit, wenn es bei einem Schnupfen oder einer anderen Infektion der Atemwege kaum oder nur wenig Luft bekommt. Jeder Erwachsene kann sich auch leicht vorstellen, daß Säuglinge, die von der Wickelkommode fielen (und das geschieht nicht selten), Schmerzen haben und sich dadurch »die Seele aus dem Leib« schreien. Ebenso verständlich ist, daß Blähungen, Verstopfung oder Durchfall mitunter Schmerzen verursachen. Aber das läßt sich leicht herausfinden. Schreiattacken, die von Schmerzen ausgelöst werden, weisen im Gegensatz zu anderen Schreiattacken nämlich sogenannte »zusätzliche Leitsymptome« auf:

Fieber

- Ihr Kind hat Fieber (bei Säuglingen ab 38,5 Grad Celsius).
- Ihr Kind hat unter 38,5 Grad Celsius Fieber, das seit drei Tagen anhält und sich nicht bessert.
- Ihr Kind hat Fieber, das ständig wiederkehrt.

Bauchweh, Erbrechen, Durchfall

- Beim Säugling: Erbrechen oder Durchfall seit sechs Stunden.
- Kleinkind: Erbrechen oder Durchfall seit zwölf Stunden.
- Erbrechen mit Kopfschmerzen und/oder Schwindelanfällen.
- Erbrechen mit Bauchschmerzen, besonders im Unterleib.
- Erbrechen nach einem Unfall mit Kopfverletzungen.
- Durchfall mit Fieber und Unterleibsschmerzen.

Husten

- Husten mit Fieber.
- Husten, der sich nach einer Woche noch nicht gebessert hat.

- Plötzlicher Husten, der sich nicht bessert und auftritt, ohne daß das Kind erkältet ist.
- Husten mit Atemnot, vor allem, wenn das Kind davon nachts aufwacht.

(Nach: Dr. med. Helmut Keudel, *Kinderkrankheiten*. Gräfe und Unzer, München 1995.)

Es versteht sich von selbst, daß Eltern bei Vorliegen dieser zusätzlichen Leitsymptome einen Kinderarzt aufsuchen sollten.

Doch in den meisten Fällen fehlen diese Leitsymptome, und das Kind schreit trotzdem wie am Spieß. Wen wundert es da, daß viele Eltern glauben, ihr Kind sei ernsthaft krank, auch wenn es nicht der Fall ist. »Aber was fehlt dem Kind dann?« werden Sie sich nun zu Recht fragen.

Das Baby schreit, weil es überreizt ist

Eine weitere Störung des Wohlbefindens ergibt sich aus der *Überreizung* des Säuglings. Normalerweise sind Säuglinge durch ihre noch nicht voll entwickelten Sinnesorgane bestens gegen Überreizung geschützt.

Was sie nicht zu sehen brauchen, sehen sie nicht. Ein neugeborenes Baby sieht gerade so weit, wie das Gesicht der Mutter von ihm beim Saugen entfernt ist, also etwa zwanzig bis dreißig Zentimeter. Da könnte hinter der stillenden Mutter ein Ungeheuer stehen, das Baby würde es nur als undeutlichen Schatten erkennnen, daher nicht als bedrohlich wahrnehmen und sich nicht ängstigen.

Zwar kann es auf weitere Entfernungen noch nicht scharf sehen, aber es registriert zum Beispiel Helligkeit und Dunkelheit sehr genau. Kein Wunder, daß Babys dabei nicht einschlafen wollen, wenn sie nachts durch das hell erleuchtete Wohnzimmer getragen werden. Das Licht reizt das ohnehin schon überreizte Baby zusätzlich, denn es schreit ja, weil seine eigentlichen Bedürfnisse nicht befriedigt sind. Was nur wenige Eltern bedenken, ist, daß die biologische Uhr des Kindes auch vom Tag- und Nacht-Wechsel abhängt, der über die Lichteinwirkung gesteuert wird. Erst wenn es dunkel ist, setzen im Körper eines jeden Menschen bestimmte Vorgänge ein, die ihn einschlafen lassen.

Hinzu kommt, daß Babys genau spüren, wenn die Eltern zum Beispiel unruhig, nervös oder gar ärgerlich sind. Es registriert nämlich so genau wie ein Seismograph die feinsten Schwingungen in der Sprache der Eltern, hört die Unruhe, die sich darin äußert, und wird dadurch noch mehr verunsichert. Es kann zwar noch nicht denken, aber es fühlt den Unterschied zwischen einer ruhigen Stimme und einer aufgeregten Stimme. Und Verunsicherung bedeutet für ein Baby eine Quelle von Angst. Und Angst heißt wieder: Schreien, was das Zeug hält! Sind die besorgten Eltern also selbst nervös oder ärgerlich durch das Schreien geworden, werden sie durch ihre Gefühle zu einem weiteren Auslöser für das Schreien. Sie geraten in einen nicht enden wollenden Kreislauf, aus dem herkömmliche Methoden offenbar nicht mehr herausführen. Es verwundert also nicht, daß viele Eltern verzweifelt sind und immer nervöser werden, je länger die Schreiattacken andauern.

Das Baby schreit aus Langeweile

Bei älteren Säuglingen kennt man noch eine Ursache von Schreiattacken, die *Langeweile.* Ältere Babys wollen während ihrer Wachphase beschäftigt werden. Sie können sich noch nicht lange allein beschäftigen, brauchen die Anregung von außen. Hier vermögen manchmal schon so einfache Gegenstände wie ein Mobile, das über dem Gesicht des Kindes im Bett hängt, Abhilfe zu schaffen. Das Baby beobachtet die sich in den Luftströmen bewegenden Figuren fasziniert.

Die persönliche Beschäftigung mit dem Baby kann dies jedoch nicht ersetzen. Gemeint ist nicht, das Kind ständig zu umsorgen oder es etwa mit sogenannten »entwicklungsfördernden Maßnahmen« schon im zarten Säuglingsalter zu einem Genie zu erziehen, sondern ein ausgewogenes Verhältnis von Ruhe- und Beschäftigungsphasen des Säuglings.

Das Baby schreit, weil es Liebe und Zärtlichkeit braucht

Noch ein Grund besteht, aus dem ein Baby schreien kann: Wenn es nach *Liebe* und *Zärtlichkeit* verlangt, wenn es ein starkes Bedürfnis nach Kontakt mit den Eltern, speziell aber mit der Mutter hat (sofern diese die Hauptbezugsperson ist). Dieses Bedürfnis nach unmittelbarer Nähe, nach Zuwendung, nach Liebe und Zärtlichkeit ist ein biologisches Bedürfnis, das uns Menschen im Laufe der Evolutionsgeschichte einprogrammiert wurde. Wird dieses Bedürfnis von den Eltern nicht ausreichend befriedigt, verkümmert der Säugling. Um das zu verhindern, schreit er aus voller Kraft – schließlich betrifft es seine Gesundheit.

In der Regel wissen die Eltern dies. Auch sie haben einen biologischen Mechanismus, mit dem die Natur sie ausgestattet hat, damit sie dem Kind alles geben, wessen es bedarf. Normalerweise braucht man Eltern also nicht dazu aufzufordern. Aber es kommen Situationen vor, in denen dieser Instinkt, sein Kind zu lieben, gestört wird. Zum Beispiel werden Eltern durch Streß oder andere Belastungssituationen an ihren natürlichen Aufgaben gehindert, oder eine unbewußte Ablehnung des Kindes (sie wollten kein Kind) ermöglicht es ihnen nicht, das Kind zu lieben.

Das Baby fühlt sich einsam und allein gelassen. Die *Einsamkeit* tritt jedoch nur tagsüber auf und hauptsächlich bei Babys, die schon etwas älter sind und sich selbst überlassen werden. Als bedrohlich empfinden es diese Säuglinge, wenn sie aus Einsamkeit oder dem Bedürfnis nach Zuwendung heraus schreien und dann feststellen müssen, daß niemand kommt und sich um sie kümmert. Dann besteht die Gefahr, daß das Vertrauen solcher Babys zu ihren Eltern, oder in den meisten Fällen zur Mutter, empfindlich gestört wird. Das notwendige Urvertrauen, das das Baby gerade während der ersten Lebensmonate dadurch bildet, daß es das Gefühl erhält: »Meine Eltern sind immer für mich da, wenn mir etwas fehlt!« kann stark beeinträchtigt werden. Entsprechende Auswirkungen auf die Psyche treten meist erst später in Form von Erziehungs- und Beziehungsstörungen zutage.

Ein Verkennen der eigentlichen Ursache führt zu dem weit verbreiteten Füttern, wenn das Baby schreit. Babys, die schreien, weil sie Zuwendung brauchen, und dann gefüttert werden, lernen schon sehr früh: Wenn ich mich unwohl fühle, gibt es etwas zu essen. Die Folgen für den späteren Umgang mit Gefühlen der Unbehaglichkeit im Kindes- und Jugendalter liegen auf der Hand: Es entstehen unzufriedene Kinder, die bei seelischen Belastungen zu essen beginnen und übergewichtig werden.

Zusammenfassung der Hauptursachen

Fassen wir die verschiedenen Gründe, aus denen ein Säugling schreien kann, zusammen:

---

1. Das Baby schreit, weil es Hunger hat.
2. Das Baby schreit, weil es sich unwohl fühlt.
3. Das Baby schreit, weil es Schmerzen hat.
4. Das Baby schreit, weil es überreizt ist.
5. Das Baby schreit aus Langeweile.
6. Das Baby schreit, weil es Liebe und Zuwendung braucht.

Im wesentlichen bestehen also sechs Hauptauslöser, die ein Baby veranlassen zu schreien, und unter denen die Eltern die aktuelle Ursache herausfinden sollten.

Zwar überschneiden sich viele Gründe – so kann man Unbehagen, Schmerzen und Frustration oft nicht leicht unterscheiden, aber die meisten Mütter wissen, daß Schreien nicht gleich Schreien ist, daß die Art, wie ein Baby schreit, wenn es etwas Bestimmtes ausdrücken möchte, je nach Ursache sehr unterschiedlich sein kann. Babys, die Hunger haben, schreien anders als bei Langeweile und so fort.

Das Wissen um den genauen Grund für das Schreien hilft den Eltern, besser und wirksamer auf die Bedürfnisse ihres Kindes einzugehen. Wissenschaftliche Untersuchungen haben gezeigt, daß Eltern gezielter auf die Bedürfnisse ihrer Babys reagieren können, wenn sie lernen, anhand der Art des Schreiens herauszufinden, was ihr Baby braucht.

Andere Gründe, warum manche Babys besonders viel schreien

Ein weiterer wesentlicher Grund, weshalb einige Babys schreien und andere nicht, liegt im Temperament des Kindes. Jedes Baby erhält von der Mutter und vom Vater je einen Chromosomensatz mit auf den Lebensweg. Dieser doppelte Chromosomensatz enthält eine völlig neue, noch nie dagewesene Kombination von Erbmaterial, die für die eigenständige Persönlichkeit des Kindes verantwortlich ist. Das Neugeborene ist also nicht nur ein Abbild der Eltern, eine Miniausgabe der Mutter oder des Vaters, sondern eine ganz andere Person.

Immer wieder hört man Eltern nach der Geburt eines Kindes sagen, er oder sie sehe aus wie ... Doch nach vielen Jahren »verwächst« sich diese, angeblich nach der Geburt noch offensichtliche Ähnlichkeit mit Mutter oder Vater, Großmutter oder Großvater, und der Erwachsene zeigt später kaum noch Ähnlichkeiten mit diesen Personen. Oder Eltern meinen, das Kind verhalte sich wie ... Doch auch diese anscheinend deutliche Übereinstimmung in gewissen Verhaltensweisen stellt nicht die Ausprägung einer Vererbung dar, sondern kann vielerlei andere Ursachen haben.

Das Zusammenspiel der elterlichen Gene schafft einen völlig neuen Menschen mit einem individuellen Typus, mit einem individuellen Temperament. So mag das eine Baby besonders munter, das andere besonders ruhig sein. Auf verschiedene Reize reagiert das Baby unterschiedlich, eben mit seinem individuellen Temperament.

Wir konnten bei unseren eigenen Kindern zum Beispiel beobachten, daß sie sehr gegensätzlich waren. Während unsere Tochter Sarah als Baby ein sehr ruhiges Kind war, bereitete Fabian, der sehr munter war, uns eine Menge Probleme. Diese individuelle Eigenart unseres Sohnes kostete uns viele Nerven. Und sie setzte sich noch einige Jahre lang fort. Auch als Kleinkind und während der ersten Schuljahre war er ein sehr aktives Kind, das uns viel beschäftigte. Ungefähr in der sechsten Klasse verschwand dieses Verhalten, und heute ist er ein sehr ruhiger, ausgeglichener Junge. Nun könnte man vorschnell meinen, seine Aktivität sei »vererbt«. Aber wenn wir uns unsere Lebenssituation während dieser Jahre ansehen, können wir feststellen, daß Fabian genau während unserer »schwierigen« Jahre ein unruhiges Kind war und erst nach einer Veränderung unserer Lebenssituation – bis hin zu einer radikalen Veränderung seiner Umwelt durch einen Umzug – zu einem ruhigeren Kind wurde.

Das Temperament eines Babys ist also auch nichts, das unbedingt von Dauer sein muß, sondern kann sich durch verschiedene Erfahrungen, die ein Kind im Laufe seines Lebens macht, verändern. Das vorhandene genetische Material eines Kindes sorgt nur für einen Aspekt seines Verhaltens, der mit der Umwelt des Kindes korrespondiert und sich in seinen Ausprägungen durch sie verändert.

Sollten Sie also ein besonders munteres Baby haben, das Ihnen kaum Ruhe läßt, verzweifeln Sie nicht. Das muß nicht so bleiben! Es kommt entscheidend auf die Erfahrungen an, die das Baby mit seiner Umgebung macht. Die Ausstattung mit bestimmten Erbanlagen ist nur eine Seite, die Erfahrungen durch die Umwelt sind die andere.

Die verschiedenen Arten des Schreiens

Schreien aus Hunger

Das herausragende Merkmal des Schreiens aus Hunger ist, daß ihm ein bestimmtes Verhalten vorausgeht. Aufmerksame Eltern können dies bei Säuglingen, die Hunger haben, beobachten, *bevor* das Kind schreit: Das Baby versucht an seinen Fingern zu lutschen, es leckt sich die Lippen und manchmal schmatzt es sogar.

Danach folgen rhythmische Schreie nach einem bestimmten Muster: Schrei – Pause – Schrei – Pause – Schrei – Pause – Schrei. Die Schreie klingen nicht so schrill wie in anderen Fällen. Sie hören sich eher fordernd als verzweifelt an.

Der beste Beweis dafür, daß es sich um ein Schreien aus Hunger handelt, besteht darin, daß das Baby sofort ruhig ist, wenn es an die Brust genommen wird. Dies gilt allerdings nur dann, wenn die Mutter sofort reagiert und das Baby keine Möglichkeit hatte, sich »warmzuschreien«. Denn schreit es schon eine Weile, nützt das Füttern nichts mehr, weil das Kind, wie schon gesagt, viel zu aufgeregt ist, um zu trinken.

Nehmen Sie das Baby hingegen hoch, und es ist sofort still, ohne daß Sie es an die Brust legen, macht es damit deutlich, daß es keinen Hunger, sondern ein Bedürfnis nach Zuwendung hat.

Schreien aus Unwohlgefühlen

Wenn Ihr Kind sich aus irgendeinem Grund nicht wohl fühlt, schreit es meist sehr quengelig und nasal. Die Tonlage ist tief und deutlich von einem Schmerzensschrei zu unterscheiden.

In vielen Fällen kündigt sich eine Krankheit, zum Beispiel eine Erkältung, so an. Das Baby wird quengelig und nörgelt herum. Es fühlt sich noch nicht richtig schlecht, aber es bemerkt verstärkte Unpäßlichkeit.

Schreien aus Schmerzen

Wenn Ihr Baby Schmerzen hat, können Sie entsprechende Schreie gut von anderen Schreien unterscheiden: Schmerzensschreie sind schrill und erfolgen in einer hohen Tonlage. Der Schrei ist sehr laut und dauert in der Regel etwa vier Sekunden. Danach folgt eine längere Pause zum Luftholen (solche Schreie strengen das Kind sehr an), die meist länger als der Schrei selbst dauert.

Wacht das Baby mit einem Schmerzensschrei aus dem Schlaf auf, hat es den Mund meistens weit aufgerissen, und er ist blau oder dunkelrot verfärbt. Die Zunge ist nach oben gedreht. Das Baby bewegt sich heftig und zieht Arme und Beine krampfhaft an den Körper. Babys, die Schmerzen haben, lassen sich im allgemeinen nicht beruhigen.

Bitte beachten Sie: Haben Sie den Eindruck, Ihr Baby sei ernsthaft erkrankt, und Sie stellen verschiedene Begleiterscheinungen (die zuvor erwähnten Leitsymptome) fest, sollten Sie mit dem Kind unbedingt einen Arzt aufsuchen – selbst auf die Gefahr hin, daß Sie zu aufgeregt sind und die Symptome überschätzen. Besser ist es, einmal zuviel zum Arzt zu gehen als einmal zuwenig.

Je mehr Sie sich mit den Bedürfnissen Ihres Babys beschäftigen, desto erfahrener werden Sie als Mutter und können diese immer besser einschätzen und ihnen nachkommen. Ihr Baby dankt es Ihnen, indem es zufrieden und glücklich gluckst und dann einschläft.

Schreien aus Überreizung

Ein überreiztes Baby schreit wehklagend, und das Schreien klingt in einer bestimmten Weise nach. Es wird im Laufe der Zeit immer heftiger und schwillt an. Im Gegensatz zu Schreien anderer Ursache klingt es vor allem nasal. Man könnte es umgangssprachlich als ein »nörgelndes, jammerndes Schreien« bezeichnen.

Das Geschrei überreizter Babys läßt sich zum Beispiel vernehmen, wenn Eltern ihren Säugling spätabends in ein Restaurant zum Essen mitnehmen und das Baby den Geräuschen, dem Licht und der schlechten Luft ausgesetzt ist.

Abgesehen davon, daß das Kind hier unnötig unter der massiven Luftverschmutzung durch Zigarettenrauch leidet, hindert die Beleuchtung es daran, einen normalen Schlaf-Wach-Rhythmus zu entwickeln. Viele Eltern argumentieren diesbezüglich, daß sie ihr Kind gerne bei sich wissen und an ihrem Leben teilhaben lassen wollen. Aber fragen wir uns ehrlich: Gehört ein sechs Wochen alter Säugling abends um 23 Uhr in ein Restaurant? Sollte er nicht statt dessen schlummernd in seinem Bettchen liegen? Und ist es nicht einfach oft so, daß die Eltern keinen Babysitter gefunden haben oder eine Fremdaufsicht schwer möglich erscheint, weil die Mutter stillt und es so »praktisch« ist, das Baby mitzunehmen und dann an die Brust zu legen?

Hinzu kommt, daß ein schreiendes Baby im Restaurant meist schnell den Unmut der anderen Gäste auf sich zieht. Die Eltern werden nervös, das überträgt sich auf das Baby, und es wird immer schwieriger, es zu beruhigen. Ganz zu schweigen davon, daß solche Situationen den Eltern den Genuß am Essen verderben. Oft genug kann man beobachten, wie der besorgte Vater das Baby auf dem Arm durch das Restaurant trägt und es beruhigen möchte, während die Mutter verstohlen hin und wieder einen Blick auf die beiden wirft und selbst immer nervöser wird, um dann aufzustehen und es selbst zu versuchen. Meistens geht sie dann mit dem Kind nach draußen und kommt irgendwann erschöpft wieder herein.

Schreien aus Langeweile

Schreien aus Langeweile kennzeichnet sich durch einen quengelnden, langgezogenen, wimmernden Ton, der etwas wehklagend klingt. Es ist fast, als wollte das Baby sagen: »Ich bin so einsam und langweile mich. Nimm mich doch einmal auf den Arm!«

Schreien aus Langeweile läßt sich am besten am Ergebnis erkennen: Wenn Sie vermuten, daß Ihr Kind aus Langeweile schreit, nehmen Sie es auf den Arm. Ist es dann sofort still, können Sie sicher sein, daß es Langeweile war.

Schreien aus dem Bedürfnis nach Zuwendung

Nur Babys, die viel auf sich allein gestellt sind, die oft allein gelassen werden, schreien nach Liebe und Zuwendung. Für die meisten Babys, die von ihren Eltern geliebt und geherzt werden, trifft das also nicht zu. In besonders schwierigen Fällen, wenn solche Eltern trotz aller Liebe zum Kind durch sein ständiges Geschrei gereizt und nervös werden – wenn sie die wahren Bedürfnisse des Kindes häufig verkannt haben und diese daher oft unbefriedigt blieben –, kann es auch bei den liebevollsten Eltern dazu kommen, daß sie sich enttäuscht vom Kind zurückziehen und nicht mehr sofort auf die Schreie des Babys reagieren.

Schreie, die das Bedürfnis nach Zuwendung signalisieren sollen, klingen ähnlich wie Schreie anderer Ursache. Sie sind nasal, quengelig und wehklagend. Um sie nicht zu verwechseln und zu mißdeuten, bedarf es vor allem der ehrlichen Selbstprüfung der Eltern: Geht Ihnen Ihr Kind in der letzten Zeit oftmals »auf die Nerven«? Haben Sie sich etwas von Ihrem Kind zurückgezogen? Gehen Sie nicht mehr sofort zum Baby, wenn es schreit?

Hier liegt der Fokus, das Zentrum der Wahrnehmung, nicht auf dem Verhalten des Kindes, sondern auf dem Verhalten der Eltern.

Die besondere Schwierigkeit: Eltern, die sich über ihr Kind ärgern, weil sie unbewußt kein Kind wollten, verdrängen diese Tatsache oft und können ihr eigenes Verhalten gegenüber dem Kind daher selten objektiv beurteilen. In diesen Fällen wird das Baby im Laufe der Zeit immer schwieriger, weil seine Bedürfnisse unerfüllt bleiben. Als Folge davon kann es im Kleinkindalter zu schweren Verhaltensstörungen kommen, die sich nicht mehr mit den Auslösern in der frühen Kindheit in Zusammenhang bringen lassen.

Die Sprache der Säuglinge verstehen lernen

Unser allgemeines Verständnis von Kindererziehung beinhaltet, daß unsere Kinder von uns lernen sollen, sich in der Welt, in der wir leben, zurechtzufinden. Doch dabei übersehen wir, daß wir in vielen Fällen, besonders aber, wenn Schwierigkeiten mit den kleinen »Schreihälsen« auftreten, selbst nicht genau wissen, wie wir am besten handeln.

Hier beginnt das Problem aller Eltern, speziell aber der Mütter, weil diese während der ersten Lebensmonate die Hauptbezugsperson des Kindes sind. Viele Mütter glauben, das Kind müsse zu allererst lernen, sich seiner Umgebung mitzuteilen. Unsere ganze Kultur ist darauf ausgerichtet, ihm beizubringen, sich richtig auszudrücken. In Wirklichkeit ist es zu Beginn des Säuglingsalters umgekehrt: Nicht der Säugling muß lernen, sich richtig auszudrücken – dazu ist er noch gar nicht in der Lage –, sondern die Mutter (und auch der Vater) sollte vom Säugling lernen, ihn richtig zu verstehen.

Die Sprache der Säuglinge zu entschlüsseln, sie richtig einzuschätzen, ist die erste Aufgabe der Hauptbezugsperson, meist also der Mutter. Die Verunsicherung der Mütter in den geschilderten Beispielen entsteht durch Mißverständnisse zwischen Müttern und Kindern. Das Baby teilt der Mutter auf seine Art und Weise, mit seinen (noch) beschränkten Möglichkeiten etwas mit, das diese nicht versteht. Da die Mutter die Bedürfnisse des Babys nicht erkennt, kann sie sie auch nicht befriedigen. Als Folge davon weist das Baby durch verstärktes Schreien intensiver auf den Mangel hin, den es empfindet. Es ensteht ein »Teufelskreis«.

Der Teufelskreis

Das Baby hat ein Bedürfnis – es möchte zum Beispiel etwas zu essen – und schreit. – Die Mutter hört das Schreien, eilt zum Kind, weiß aber nicht sofort, was dem Baby fehlen könnte. – Das Baby erhält sein Bedürfnis nicht sofort befriedigt. Es schreit noch mehr. – Die Mutter registriert das verstärkte Schreien und wird etwas nervös. Sie probiert auf das Geratewohl etwas aus, nimmt das Baby zum Beispiel hoch und tröstet es. – Das Baby schreit noch mehr. – Die Mutter wird noch nervöser und beginnt das Baby in der Wohnung umherzutragen. – Das Baby schreit durchdringend. – Die Mutter ist inzwischen völlig ratlos und aufgeregt. Ihre Nervosität behindert ihr klares Denken und ihren Instinkt. – Das Baby ist inzwischen auch aufgeregt und schreit immer weiter. Es weiß nun selbst nicht mehr, warum es schreit. – Nun versucht die Mutter, dem Kind die Brust zu geben. – Das Baby kann aufgrund seiner eigenen Aufgeregtheit nicht mehr auf die angebotene Befriedigung seines Bedürfnisses eingehen. Es schreit verzweifelt weiter. – Die Mutter ist ebenfalls verzweifelt. Was fehlt dem Baby bloß? Sie probiert wahllos weitere Möglichkeiten aus. – Das Baby schreit nun chronisch, reagiert nicht mehr auf die Versuche der Mutter.

Dieser Ablauf kann in verschiedenen Variationen erfolgen. Das entscheidende Moment bleibt stets die sofortige, richtige Befriedigung des Bedürfnisses, und das ist bei den meisten mütterlichen Aktionen nicht gegeben.

Es kommt immer öfter zu Wiederholungen, die die Schreiattacke im Laufe der Zeit zu einem chronischen Prozeß werden lassen: 1. Das Kind schreit. – 2. Die Mutter reagiert nicht sofort richtig. – 3. Das Kind verstärkt das Schreien. – 4. Die Mutter wird nervös und probiert wahllos verschiedene Möglichkeiten aus. – 5. Das Kind hat sich inzwischen »warmgeschrien«.

Das chronische Schreien des Säuglings ist das Ergebnis einer fehlgeschlagenen Kommunikation zwischen dem Säugling und seiner Umwelt, in den meisten Fällen der Mutter, aber genauso des Vaters, wenn dieser die Signale des Säuglings ebenfalls mißversteht. Aber so weit muß es nicht kommen, denn eine Reihe von Möglichkeiten verhindert dies, indem man vor dem Schreien handelt.

Was trägt dazu bei, daß viele Mütter die Signale der Säuglinge falsch einschätzen? Warum wissen viele Mütter nicht genau, was ihre Kinder von ihnen wollen?

Warum werden die Signale der Säuglinge oft fehlinterpretiert?

Vielleicht haben Sie, wie viele andere Mütter auch, bislang nur auf das Verhalten des schreienden Säuglings geachtet und sich selbst dabei aus den Augen verloren. Die meisten Mütter sind zunächst in ihrer Betrachtungsweise auf das schreiende Kind fixiert und »vergessen« schnell ihre eigenen Bedürfnisse und ihren eigenen Einfluß auf das Verhalten des Kindes.

Diese kindorientierte Sichtweise ist aber nicht nur bei Müttern verbreitet, auch viele Wissenschaftler und Ratgeberautoren orientieren sich am Kind und seinem Verhalten, ein kurzer Blick in ein beliebiges Inhaltsverzeichnis der auf dem Markt befindlichen Ratgeberliteratur bestätigt diese Einschätzung. Das Kind wird in allen Aspekten seiner Entwicklung genau und detailliert beschrieben. Die Eltern, vor allem die Mütter, führen in vielen dieser Bücher nur ein Schattendasein. Dies erstaunt um so mehr, als die Eltern doch die wichtigsten Personen für das Kind sind. Man gesteht zwar dem Kind eine Entwicklung zu, eine Entwicklung der Eltern aber bleibt unberücksichtigt.

Beginnt man das Geschehen um das Kind etwas genauer unter die Lupe zu nehmen, wird schnell deutlich, daß eine auf das Kind beschränkte Betrachtungsweise den komplexen Vorgängen um die Kindererziehung, die Entwicklung des Kindes im Zusammensein mit den Eltern nicht gerecht wird.

Eltern kommen nicht als Eltern auf die Welt

Vorteilhaft wäre es – aber das ist in unserer Gesellschaft nicht üblich –, Eltern auf die Elternschaft vorzubereiten. Zwar bietet eine Reihe von verschiedenen Institutionen Elternkurse an, doch erstens werden sie nur wenig angenommen, zweitens beschränken sie sich mehr auf die Säuglingspflege und konzentrieren sich weniger auf das Erziehungsgeschehen und die vielfältigen Probleme, denen die werdenden Eltern in diesem Bereich begegnen.

Erziehung sei ein Geschäft, über das wir alle mehr oder weniger festgefahrene Vorstellungen und »Vormeinungen« hätten, weil wir sie für unser tägliches Leben bräuchten: Jeder habe irgendwie mit jungen Menschen oder Kindern zu tun und könne es sich gar nicht leisten, über Erziehung nicht mitzureden, meint der Pädagoge Hermann Gieseke in seiner *Einführung in die Pädagogik.*

Wir verfügen alle über mehr oder weniger feststehende Vorurteile in bezug auf die Erziehung, sie sind das Ergebnis unserer eigenen Erfahrungen. Nur in den seltensten Fällen denkt jemand daran, diese Erfahrungen zu hinterfragen, sie zu reflektieren. Erziehung wird an keiner Schule gelehrt. Nur die zukünftigen professionellen Pädagogen lernen während ihrer Ausbildung etwas über die Zusammenhänge in diesem schwierigen Alltagsgeschäft. Eltern sind üblicherweise auf die eigenen Erfahrungen angewiesen. Und diese sind nur in den wenigsten Fällen geeignet, in der heutigen Zeit erfolgreich ein zufriedenes Kind aufzuziehen.

Eigene Erziehungserfahrungen und Kindererziehung

Marianne, die Mutter von Janina (siehe erstes Kapitel), wurde 1967 geboren. Ihre Eltern waren zu diesem Zeitpunkt selbst 25 Jahre alt. Sie gehörten also zur »Kriegsgeneration« und hatten die für diese Zeit typischen Erziehungswerte, wie Ordnung, Sauberkeit, Härte und Verzicht, verinnerlicht. Die wirtschaftlichen Verhältnisse der Familie waren zwar geordnet, Mariannes Vater arbeitete als Schlosser in einer kleinen Maschinenfabrik, aber man wohnte noch bei den Eltern im Haus. »Die Großeltern mischten sich oft in die Erziehung ein!« berichtete Marianne in einem Interview.

»Ich wuchs zwischen zwei älteren Brüdern auf und erinnere mich noch gut an verschiedene Vorfälle, als ich etwa zehn Jahre alt war. Ich mußte meiner Mutter im Haushalt helfen, während die Jungen mit meinem Vater vor dem Fernseher saßen und eine Sportsendung ansahen.«

Marianne lernte früh, daß Frauen sich um den Haushalt zu kümmern hätten und Jungen auf »jeden Fall einen guten Beruf lernen mußten, während Mädchen ja sowieso später heiraten würden«.

Ihr Mann Manfred wuchs dagegen als Einzelkind auf. Seine Mutter verwöhnte ihn sehr. »Meine Eltern hatten schon damals ein Haus. Mein Vater arbeitete als Angestellter für einen großen Konzern und war viel unterwegs. Ich war oft mit meiner Mutter allein«, erzählte uns Manfred.

»Er war ein typisches Muttersöhnchen, und als wir heirateten, erwartete er, daß ich das fortsetzen würde«, mischte Marianne sich ins Gespräch. Es war deutlich herauszuhören, daß sie sich ärgerte. Als Marianne schwanger wurde, war es für Manfred völlig klar, daß Marianne zu Hause bleiben würde und ihren Beruf für »ein paar Jahre an den Nagel hängen sollte«.

Beide lernten in ihrer Kindheit bestimmte Wertorientierungen kennen, die sie später, bei der Erziehung ihrer eigenen Kinder, behindern sollten. Während Manfred diese Werte mehr oder weniger unreflektiert übernahm, wollte Marianne sich davon lösen. »Ich hatte eigentlich vor, es bei meinen Kindern anders zu machen, doch ich merkte, vor allem, als ich Schwierigkeiten mit Janina bekam, daß ich vieles, von dem, was ich eigentlich ablehnte, doch bei Janina praktizierte. Das machte mich verrückt!«

Die Erfahrungen, die jemand aus seiner Herkunftsfamilie mitbringt, beeinflußt seine späteren Handlungen in erheblichem Maße – wenn sie oder er selbst in die Lage kommt, Elternschaft zu praktizieren. Es muß nicht bedeuten, daß frühere Werte und Normen unreflektiert übernommen wurden, sondern auch das Gegenteil, die bewußte Ablehnung solcher Werte und Normen ist möglich.

Wie aus Untersuchungen hervorgeht, sind viele Frauen anscheinend eher bereit, sich mit ihren eigenen Erziehungserfahrungen und der Reflexion ihres Alltags kritisch auseinanderzusetzen, während viele Männer dies zwar verbal unterstützen, aber nur wenig hilfreiche Taten folgen lassen (siehe die schon erwähnten Studien von ULRIKE POPP und von dem deutschen Bundesministerium für Frauen und Jugend).

Die tägliche Arbeit und Auseinandersetzung mit dem Kind oder den Kindern, der Alltag im Haushalt und in der Partnerschaft sind in vielen Familien, allem »Emanzipationsgerede« zum Trotz, immer noch Frauensache. Das kann zu einer Reihe von zusätzlichen Belastungen führen, die etwa in der Konfliktsituation mit dem schreienden Säugling den klaren Blick der Mutter für die Bedürfnisse ihres Kindes trüben.

Die alleingelassene Mutter, der abwesende Vater

Wer nun glauben sollte, solcherart psychischer (Zusatz-)Streß würde nur in Familien auftreten, in denen Väter sich der Arbeit im Haushalt und in der Kindererziehung entziehen, wird ebenfalls getäuscht. Auch da, wo Männer sich bemühen, ihre Frauen zu entlasten, wie dies bei Sylvia und Stefan, den jungen Studenten der Biologie, der Fall ist, bleibt der Großteil der Arbeit doch dem weiblichen Part in der Gemeinschaft überlassen: Während Sylvia des Nachts aufsteht, um Torsten zur Ruhe zu bringen, darf Stefan zunächst weiterschlafen, weil er am nächsten Tag eine wichtige Klausur schreiben muß. Sylvia versucht ihren Lebenspartner vor den Belastungen durch das schreiende Kind zu schützen. Diese Selbstlosigkeit wird sich jedoch später ebenfalls negativ für Sylvia auswirken, denn wie alle überlasteten Frauen mit kleinen Kindern gerät auch sie früher oder später an die Grenze ihrer eigenen Belastbarkeit.

»Das Ende vom Lied war, daß ich über zwei Semester länger studieren mußte als Stefan und meine Nerven schnell überreizt waren.« Stefan bemühte sich zwar liebevoll um seine Lebenspartnerin, aber letztlich fühlte Sylvia sich doch verantwortlich.

Auch wenn Frauen in ihrer Partnerschaft versuchen, sie anders zu gestalten als die Generation vor ihnen, vor allem mehr Gemeinsamkeiten zu praktizieren, haben sie ein anderes Verhältnis zum Kind, sind ihm durch ihre persönlichen Erfahrungen (zum Beispiel der körperlichen Nähe während der Schwangerschaft) viel elementarer ausgesetzt als Männer dies jemals sein werden.

Frauen erleben das Kind direkt, als einen Teil von sich, während Männer dies nur über die Frau vermittelt bekommen. Wenn man allein die Zeit betrachtet, die eine Frau mit einem Kind gerade während der ersten Lebensjahre verbringt, dann wird deutlich, daß selbst der fürsorglichste Mann das nicht zustande bringt. Wenn das Stillen dazukommt, das heute von immer mehr Müttern wieder favorisiert wird, summieren sich schnell viel mehr Stunden als die kleinen Zeitabschnitte, in denen sich der Mann dem Kind zuwendet.

Die seelische Ausgeglichenheit einer Mutter ist direkt von der Zuwendung und Unterstützung abhängig, die sie von ihrem Partner erfährt. Die Mütter aus den Schilderungen im zweiten Kapitel erlebten die Hilfe ihrer Partner sehr unterschiedlich, was sich auf die spätere Umgangsweise mit dem schreienden Kind übertrug. Nur Sylvia fühlte sich ausreichend von ihrem Lebenspartner unterstützt. Für Marianne und Petra hatte die geringe Unterstützung, die sie bei der Säuglingspflege und -erziehung beziehungsweise im Umfeld davon erfuhren, deutliche Folgen.

»Wir begannen sehr schnell, wegen der schreienden Janina zu streiten. Es verging kaum ein Abend, an dem es nicht knallte. Manchmal tat Manfred mir sogar leid. Er kam abends erschöpft von der Arbeit, wurde dann von mir mit dem schreienden Kind erwartet und sollte nun das Problem lösen«, sagte Marianne.

»Bei uns war es nicht anders«, meinte Petra, »unsere Beziehung geriet sogar ins Schleudern, weil wir uns nur noch über das schreiende Kind unterhielten!«

Sylvia und Stefan sahen das lockerer: Sie waren der Ansicht, gemeinsam könne man diese schwierige Zeit besser überstehen. »Wir lernten jeden Tag etwas dazu.« Anders als die beiden anderen Paare waren Sylvia und Stefan eher bereit, sich auf ein Lernen einzulassen. Als Studenten empfanden sie das permanente Lernen gleichsam als normal, während die beiden anderen Paare nicht so lernbereit waren. Sie glaubten, alt genug zu sein, um mit den Problemen fertig zu werden, und kamen zunächst nicht auf den Gedanken, sie müßten noch etwas lernen. Erst als alle ausprobierten Maßnahmen zu keinem Erfolg führten, waren sie bereit, ihre bisherige Meinung in Frage zu stellen.

Dies beschränkte sich jedoch zunächst nur auf die Frauen, weil sie das schreiende Kind als nervlich sehr belastend erlebten und dieser Belastung den ganzen Tag über ausgesetzt waren. Ihre Partner konnten sich wenigstens tagsüber in die Arbeit zurückziehen.

»Manfred fing sogar an, gerade während dieser Zeit Überstunden zu machen!« sagte Marianne. So kam zu ihrem Gefühl, der Aufgabe und Beanspruchung persönlich nicht gewachsen zu sein, noch der Eindruck hinzu, sie werde allein gelassen.

Mütter werden durch die verschiedensten Faktoren beeinflußt:

---

1. Durch das schreiende Kind selbst,
2. durch ihren seelischen Allgemeinzustand,

3. durch ihre eigenen Erziehungserfahrungen,
4. durch ihre Erfahrungen mit dem Partner,
5. durch gegenwärtige Verunsicherungen im Hinblick auf Werte und Normen in der Kindererziehung.

Wen wundert es da noch, daß sehr schnell Probleme auftreten, wenn die gutgemeinten Aktionen und Methoden der besorgten Mütter nicht zum erwünschten Resultat führen. Sie werden sich jetzt vielleicht fragen: Wie soll man denn das alles ändern? Wie kommt man da wieder heraus? Wir geben Ihnen nun ein paar praktische Anregungen, wie Eltern, und hier leider noch immer vor allem Mütter, mit einem schreienden Kind anders und erfolgreich umgehen können. Männer müssen dabei nicht abseits stehen. Auch wenn sie tagsüber nicht »greifbar« sind, vermögen sie ihre Partnerin doch zu entlasten. Die folgenden exemplarischen Vorschläge lassen sich mit etwas Phantasie auch auf Ihre persönliche Situation zuschneiden.

Der beste Weg zu einem zufriedenen Säugling und einer zufriedenen Mutter

Der sogenannte »Königsweg« besteht darin, chronischen Schreiattacken vorzubeugen. Die Mutter oder der Vater verhält sich so, daß es gar nicht zu chronischem Schreien kommt. Sie werden nun fragen: »Wie soll denn das funktionieren?« Aber keine Angst! Es ist gar nicht so schwer. Und indem es Ihnen gelingt, ein Chronischwerden des Schreiens zu verhindern, fallen die entsprechenden Belastungen ebenfalls weg.

Die erste Regel lautet: Wenn das Baby schreit, aus welchem Grund auch immer, kümmern Sie sich möglichst sofort um das Kind. Als nächstes folgt aber gleich: Lassen Sie sich nicht von Ihrem Baby vereinnahmen.

Versorgen Sie Ihr Kind sofort

Gehen Sie bei einem Schrei so schnell wie möglich zu Ihrem Kind. Bleiben Sie ruhig dabei. Es besteht noch kein Anlaß zur Sorge. Sie wissen ja: Ihr Baby ruft nach Ihnen, weil es Sie braucht. Es kann sich noch nicht anders äußern.

Auf dem Weg zum Kind achten Sie darauf, wie das Baby schreit. Wie hören sich diese Schreie an? Sind es Hungerschreie? Oder klingen sie anders? Wie klingen sie? Berücksichtigen Sie auch, um welche Zeit es sich handelt. Ist es Nacht oder Tag? Prüfen Sie mit einem Blick auf die Uhr, wie lange es her ist, seit Sie das Baby gefüttert haben.

Wenn Sie nun alle diese Fakten einbezogen haben, was sagt Ihnen Ihr Gefühl? Was meinen Sie intuitiv, könnte Ihrem Kind fehlen?

Die wichtigsten Schritte in Kürze

- Bleiben Sie ruhig und gelassen! Es besteht kein Anlaß zur Sorge.
- Achten Sie genau auf das Geschrei. Wie hört es sich an?
- Überprüfen Sie kurz die Fakten: Wie spät ist es? Wann habe ich das Baby zuletzt gefüttert?

Viele Mütter begehen den Fehler, wenn ihr Kind schreit, keine weiteren Überlegungen mehr anzustellen, sondern sich auf das Füttern vorzubereiten. Dabei vergessen sie, daß Babys meistens genug trinken, wenn sie gefüttert werden. Im Normalfall ist es sehr unwahrscheinlich, daß ein Baby dann nicht genug zu trinken bekommt. Ausnahmen sind natürlich möglich – zum Beispiel, wenn das Baby sehr unruhig war, wenn das Füttern unter Anspannung geschah. Vielleicht waren gerade Verwandte zu Besuch, die sich das Baby ansehen wollten, und die Mutter konnte sich nicht richtig auf das Stillen einstellen. Oder es war sehr laut, weil einige spielende Kinder sehr lärmten. Es bestehen viele Möglichkeiten für Streßsituationen, die daran hindern, genug zu trinken. Doch ein gesundes

Baby kann solche Situationen »wegstecken«, wenn sie selten eintreten. Nur wenn es häufiger zu Streß beim Füttern kommt, kann das kleine Kind dadurch beeinträchtigt werden.

Gesunde Babys trinken so lange, bis sie satt sind! Die Abstände bis zur nächsten Mahlzeit hängen vom Alter des Säuglings ab. Handelt es sich noch um ein sehr junges Baby, kann es während der ersten Lebenstage geschehen, daß es nach einer halben Stunde wieder Hunger hat. Ist das Baby aber schon älter und dauert es normalerweise länger, bis es sich zur nächsten Mahlzeit meldet, dann können Sie ziemlich sicher sein, daß Ihr Baby in dieser Situation keinen Hunger hat, sondern aus einem anderen Grund schreit.

Indem Sie die Frage »Hunger oder nicht?« klären, haben Sie achtzig Prozent der möglichen Ursachen für das Schreien ausgeschlossen. Es bleiben also nicht mehr so viele Gründe, warum Ihr Baby gerade schreien könnte.

Nun brauchen Sie nur noch zu prüfen, ob sich die Schreie wie Schmerzensschreie anhören. Erinnern Sie sich noch daran, wie solche Rufe klingen? Sind die Schreie schrill und laut? Unterbricht das Baby mit einer Pause, die länger ist als der Schrei selbst? Zeigen sich Begleitsymptome, die auf eine Krankheit hindeuten?

Schnell läßt sich auch diese Frage beantworten. Das Kind hat keinen Hunger und es hat keine Schmerzen. Die wichtigsten Punkte sind also »abgehakt«. Nun können Sie Ihr Kind mit ruhigem Gewissen einfach hochnehmen und sich etwas mit ihm beschäftigen. Denn es scheint so, als hätte es nur Langeweile. Nehmen Sie es auf den Arm, sprechen Sie mit ihm, möglichst ruhig und gelassen, und liebkosen Sie es.

Der letzte und entscheidende Schritt besteht also in einer Entscheidung und der sich daraus ergebenden Handlung. Achten Sie dabei aber darauf: *Wenn Sie sich entschieden haben, halten Sie die entsprechende Handlung, in diesem Fall die Beschäftigung mit dem Baby, einige Zeit durch.* Lassen Sie sich nicht davon irritieren, daß das Baby vielleicht nicht sofort mit dem Schreien aufhört. Denn es kann sein, daß es sich schon etwas »warmgeschrien« hat. Dann kommt es darauf an, ihm Zeit zu lassen, sich zu beruhigen.

Sehr wichtig ist: Sobald Sie das Grundbedürfnis des Säuglings erkannt haben, nehmen Sie sich lange genug Zeit dazu, es zu befriedigen. Hat das Kind sich schon »eingeschrien«, müssen Sie es erst zur Ruhe bringen, bevor es zum Beispiel trinken kann. Und das mag ohne weiteres eine Viertelstunde dauern. Geben Sie also nicht gleich auf, wenn es nicht sofort gelingen will. Bewahren Sie Ruhe und Besonnenheit, auch wenn Ihnen das vielleicht im Moment schwerfällt. Beginnen Sie auf keinen Fall, wahllos verschiedene andere Möglickeiten auszuprobieren!

Ist das nicht zu kompliziert?

Viele Mütter und Väter werden an dieser Stelle vielleicht einwenden, das sei ja viel zu kompliziert. Wenn das Baby schreit, kann man nicht so komplexe Vorgangsweisen praktizieren. Dazu fehlt meistens die Zeit und auch die entsprechende Ruhe.

Was hier vielleicht kompliziert erscheint, ist in der Praxis aber mit ein wenig Übung sehr einfach durchzuführen. Je mehr Eltern sich mit den wirklichen Bedürfnissen ihrer Kinder befassen und sich selbst trainieren, diese richtig zu erkennen und zu unterscheiden, desto besser entwickeln sich diese Kinder.

Es kommt vor allem darauf an zu sehen, daß man mit ein wenig Übung im Lauf der Zeit immer besser weiß, was dem Baby fehlt. Nach ein paar Versuchen können auch Sie genau unterscheiden, was Ihr Baby möchte und wobei es Ihrer Hilfe bedarf.

Wissenschaftler haben herausgefunden, daß solchermaßen trainierte Mütter den Bedürfnissen ihrer Säuglinge schneller und besser entsprechen können als untrainierte. Es hat sich sogar herausgestellt, daß die Kinder der trainierten Mütter sich besser entwickelten und weniger Auffälligkeiten zeigten als die Kinder der untrainierten Mütter. Es gilt inzwischen als erwiesen, daß man mit etwas Übung die Bedürfnisse seines Säuglings genau erkennen und befriedigen kann und damit seine Entwicklung fördert.

Wird das Kind nicht verwöhnt?

Ein weiterer Einwand gegen die Vorgangsweise, die Bedürfnisse eines Säuglings sofort zu befriedigen, lautet meistens: »Wenn ich so handle, verwöhne ich dann nicht mein Kind und fördere damit eventuell ein später eogistisches Verhalten beim Kind?«

Dieser Einwand ist berechtigt. Aber er gilt nur dann, wenn das Kind schon älter ist. Während der ersten sechs Lebensmonate kann man einen Säugling nicht verwöhnen. Solange Ihr Baby noch so klein ist, braucht Ihnen die mögliche Gefahr eines Verwöhnens noch keine Sorgen zu bereiten.

Der neugeborene Säugling verfügt noch nicht über die entsprechenden Verbindungen im Gehirn, die in ihm einen Lernprozeß im Sinne einer bewußt oder unbewußt fordernden Haltung auslösen können. Im Gegenteil, seine bei der Geburt schon vorhandenen Nervenzellverbindungen im Gehirn sind alle auf die sofortige Befriedigung seiner Bedürfnisse ausgelegt. Das heißt, sobald das Gehirn einen Mangelzustand registriert, wird es das Baby zum Schreien veranlassen und damit so lange fortfahren, bis dieser Mangel behoben ist. Welche Mängel das sein können, haben wir schon erfahren.

Die Aufgabe von Mutter und Vater ist es nun, diese Signale richtig zu verstehen und einzuordnen. Dabei kann man zwar, wie wir gesehen haben, auch Fehler begehen. Aber diese Fehler bestehen lediglich in einer Fehleinschätzung der Signale. Sie beziehen sich nicht auf die Meinung, das Baby könnte ohne Grund schreien, um etwas zu bekommen, das es nicht braucht.

Die Erfüllung der Bedürfnisse während der ersten Lebensmonate ist wichtig, damit das Baby Vertrauen in sich selbst und seine Umwelt, in diesem Fall die Eltern und meist an erster Stelle die Mutter, bekommen kann. Das dabei gebildete Vertrauen führt dazu, daß das Kind lernt: Ich bin nicht allein, ich werde beschützt, ich werde versorgt, ich werde geliebt.

Werden diese Bedürfnisse, die ja auf der Hilflosigkeit des Neugeborenen basieren, nicht befriedigt, dann lernt das Kind: Ich bin allein, ich werde nicht beschützt, ich werde nicht versorgt, ich werde nicht geliebt. Die Ergebnisse dieser Schlußfolgerungen sind schwerste Verhaltens- und Entwicklungsstörungen in späteren Lebensjahren, wie wissenschaftliche Untersuchungen schon seit langem nachgewiesen haben.

Der Wissenschaftler René Spitz beobachtete schon 1945 zwei Gruppen von Säuglingen, die unter bestimmten Lebensbedingungen aufwuchsen. Eine Gruppe von Säuglingen wuchs in einem Waisenhaus ohne emotionale Zuwendung des Pflegepersonals auf, während die andere Gruppe von ihren Müttern (in einem Gefängnis) betreut wurde. Während die Waisenhauskinder keine Möglichkeit hatten, mit ihren Pflegepersonen in näheren Kontakt zu treten – es wurde lediglich darauf geachtet, daß die hygienischen Bedingungen einwandfrei waren –, konnten die Gefängniskinder von ihren Müttern aufgezogen werden.

Am Anfang der Untersuchungen zeigten sich keine großen Unterschiede. Aber je älter die Kinder wurden, desto deutlicher traten die Unterschiede zwischen den beiden Gruppen zutage: Während die Gefängniskinder, die dauernden Kontakt zu ihren Müttern hatten, sich völlig normal entwickelten, blieben die Waisenhauskinder in ihrer ganzen Entwicklung zurück. Am Ende des ersten Lebensjahres hatten diese Kinder das Entwicklungsniveau von Debilen (Schwachsinnigen) erreicht.

Die Untersuchungen von Spitz führten dazu, daß man sich in der Entwicklungspsychologie darauf konzentrierte herauszufinden, was für diesen Entwicklungsrückstand bei den Heimkindern verantwortlich war. Heute ist man darin einig: Was den Kindern gefehlt hat, war die emotionale Zuwendung der Pflegepersonen. Das muß nicht unbedingt die eigene Mutter, sondern kann auch eine andere Person sein, aber es kommt darauf an, daß das Kind sensorisch stimuliert wird, daß es Zärtlichkeit, Körperkontakt und Zuwendung erfährt.

Nur wenn dies alles während der ersten Lebensmonate gewährleistet ist, kommt es zu den entsprechenden Verschaltungen im Gehirn des Säuglings.

Lassen Sie sich nicht vereinnahmen

Der nächste wesentliche Punkt mag Sie vielleicht irritieren. Sie sollen sich immer und überall um Ihr Baby kümmern, sich zugleich aber nicht »auffressen« lassen? Ist das nicht ein Widerspruch?

Nur auf den ersten Blick ist er das. Wenn Sie genauer hinsehen, werden Sie feststellen, daß diese beiden Verhaltensweisen sich durchaus miteinander in Einklang bringen lassen. Zwar kommt der Säugling mit seinen Bedürfnissen und mit seiner (noch) andauernden Hilflosigkeit an erster Stelle, aber es leuchtet wohl ein, daß das nicht zu weit gehen sollte. Die Mutter oder der Vater dürfen sich dabei nicht so verausgaben, daß sie nicht mehr in der Lage sind, sich um das kleine Wesen zu kümmern. Es kommt hier, wie bei vielem anderen, auf die richtige Reihenfolge und das richtige Maß an.

Würden Mütter sich bei der Säuglingspflege völlig überfordern, könnten sie bald die Bedürfnisse des Kindes nicht mehr befriedigen. Gemeint ist hier also nicht, etwas sinnlos zu übertreiben, sondern angemessen (also in Maßen und ausreichend) zu handeln.

Kehren wir noch einmal zu unserem Beispiel zurück: Sie haben auf den Schrei Ihres Kindes sofort reagiert, haben alle erforderlichen Überlegungen angestellt und danach sofort gehandelt. Sie haben nun einige Minuten oder eine viertel Stunde mit dem Kind gespielt, es gestreichelt, liebkost, sind zärtlich mit ihm umgegangen. Nach kurzer Zeit schlief Ihr Baby zufrieden ein. Bei kritischen Müttern kommt nun sofort der Einwand: »Aber wenn nicht?«

Lassen wir ihn einen Moment beiseite, denn er lenkt uns nur auf eine falsche Spur. Gehen wir, zumindest in der Theorie, davon aus, das Baby sei eingeschlafen. Was geschieht nun? In welcher Weise handeln viele Mütter danach falsch?

Eine ganze Reihe von Müttern denkt nun nicht an sich selbst und an ein wenig Ruhe, die sie nach den Anstrengungen brauchen würden, sondern ihnen geht sofort einiges durch den Kopf, das nun sofort erledigt werden müsse. Sie schieben eventuelle Signale, die sie zwar spüren – denn schließlich ist Muttersein gerade während der ersten Lebenswochen ein anstrengender Job! – einfach beiseite und widmen sich sofort der nächstliegenden Arbeit, die vielleicht wegen des schreienden Kindes unbeendet blieb. Sie ignorieren ihre eigenen Bedürfnisse nach Ruhe. Und wen wundert es, wenn nach einer Weile angestrengten Bügelns oder Waschens das Baby wieder schreit (nun hat es wirklich Hunger)? Dann lassen sie die Wäsche liegen, stürzen aufgeregt zum Kind und sind natürlich völlig ausgepumpt. Schließlich hatten sie keine Pause.

Mütter, die so mit sich selbst und ihren ganz natürlichen Bedürfnissen nach Ruhe und Entspannung umgehen, werden im Laufe der Zeit die Schuld für die erlebte Überlastung beim Kind suchen und sich selbst als eventuelle Quelle außer acht lassen und vergessen. Als Folgen bilden sich nicht nur Überlastungssyndrome heraus, sondern es kommt eine psychische Konstellation hinzu, die eine Ablehnung des Kindes nach sich ziehen kann. Die Mütter schieben alle Schwierigkeiten auf das Kind, obwohl es sich hier um etwas anderes handelt.

Gönnen Sie sich Ruhe

Das Verlangen des Babys wurde erfüllt, es schläft endlich, und nun sollten Sie sich selbst etwas gönnen. Denn nachdem das Kind alles bekam, was es brauchte, sind Sie selbst an der Reihe. Und seien Sie ehrlich: Brauchen Sie es, jetzt sofort wieder weiterzuarbeiten?

Gönnen Sie sich einen Moment der Ruhe. Entspannen Sie sich und ruhen Sie sich etwas aus. Sie haben es redlich verdient. Gerade während der ersten Lebensmonate sollten Sie darauf achten, sich selbst auch etwas Ruhe und Entspannung zu gönnen. Setzen Sie sich für einen Moment hin und lassen Sie Ihre »Seele baumeln«. Hören Sie, wenn Sie mögen, ein wenig entspannende Musik, oder wenden Sie sich etwas anderem zu, von dem Sie wissen, daß es Ihnen guttut.

Da Säuglinge während der ersten Lebenswochen alle paar Stunden nach Ihnen verlangen, sollten Sie sich nicht darauf verlassen, daß Ihnen größere Pausen vergönnt sind – sie werden nur kurz sein. Aber es kommt darauf an, sich mit der Realität anzufreunden und nicht danach zu schielen, wie schön es sein könnte, wenn ... Es ist nicht sinnvoll, sich darüber zu ärgern, daß Ihnen das Baby kaum Zeit läßt, sich richtig auszuruhen, und als Konsequenz daraus auch auf die kleinen Pausen zu verzichten. Vielmehr gilt es nun mit dieser Situation, die bald vorübergehen wird, zurechtzukommen.

Haben Sie zunächst nur wenig Zeit für sich selbst, weil die Abstände, in denen das Baby Sie braucht, noch sehr kurz sind, dann nutzen Sie diese kleinen Pausen ruhig aus. Später, wenn das Baby größer geworden ist, werden auch diese Abstände größer und die Pausen länger. Nehmen Sie jede kleine Pause wahr, die Sie entdecken. Lassen Sie alles andere liegen. Zwar hat das Baby Vorrang, aber dann sind Sie an der Reihe und nicht die Wäsche oder ähnliches.

Sie können sich nicht entspannen? Dann schlagen Sie den Anhang auf, dort finden Sie ein paar einfache, schnell durchführbare Entspannungsübungen, die sich in Ihren Alltag integrieren lassen.

Chronische Schreiattacken

In den meisten Fällen aber ist ein Vorbeugen nicht möglich, weil das Baby schon chronisch schreit und »auf die Schnelle« nicht mehr zu beruhigen ist. Und nicht nur das Baby hat Schwierigkeiten, zu einem normalen, ausgeglichenen Rhythmus zurückzufinden, sondern auch die Frau Mama.

Bevor Sie jetzt aktiv werden, sollten Sie sich überlegen, was die Schreiattacken chronisch werden ließ. Denn sie haben die gleichen Ursachen wie sonstige Schreiattacken: Das Baby findet seine Bedürfnisse unerfüllt, beginnt zu schreien und so fort. Den weiteren Verlauf kennen Sie selbst.

Dennoch ist es wesentlich, sich mit den möglichen Auslösern zu beschäftigen, damit Sie, wenn Sie das Baby zur Ruhe gebracht haben, nicht wieder dieselben Fehler begehen.

Wenn Sie sich über die möglichen Ursachen Klarheit verschafft haben, versuchen Sie zunächst, die chronischen Schreiattacken zu unterbrechen. Aber richten Sie sich darauf ein, daß das Baby, bevor es auf Ihre Versuche reagiert, noch eine Weile so weiterschreien wird.

Betrachten Sie Ihre familiäre Situation

Vielleicht überrascht es Sie jetzt, daß wir nicht gleich damit beginnen, uns dem schreienden Kind zuzuwenden, sondern uns mit Ihnen beschäftigen wollen. Denn durch die ständigen Schreiattacken sind Ihre Nerven und Ihre Ausgeglichenheit wohl schon etwas in Mitleidenschaft gezogen. Bevor Sie sich also zum soundsovielten Male auf das schreiende Baby stürzen und ihm helfen wollen, halten Sie besser inne und gönnen sich, trotz des Geschreis, ein paar Minuten für sich selbst.

Wir hören die Einwände förmlich schon: »Aber das geht doch nicht, das Baby schreit doch!« Solange Sie selbst so strapaziert sind, wie es bei Müttern mit chronisch schreienden Babys nach einigen Tagen eben geschieht, werden Sie ohnehin keinen Erfolg haben. Das Baby spürt nämlich genau, was in Ihnen vorgeht. Es bekommt Angst, weil es bemerkt: Mit meiner Mutter ist etwas nicht in Ordnung. Es kann zwar noch nicht geordnet denken, dafür funktonieren seine emotionalen »Antennen« aber recht gut, und seine Instinkte melden Ihren desolaten Zustand.

Nervöse und aufgeregte Mütter können Babys nicht beruhigen, weil sie selbst nicht ruhig sind. Sprache, Bewegungen und selbst der Herzschlag, den das Baby spürt, wenn es an die Brust gelegt wird, lassen das Kind noch nervöser werden und schaffen damit weitere Voraussetzungen für das Schreien.

Ziel ist es also nicht, nun mehrere erfolglose Versuche mit dem schreienden Kind zu unternehmen, sondern sich erfolgversprechenden Methoden zuzuwenden.

Entspannen Sie sich!

Lesen Sie im Anhang nach, wie Sie sich auch in dieser Situation kurz und schnell entspannen können. Die Übung wird Ihnen zwar nicht sofort die große Erleichterung verschaffen, aber Sie wird für etwas mehr Ruhe sorgen – Ruhe, die Sie im Moment dringend brauchen. Und wenn Sie sich angewöhnen, diese Übungen regelmäßig durchzuführen, wird der Entspannungseffekt größer und vor allem intensiver.

Um über mögliche Auslöser, zum Beispiel in der Familie, nachdenken zu können, müssen Sie wenigstens einigermaßen ruhig sein. Denn aufgeregte Menschen können in der Regel nicht schlüssig nachdenken. Der Grund liegt in der hohen Ausschüttungsrate von Streßhormonen, die Ihren Organismus in Alarmbereitschaft versetzen und das Denken blockieren. Der menschliche Organismus ist nämlich von Natur aus so eingerichtet, daß er unter Streß alle Energien für eine Notfallreaktion bereithält. Das Hormon Adrenalin überschwemmt unseren Körper, erhöht unter anderem die Herztätigkeit, die Pulsfrequenz und den Blutdruck, und hemmt andere Funktionen, die der Körper im Augenblick nicht dringend benötigt.

Wenn es Ihnen trotz der Anleitung nicht gelingen sollte, sich zu entspannen, so beachten Sie den kleinen Tip, der meistens den gewünschten Effekt herbeiführen kann:

So können Sie Ihre Streßhormone am besten abbauen

- Bewegen Sie sich so, daß Sie sich dabei anstrengen.
- Führen Sie einige Kniebeugen aus,
- laufen Sie auf der Stelle,
- gehen Sie eine Treppe einige Male auf und ab,
- unternehmen Sie einen schnellen Spaziergang, der etwas anstrengen sollte, oder
- machen ein paar (kurze) Sprints im Garten oder vor dem Haus.

Der Abbau der Streßhormone ist nicht nur wichtig, um sich zu entspannen und wieder geordnet nachdenken zu können, sondern auch für Ihre Gesundheit. Denn Streßhormone, die nicht abgebaut werden, können gesundheitliche Schäden verursachen (zum Beispiel an den Gefäßen).

Um wieder klar denken zu können, hilft auch eine schnelle Methode: Atmen Sie ein paar Minuten lang konzentriert – ganz langsam einatmen (etwa vier Sekunden lang) und langsam wieder ausatmen (etwas sechs Sekunden lang). Wiederholen Sie dies einige Male und achten Sie dabei genau auf Ihre Atmung. Konzentrieren Sie sich darauf, wie Sie einatmen und wie Sie ausatmen. Sie werden feststellen, daß es Ihnen nach dieser kleinen Übung, die einfach ist und keinerlei Vorbereitung bedarf, schon etwas besser geht. Und ein wichtiger Nebeneffekt ist: Ihr Gehirn hat nun ausreichend Sauerstoff, um denken zu können.

Störungsursachen in der Familie

Sie haben sich nun etwas entspannt und konnten dadurch besser überlegen. Vor allem haben Sie jetzt einige Zeit an etwas anderes gedacht als an das schreiende Kind. Sie haben sich auf sich selbst konzentriert, und das ist gut, denn nun soll es um Sie gehen:

Am besten stellen Sie sich selbst ein paar Fragen, die Ihnen helfen können, in dieser Angelegenheit etwas weiterzukommen:

- Fühlen Sie sich in Ihrer Partnerschaft wohl?
- Erhalten Sie genügend Unterstützung von Ihrem Partner?
- Fühlen Sie sich von ihm ernst genommen?
- Haben Sie ausreichend Gelegenheit, Ihre Sorgen zu besprechen?
- Oder hat Ihre Partnerbeziehung bereits durch die Schwierigkeiten mit dem schreienden Kind gelitten?

Wenn Sie auch nur eine der ersten vier Fragen mit Nein beantworten können, sollten Sie sich die Zeit nehmen, dieser Frage auf den Grund zu gehen, um mehr über mögliche Ursachen herausfinden zu können.

Überlegen Sie das zunächst für sich allein. Erst wenn Ihnen Ihre Situation klarer geworden ist, suchen Sie das Gespräch mit dem Partner. Es dient Ihnen und der Sache, konstruktiv an die Sache heranzugehen und das Gespräch nicht gleich mit Vorwürfen an den Partner zu eröffnen. Bitten Sie sachlich und konsequent um Unterstützung und nennen Sie ein paar Vorschläge, wie sie praktisch aussehen könnte.

Konfliktbewältigung: Marita und Paul suchen das konstruktive Gespräch

Marita (32), Sozialarbeiterin, seit drei Monaten Mutter von Serena, versucht am Abend mit ihrem Mann Paul (34) ein Gespräch über ihre Situation zu führen. Paul arbeitet freiberuflich für eine große Versicherungsagentur. Nach dem gemeinsamen Abendessen bittet Marita Paul, ihr beim Abräumen zu helfen, und schneidet vorsichtig das Thema an:

»Ich habe da ein Problem, das mich schon ein ganze Zeit beschäftigt, und überlege, wie ich weiterkommen könnte.«

»Worum geht es denn?«

»Ich werde mit Serena nicht mehr allein fertig. Sie schreit seit Tagen. Ich habe dir ja schon davon erzählt, und du hast es ja auch schon gemerkt.«

Paul geht gleich in die Verteidigungshaltung: »Ich habe im Moment auch sehr viel zu tun und kann dir dabei nicht helfen!«

»Ich wollte dich nicht angreifen. Es geht mir darum, daß wir gemeinsam darüber sprechen, wie wir das lösen können. Ich brauche dabei deine Hilfe, denn allein schaffe ich es nicht!«

»Was kann ich denn tun? Wenn ich abends von der Arbeit nach Hause komme, bin ich auch völlig geschafft. Da kann ich mich doch nicht mehr um Serena kümmern.«

»Darum geht es auch nicht. Es geht darum, gemeinsam zu überlegen, wie wir zu einer Lösung finden!«

»Woran hast du denn dabei gedacht?«

»Ich arbeite ja auch, so wie du. Aber ich muß alles andere zusätzlich organisieren und erledigen. Damit bin ich im Moment überfordert. Ich brauche deine Hilfe!«

»Aber was soll ich denn machen? Ich kann auch nicht mehr als arbeiten!«

»Du sollst auch nicht mehr arbeiten als bisher. Mir geht es darum, daß wir nachgucken, ob wir unsere Arbeit anders verteilen können als bisher. Ich kann mich ja auch nicht zerreißen. Ich bin am Ende meiner Kräfte. Ich werde versuchen, für ein paar Wochen, früher nach Hause zu kommen, und ich dachte, du könntest auch für einige Zeit etwas mehr im Haushalt übernehmen, um mich zu entlasten.«

Marita bleibt »am Ball«. Sie läßt sich von Paul nicht irritieren, sondern wiederholt immer wieder, daß sie gemeinsam nach einer Lösung suchen wollen. Sie greift Paul nicht an, wirft ihm nichts vor, sondern bevorzugt »Ich«-Formulierungen. Und sie unterbreitet konkrete Vorschläge, denen Paul zwar noch ausweicht, aber nach ein paar Tagen kommt er auf sie zu und teilt ihr mit: »Ich habe mit meinem Chef gesprochen. Er ist einverstanden damit, daß ich für vier Wochen etwas kürzer trete. Ich mache eher Feierabend, versuche dich zu entlasten und werde die Stunden jeweils an den Wochenenden am Sonntagvormittag nacharbeiten.«

Konstruktiv orientierte Gesprächsführung

- ist auf eine gemeinsame Lösung bezogen,
- greift nicht an, sondern stellt fest,
- bevorzugt »Ich«-Sätze,
- vermeidet Streitgespräche,
- formuliert Lösungsansätze.

Legen Sie ein »Schreitagebuch« an

Wenn Sie sich auf diese Weise der Unterstützung Ihres Partners versichert haben, können Sie schon etwas aufatmen. Das eigentliche Problem ist zwar noch nicht gelöst, aber Sie sind damit nicht mehr allein. Für Fortschritte bei der eigentlichen Problemlösung brauchen Sie noch einige Informationen. Sie müssen genauer wissen, wann das Kind schreit, wie lange es schreit und mit welchen Methoden es sich beruhigen läßt.

Die einfache und schnell durchführbare Methode, ein »Schreitagebuch« anzulegen, eignet sich dazu sehr gut. Die Eintragungen sind in ein paar Sekunden geschrieben, und die Möglichkeiten, die sich aus den Informationen ergeben, sind vielfältig und lohnen den benötigten Zeitaufwand.

Sie brauchen lediglich ein paar Blätter Papier, einen Bleistift und Radiergummi und ein Lineal. Sie teilen je ein Blatt Papier in fünf gleich große Spalten ein, etwa so:

Zeit/Datum:	Situation:	Intensität:	Maßnahme:	Wirkung:
6– 7 Uhr	v. d. Stillen	– 6	auf d. Arm n.	– 5
7– 8 Uhr	n. d. Stillen			
8– 9 Uhr	o. Anlaß			
9–10 Uhr				
10–11 Uhr				
11–12 Uhr				
12–13 Uhr				
13–14 Uhr				
und so fort.				

In die erste Spalte tragen Sie die Zeit ein, und zwar für jede Stunde ein Intervall – am besten also insgesamt 24 Intervalle. In der zweiten Spalte, »Situation«, kennzeichnen Sie die Situationen, in denen das Schreien auftritt, durch Abkürzungen. In die Spalte »Intensität«

schreiben Sie lediglich ein Vorzeichen, »-«, das das Schreien als negativen Zustand kennzeichnen soll, und eine Zahl, die die Stärke angibt.

Schreit Ihr Kind also zum Beispiel zwischen sechs und sieben Uhr, und Sie wollten gerade frühstücken, dann tragen Sie eine Abkürzung für »Frühstück« ein. Dann sollten Sie die Intensität des Schreiens auf einer Skala von »-1« (leichtes Schreien) bis »-10« (sehr starkes Schreien) einschätzen.

Die vollständige Skala sieht demnach so aus:
–10 –9 –8 –7 –6 –5 –4 –3 –2 –1 (0) +1 +2 +3 +4 +5 +6 +7 +8 +9 +10. Auf der linken Seite befinden sich die Einschätzungen des Schreiens, die mit einem Minus gekennzeichnet sind, auf der rechten Seite die Einschätzungen für einen zufriedenen Zustand, die ein Plus tragen.

In der nächsten Spalte, »Maßnahme«, tragen Sie abgekürzt ein, was Sie unternommen haben.

In die letzte Spalte, »Wirkung«, fügen Sie wieder eine Zahl ein, durch die Sie nun nach der Maßnahme das Schreien einschätzen. Hat es sich verringert, so wählen Sie eine niedrigere Zahl mit Minusvorzeichen als vorher, hat es sich verstärkt, eine höhere. Sollte es gar verschwunden sein und Ihr Baby zufrieden gluckern oder ähnliche Zeichen von sich geben, die auf einen angenehmen Zustand schließen lassen, versehen Sie die Zahl mit einem positiven Vorzeichen: »+«.

Auf den ersten Blick wirkt der Vorschlag vielleicht etwas kompliziert, er ist es aber nicht. Mit ein wenig Übung werden Sie nicht nur das Schreien Ihres Kindes schnell einzuschätzen lernen, sondern Ihre Wahrnehmung wird schärfer und präziser, und Sie können das Schreien dann differenzierter einordnen. Schnell werden Sie feststellen: Schreien ist nicht gleich Schreien.

So können Sie Zeit sparen: Wenn Sie sich eine Schreitagebuchseite als Modell anfertigen und diese (ohne Eintragungen) fotokopieren, brauchen Sie nicht für jeden Tag eine neue zu zeichnen. Wichtig ist, das Datum oben auf die Seite zu schreiben, damit Sie bei der Auswertung genau rekonstruieren können, wann das war.

Die Eintragungen nehmen Sie bitte, auch aus Zeitersparnisgründen, nicht sofort, sondern nur dreimal am Tag, zu gleichbleibenden Zeiten vor – zum Beispiel mittags, nachmittags und abends. Sie brauchen also nicht sofort nach jeder Schreiepisode Ihren Zettel zu suchen. Für die Eintragungen stets die gleichen Zeiten zu wählen, hat den Vorteil, daß Sie sie nicht vergessen.

So werten Sie das Schreitagebuch aus

Setzen wir voraus, Sie hätten schon ein paar Tage lang (am besten zwei Wochen) ein Schreitagebuch geführt und sehen sich nun die Eintragungen an.

Der erste Auswertungsschritt besteht darin, die verschiedenen Blätter daraufhin anzusehen, ob sich zeitliche Übereinstimmungen bei den Schreiattacken zeigen. Nach unseren Erfahrungen zeichnen sich solche Übereinstimmungen sehr bald ab, zum Beispiel in den späten Nachmittagsstunden oder in den Abendstunden. Über einen längeren Zeitraum betrachtet, wird man feststellen, daß das Kind eben nicht, wie vorher angenommen, fast immer schreit, sondern die Schreiattacken sich zu einer bestimmten Zeit häufen.

Viele Kinderärzte nehmen einen Zusammenhang mit den Mahlzeiten an und sehen darin einen Nachweis für Verdauungsstörungen, zum Beispiel die gefürchteten »Dreimonatskoliken«. Wir sind anderer Ansicht, und zwar aus einem für uns einleuchtenden Grund: Die Verdauungsintervalle bei Säuglingen und Kleinkindern sind sehr kurz. Da die Nahrung noch flüssig ist, wird sie in ein bis zwei Stunden verdaut. Wäre also die Ernährung der Grund, müßten die Schreiattacken in schöner Regelmäßigkeit immer kurz nach dem Essen auftreten. Denn die Verdauungsprobleme werden nach jeder Mahlzeit akut. Treten die Schreiattacken bei Ihrem Baby nach dem Füttern auf, mag dies ein Anzeichen dafür sein, daß es sich um eine Verdauungsstörung handeln könnte. In diesem Fall sollten Sie einen Kinderarzt aufsuchen und mit ihm über die möglichen Ursachen der Verdauungsstörungen sprechen.

Aber meistens treten die Schreiattacken am späten Nachmittag oder am Abend auf. Hier müßten wir uns fragen, warum die Verdauung nun auf einmal nicht mehr so gut funktionieren sollte wie während des restlichen Tages?

Wir betrachten die allabendlichen Schreiattacken eher als Zeichen dafür, daß das Baby über das Schreien Spannungen abbaut, die sich im Laufe des Tages angesammelt haben. Das können auch Verdauungsstörungen sein. Denn ein Baby, das tagsüber Spannungen anhäuft, wird dadurch irgendwann seine Verdauung stören. Wir wissen ja von uns selbst, wie sehr Schwierigkeiten oder ungelöste Probleme uns »auf den Magen schlagen« können.

Sollten sich die Schreiattacken also auf den Nachmittag oder den Abend konzentrieren, wäre zu prüfen, ob sich tagsüber Situationen ergeben haben, die auf Spannungen hindeuten. Hier kann der Blick in das Schreitagebuch Aufschlüsse geben. Denn dann müßten auch tagsüber kleinere Schreiattacken vorgekommen sein, bei denen die Werte für die Intensität des Schreiens höher waren als sonst.

Die vergleichende Auswertung der Informationen in den einzelnen Spalten liefert Ihnen Fakten, die Ihnen ein neues Bild von den Schreiattacken und ihren möglichen Auslösern vermitteln. Durch die Spalten »Maßnahme« und »Wirkung« können Sie überprüfen, welche Ihrer Maßnahmen einen Einfluß auf das Schreien beziehungsweise seine Intensität ausübte. Es kann durchaus sein, daß eine Maßnahme zwar das Schreien nicht gleich beseitigt, aber mindert. Dann haben Sie einen wichtigen Hinweis darauf, daß Sie sich in der richtigen Richtung bewegen.

Am besten probieren Sie es einfach aus. Sie werden sehen, sobald Sie Ihr Baby mit Hilfe eines Schreitagebuchs einige Tage aufmerksam und differenzierter als bisher beobachten, verringert sich die Zahl der Schreiattacken. Und Sie erhalten Hinweise, wie Sie sie ganz beseitigen können.

Maßnahmen, die das Baby beruhigen

1. Stellen Sie sich neben das Kinderbett und berühren Sie das Kind, reden Sie leise mit ihm, ohne es auf den Arm zu nehmen.
2. Sprechen Sie leise mit dem Kind und geben Sie ihm einen Schnuller, ohne es aufzunehmen.
3. Nehmen Sie das Baby auf den Arm und streicheln Sie es. Reden Sie leise beruhigend auf das Baby ein.
4. Nehmen Sie das Baby auf, reden Sie leise mit ihm und schaukeln es.
5. Nehmen Sie das Baby auf den Arm und tragen Sie es in der Wohnung hin und her. Dabei reden Sie beruhigend auf das Baby ein.
6. Nehmen Sie das Baby auf den Arm, legen Sie es mit dem Köpfchen nach unten auf den Bauch und streicheln Sie seinen Bauch sanft mit der rechten Hand von unten her mit massierenden, kreisenden Bewegungen.

Bleiben Sie länger bei einer Methode

Es ist nicht gleichgültig, für welche Reaktion Sie sich in einer bestimmten Situation entscheiden, vor allem kommt es auf den Schreiauslöser an. Und gerade wenn die Schreiattacken schon chronisch geworden sind und sich von den eigentlichen Auslösern entfernt haben, das Baby also schon aus Gewohnheit schreit, ist es wesentlich, zunächst nur eine Handlungsweise auszuprobieren und diese mindestens zehn Minuten lang durchzuhalten, auch wenn das Baby weiterhin schreit. Bleiben Sie dabei und beobachten Sie, wie das Schreien sich langsam verändert, wie es leiser und weniger wird.

Viele Mütter oder Väter begehen den Fehler, zu schnell zu einer anderen Methode zu wechseln, wenn das Baby nicht sofort ruhig ist, sobald sie etwas unternommen haben. Damit verhindern sie nicht nur herauszufinden, wie ihre Methoden wirken, sondern sie verunsichern auch das Baby und sich selbst.

Eventuell entstehende Hektik ist auf jeden Fall zu vermeiden, denn darauf reagieren alle Babys mit erneutem, meist sogar verstärktem Schreien. Überlegen Sie also zuerst, was Ihrem schreienden Kind in dieser speziellen Situation guttun könnte, was es wirklich braucht, und entscheiden Sie sich dann für eine einzige Maßnahme, bei der Sie bleiben.

Wenn das Kind zum Beispiel keinen Hunger haben kann, weil es schon zu essen bekam, und andere Ursachen, wie Schmerzen oder Krankheit, ebenfalls ausgeschlossen sind, können Sie sich für eine leichte Beruhigungsmethode entscheiden und sie durchführen. Man muß das Baby nicht immer gleich aufnehmen. Vielleicht ist es nur einsam und braucht das Gefühl, daß Sie da sind.

Dies ist vor allem nachts wichtig, wenn das Baby aus dem Schlaf aufgeschreckt ist und schreit. Schalten Sie kein helles Licht an, dadurch wird das Kind nur noch überreizter, sondern sorgen Sie für eine gedämpfte Nachtbeleuchtung (zum Beispiel eine abgedunkelte Nachttischlampe oder eine rotgefärbte Kinderzimmerbeleuchtung). Nachts sollten Sie das Baby nicht auf den Arm nehmen und umhertragen, denn dies läßt es vielleicht erst richtig aufwachen. Zunächst sollten Sie es nur mit gutem Zureden und eventuell mit Berührungen versuchen.

Achten Sie darauf, Ihre Maßnahmen den Gegebenheiten anzupassen und sie ruhig und gelassen auszuführen. Und wie gesagt: Bleiben Sie bei Ihrer Entscheidung für eine bestimmte Vorgangsweise und wenden Sie diese lang genug an.

Stillprobleme: Wenn Ihr Baby nicht richtig trinken will

Gehören Sie zu den Frauen, die sich schon öfter überlegten, ob sie nun stillen sollen oder nicht, und wenn ja, wie lange? Vielleicht haben Sie auch darüber nachgedacht, ob Sie überhaupt stillen wollen, was es damit auf sich habe, worauf man achten und was man dazu wissen sollte.

Möglicherweise zählen Sie auch zu den Frauen, die aus irgendeinem Grund nicht stillen können oder wollen. Dann brauchen Sie sich keinesfalls zu beunruhigen, denn auch aus »Flaschenkindern« können gesunde Kinder werden, wenn man bei dieser Form der Ernährung einige Grundsätze beachtet.

Bei den eigenen Überlegungen für oder gegen das Stillen sollte man einige Aspekte, die eine besondere Bedeutung für das Seelenleben der Mutter (und des Vaters) haben können, nicht vergessen. Außerdem gilt es mit einigen Mythen aufzuräumen, die immer noch in den Köpfen vieler Eltern herumgeistern und ihnen das Leben unnötig erschweren.

Martin: Stillen oder nicht stillen?

Karin (24), Krankenschwester und seit vier Jahren verheiratet, lag noch im Krankenhaus, als sie die ersten Stillprobleme mit Martin, ihrem erst wenige Tage alten Sohn, bekam. »Zuerst verlief alles ganz normal. Martin war gesund, wog genug und machte einen putzmunteren Eindruck!« meinte Karin während eines Gesprächs mit uns.

»Von einem Tag auf den anderen änderte sich das. Er machte Ärger, sobald ich ihn an die Brust legte. Er wollte nicht trinken, drehte oft den Kopf weg und fing nach kurzer Zeit zu schreien an.«

Karin, als Mutter noch unerfahren, getraute sich zunächst nicht, sich an das Pflegepersonal zu wenden. Sie dachte: »Die lachen mich doch aus, wenn ich noch nicht einmal weiß, was ich zu tun habe, wenn mein Kind mal nicht trinken will!«

Sie versuchte ihre Probleme vor den Schwestern zu verstecken, indem sie sie herunterspielte. »Heute ist er aber wieder besonders unruhig!« Doch das ging nicht lange gut. Auf der einen Seite wurde Marin schnell als »Schreihals« in der Station bekannt, auf der anderen Seite nahm man die junge Mutter nicht sehr ernst, die sich augenscheinlich nicht sehr für ihr Kind einsetzte.

Mütter, die das erste Mal gebären und den Anschein erwecken, hilflos zu sein und nicht genau zu wissen, was sie wollen, laufen Gefahr, ein Opfer des Pflegebetriebs in einem Krankenhaus zu werden. Ob man das Glück hat, auf kompetentes Pflegepersonal zu treffen, oder, im anderen Fall, die Verantwortung für das Baby aus der Hand genommen bekommt, hängt nicht zuletzt vom Zufall ab. Trifft man auf kompetentes Pflegepersonal, kann es sein, daß dieses der jungen Mutter hilft, mit ihren Schwierigkeiten fertig zu werden. Aber Karin erfuhr es anders.

»Die Schwestern merkten natürlich nach einiger Zeit, daß etwas nicht stimmte. Aber das führte nun nicht dazu, daß man mir erklärte, was ich hätte tun können, sondern sie nahmen mir Martin einfach ab und brachten ihn mit den Worten ›Wir kümmern uns schon darum!‹ weg.«

Karin, die von ihrer ersten Geburt noch erschöpft war, wehrte sich nicht, sondern war froh, daß man »das Problem Martin« für sie löste. »Ich lehnte mich zurück und dachte, hoffentlich kannst du jetzt mal ein paar Stunden ruhig schlafen!«

Eine Schwester sprach die junge Mutter an: »Sie haben wohl nicht genug Milch. Am besten wäre es, dem Kind die Flasche zu geben, dann sind Sie alle Probleme ein für allemal los!«

Karin überlegte nicht lange, sie war sofort einverstanden. »Dann brachte man mir Martin, und ich fütterte ihn mit der Flasche. Es gab keine Probleme mehr!«

Katharina: »Meine Brüste waren zu klein!«

Rosi (27), Angestellte im Postdienst, hatte schon bei ihrem ersten Kind Fabian (vier Jahre) Schwierigkeiten beim Stillen gehabt. »Als Katharina geboren wurde, war ich so aufgeregt, daß ich dachte: ›Hoffentlich wird das nicht wieder so ein Kampf wie bei Fabian!‹«

Rosis zweite Geburt verlief nicht ganz ohne Komplikationen. »Peter, mein Mann, hatte sich extra eine Woche Urlaub genommen. Diesmal wollte er dabei sein. Bei Fabian war er damals noch sehr uninteressiert, aber bei Katharina war er Feuer und Flamme.

Und es war unser Glück, daß er dabei war, denn er hat dem Kind bestimmt das Leben gerettet.«

Was war geschehen? Rosi wurde mit einer geplatzten Fruchtblase in ein großes Stadtkrankenhaus eingeliefert. »Ich mußte noch eine ganze Zeit warten, bis sich überhaupt jemand um uns kümmerte. Und das erste, was man meinem Mann sagte, war ›Sie wollen wohl mit in den Kreissaal? Das schminken Sie sich mal ab!‹«

Peter (32), der ebenfalls im Postdienst arbeitete, ließ sich nicht beirren. Er behielt die Ruhe und beruhigte auch seine aufgeregte Frau: »Wir machen das schon. Atme tief durch!«

»Wenn Peter nicht dabei gewesen wäre, weiß ich nicht, wie ich mich verhalten hätte. Die ganze Umgebung schüchterte mich so ein, daß ich mich völlig hilflos fühlte. Aber Peters Anwesenheit gab mir Sicherheit!«

Bei der Geburt traten einige Schwierigkeiten auf. Das Baby kam mit Atemproblemen zur Welt. »Der Arzt beruhigte uns und sagte tatsächlich: ›Keine Sorge, alles normal!‹ Aber Peter bestand darauf, daß der Arzt sich um Katharina kümmerte. Er schrie den überraschten Arzt an: ›Sie atmet gar nicht! Machen Sie endlich was!‹ Daraufhin wurde man erst aktiv. Später stellte sich heraus, daß das Gehirn einige Sekunden lang wahrscheinlich nicht mit Sauerstoff versorgt worden ist. Man fand zwar keine Anzeichen für eine Schädigung, aber wenn Peter die nicht angeschrien hätte – ich weiß nicht, wie das dann ausgegangen wäre!«

Glücklicherweise hat Katharina keinen Schaden davongetragen. Doch die Schwierigkeiten nahmen anfangs kein Ende. Hatte das aufgeregte Paar die Probleme bei der Geburt glücklich überstanden, wartete schon das nächste Problem.

»Ich legte Katharina an die Brust, aber sie greinte und grummelte – und wollte nichts trinken. Sie versuchte es zwar, aber augenscheinlich kam nicht genug heraus!«

Rosi rief nach der Schwester und fragte um Rat. Die Schwester warf einen Blick auf Rosis Brüste und meinte: »Sie haben wohl zu kleine Brüste. Wahrscheinlich haben Sie nicht genügend Milch!«

»Das hatte man mir bei Fabian auch schon gesagt, und ich war ziemlich betroffen. Noch schockiert von den Erlebnissen bei der Geburt, ließ ich mich überreden, Katharina gleich mit der Flasche zu füttern.«

Claudio: »Es war schwer, aber es ging!«

Auch Susanne (25), die als Sozialpädagogin in einer Suchtklinik arbeitete, hatte man eingeredet, sie habe »zu kleine Brüste«. Doch Susanne, die mit einem 28jährigen Pizzabäcker, Vincente, aus Italien verheiratet war, hatte Glück. »Ich traf im Krankenhaus auf verständnisvolle Schwestern, vor allem auf eine Hebamme, die sich sehr viel Zeit für mich nahm!«

»Als ich Claudio das erste Mal an die Brust legte, klappte nichts. Es kam anscheinend keine Milch, und er schrie natürlich gleich wie am Spieß!«

Susanne ließ sich aber nicht beirren, sondern bestand darauf, daß man ihr genau erklärte, wie sie vorgehen sollte. »Ich wollte auf jeden Fall stillen und mich nicht dem Krankenhausbetrieb unterordnen, bloß weil denen das besser in den Kram paßt, wenn die Kinder die Flasche bekommen.«

Aber es bestand kein Grund, sich aufzuregen, denn Susanne wurde sowohl von den Schwestern als auch von der Hebamme ausführlich beraten.

»Die Schwestern beruhigten mich und holten die Hebamme, die einen erfahrenen Eindruck erweckte. Sie klärte mich darüber auf, daß die Milchproduktion nicht von der Größe der Brüste abhinge, sondern von der Nachfrage. Es würde am Anfang vielleicht schwierig sein, aber wenn Claudio oft genug angelegt würde und jedesmal etwas bekäme, würde genug Milch nachschießen.«

Claudio bekam am Anfang natürlich zuwenig zu trinken, und das führte dazu, daß er schon nach kurzer Zeit wieder gebracht wurde, um wieder zu trinken. »Natürlich war er nicht zufrieden und schrie viel. Aber nach drei Tagen merkte ich regelrecht, wie mir die Milch in die Brust schoß, und an diesem Tag trank er länger und blieb auch länger satt. Dann vergrößerten sich die Zeiträume schnell, und er wurde immer zufriedener.«

Vincente bedankte sich auf seine Weise für »den besonderen Service« der Mitarbeiter des Krankenhauses: Er versorgte zwei Tage lang alle mit frischer Pizza.

Die Ursachen der häufigsten Stillprobleme

Trends in der Säuglingspflege

Seit Jahren laufen zwei gegensätzliche Entwicklungen in unserer Gesellschaft ab, die geeignet sind, viele werdende Mütter und Väter zu verunsichern. Auf der einen Seite führte das gewachsene Umweltbewußtsein dazu, daß immer mehr Menschen bewußt darauf achten, was und wie sie essen. Gleichzeitig entstanden Diskussionen über Gifte in Nahrungsmitteln, industrielle Produktionsweisen von Nahrungsmitteln und über die natürliche Herstellung von Nahrungsmitteln. Auf der anderen Seite aber verstärkte die Nahrungsmittelindustrie, vor allem im Bereich der Säuglingsernährung, ihre Forschungs- und Werbeanstrengungen. Die Fertignahrung für Säuglinge wurde qualitativ immer besser, und die Industrie warb mit der einfachen Zubereitung ebenso wie mit der guten Bekömmlichkeit.

Zu gleicher Zeit stellte man aber auch ein vermehrtes Auftreten von Allergien und Atemwegserkrankungen bei Kleinkindern fest. Experten behaupten inzwischen, der Anteil der Allergien und/oder Atemwegserkrankungen bei Säuglingen und Kleinkindern betrüge etwa sieben bis zehn Prozent. Nahezu in jeder Familie ist ein Kind mit einer Allergie oder Asthma bronchiale zu finden. An dieser Stelle setzte ein Diskussionsprozeß innerhalb der Gesellschaft ein, der der Muttermilch einen zentralen Stellenwert bei einer gesunden Babyernährung einräumte. Der Muttermilch wurde nachgesagt, sie enthalte nicht nur in optimaler Form alles, was ein Baby brauche, sondern sie schütze über die in ihr enthaltenen Abwehrstoffe auch die Gesundheit des Kindes. Der industriell aufbereiteten Nahrung hingegen schrieb man zu, sie führe verstärkt zu Allergien und anderen krankhaften Erscheinungen bei Säuglingen.

Die Nahrungsmittelhersteller blieben nicht untätig. Einerseits nahmen sie die Einwände der Forschung und der Medizin ernst und verstärkten ihre Forschungsanstrengungen. Andererseits griffen sie massiv in ihre Werbekiste und überschwemmten den Markt mit kostenlosen Probepackungen, die sie direkt an die Krankenhäuser und Kinderärzte verteilten. Und nun ist kaum noch ein Krankenhaus zu entdecken, das nicht kostenlose Probepackungen (von Nahrungsmitteln, aber auch von Windeln und diversem anderem »Babyzubehör«) für die jungen Mütter bereithält.

Wen wundert es da, wenn Eltern, vor allem aber junge Mütter, zwischen den Einflüssen der mächtigen Industrie auf der einen Seite und dem eigenen Gewissen auf der anderen Seite – das suggeriert, nur Stillen sei natürlich und nur eine stillende Mutter sei eine »gute Mutter«, die alles für ihr Kind einsetze, damit dieses gesund bliebe – fast aufgerieben werden?

Stillen – Mythos oder Märchen?

Wer heute die Absicht äußert, ein Baby zu bekommen, muß damit rechnen, von allen Seiten gute Ratschläge zu erhalten. Die einen empfehlen das Stillen um jeden Preis. Auch wenn die junge Mutter gar nicht stillen will, kann sie sich den sachlichen Argumenten, die für das Stillen sprechen, nur schwer entziehen. Die nächsten erklären alles, was mit dem Stillen zusammenhängt, von vornherein für »Unsinn« und reden der Flaschennahrung das Wort.

Für eine Mutter, die sich nur informieren möchte, um selbst eine Entscheidung für oder gegen das Stillen oder die Flaschennahrung zu treffen, wird es immer schwerer, sich in der Flut von Informationen zurechtzufinden und die für sie wichtigen herauszufiltern.

Noch komplizierter wird es, wenn diese Auseinandersetzungen sich auf scheinbar politischen Ebenen bewegen. So kann es geschehen, daß eine Mutter, die politisch den Grünen nahesteht, das Stillen als alleinseeligmachende Methode propagiert, ohne zu bemerken, daß sie damit andere Mütter, die sich politisch eher neutral verhalten, die grüne Ideologie aber ablehnen, in eine Abwehrposition drängt. Der Sache des Stillens ist so kein guter Dienst erwiesen, weil mit der unbewußten Ablehnung der politischen Meinung das Stillen als Ausdruck dieser politischen Meinung ebenfalls als negativ zu gelten vermag. Umgekehrt kann die politische Gegnerschaft zur Industrie dazu führen, daß man Fertignahrungsmittel ausschließt und sich den natürlichen Methoden zuwendet, daher das Stillen favorisiert.

An dieser Stelle sei festgehalten, daß die Frage, ob gestillt werden soll oder nicht, von der Mutter selbst zu beantworten ist, und zwar hauptsächlich auf der Gefühlsebene.

Eine Mutter, die sich zwar aus sachlichen Gründen für das Stillen entscheidet, sich aber innerlich gegen das Stillen wehrt, kann Probleme bei der Durchführung bekommen. Und häufig werden solche Schwierigkeiten dann auf angebliche körperliche Gegebenheiten geschoben. Daher ist es notwendig, den Entschluß hauptsächlich der Mutter zu überlassen. Sie sollte ihre Gefühle befragen, ob sie wirklich stillen wolle.

Ansichten der Mütter und wie sie entstehen

Manchmal kann es hilfreich und sinnvoll sein herauszufinden, wie man selbst als Baby ernährt wurde. Denn es scheint sich wissenschaftlich zu beweisen, daß eine entsprechende Erziehung die Einstellung für oder gegen das Stillen mit prägte. Wer eine Mutter hatte, die sich gegen das Stillen aussprach und ihr Kind mit der Flasche aufzog, wird von der Mutter auch später entsprechend unterrichtet worden sein.

Zur Meinungsbildung über das Stillen tragen natürlich auch die jeweiligen Trends in der Säuglingspflege sehr bei. Jede Generation hatte und hat ihre Dogmen hinsichtlich der Babyernährung. Und gerade jene, die noch während oder kurz nach dem zweiten Weltkrieg aufgezogen wurden (und heute die Eltern der jungen Eltern sind), haben mehr Flaschen- als Stillerfahrung gesammelt, weil dies damals das modernste war. Wer stillte, galt als arm, weil er sich die (noch) teure Babynahrung nicht leisten konnte. Aber immer mehr Mütter dieser Generation erkannten die Vorteile der Flaschennahrung, die ihnen das tägliche Leben erleichterte.

So wurde zum Beispiel Karins Mutter mit der Flasche aufgezogen. »Meine Großmutter erzählte vergangene Weihnachten auf die Frage meiner Mutter hin, sie habe natürlich die Flasche gegeben, weil sie damals »zuwenig Milch« produziert habe. Und meine Mutter gestand dann, sie habe auch zuwenig Milch gehabt!«

Auf den ersten Blick könnte man glauben, hier handle es sich wohl um einen »vererbten Milchmangel«. Denn schließlich erzählte man Karin im Krankenhaus ebenfalls, sie habe wohl zuwenig Milch.

Ein erblich bedingter Milchmangel trifft aber nur in den seltensten Fällen zu. Häufig werden Frauen durch das Argument »zuwenig Milch« verunsichert, doch es entspricht eher den Interessen des Klinikpersonals als einem körperlichen Mangel. Die Menge der Milchproduktion wird nicht durch vererbte Mechanismen bestimmt.

Wesentlich an diesem Beispiel ist aber nicht die Frage nach Erbmechanismen, sondern die meistens unbewußte Weitergabe von Einstellungen der Eltern an ihre Kinder. Karins Großmutter, Karins Mutter und sie selbst haben kleine Brüste. Die Größe der Brüste wird tatsächlich vererbt, jedoch nicht die Menge der Milchproduktion. Von der Größe leiteten die Frauen in dieser Familie aber ab, sie hätten zuwenig Milch.

Dabei vergaßen alle Frauen, daß nicht die Größe entscheidend ist, sondern die Einstellung zum Stillen der eigentliche Aulöser aller weiteren Probleme war.

Bei genauerem Hinsehen stellte sich nämlich heraus, daß die Großmutter der Familie nicht gerne Körperkontakt pflegt. Das konnten wir auch während unserer Interviews beobachten, zum Beispiel, als die Mitglieder dieser Familie einander begrüßten. Oma nahm zwar die Tochter und Enkeltochter in den Arm, aber sie verhielt sich dabei sehr distanziert. Ihr ganzer Körper versteifte sich bei der Umarmung.

In den weiteren Gesprächen kristallisierte sich heraus, daß die Großmutter eine Abneigung gegen einen zu engen Körperkontakt empfand. Wir können das hier aus Platzgründen nicht weiter analysieren, wollen aber zumindest festhalten, daß sie diese Einstellung hatte (und noch hat), mit der eine innere Ablehnung des Stillens einherging. Allerdings gehört sie einer Generation an, die engen Körperkontakt nicht gewohnt war. Damals war es nicht so üblich wie heute, seine Zuneigung zu jemandem auch körperlich auszudrücken und zu zeigen.

Diese Haltung und die vorhandene kleine Brust (sowie die falsche Information, sie gäbe zuwenig Milch) führten in einer Zeit, in der die Flaschennahrung stark propagiert wurde, zu dem Ergebnis: Es wird nicht gestillt! Die dafür angegebenen Gründe erklären sich aus dem damals schlechten Informationsstand und den unbewußten Neigungen der Menschen dieser Zeit, jedem intensiven Körperkontakt aus dem Weg zu gehen.

Nun hat das Nichtstillen Karins Mutter gesundheitlich keineswegs geschadet. Im Gegenteil, es handelt sich um eine gesunde, selbstbewußte Frau. Allerdings bestehen noch heute diverse (andere) Probleme mit ihrer Mutter, die sich aus dem fehlenden früheren Körperkontakt erklären ließen. Karins Mutter fühlt sich selbst heute, als erwachsene Frau, zum Beispiel von ihrer Mutter »nicht richtig geliebt«.

Halten wir also fest: Wenn nicht gestillt wird, schadet das zwar gesundheitlich nicht, aber es kann auf anderen Ebenen zu Mängeln kommen, die nach Jahren das Verhältnis zwischen Mutter und Kind belasten. Damit das nicht eintritt, muß man, wenn man aus bestimmten Gründen auf das Stillen verzichtet, die beim Stillen entstehende körperliche Nähe zwischen Mutter und Kind durch etwas anderes ersetzen, will man ähnlichen Problemen wie den beschriebenen vorbeugen.

Setzen wir aber zunächst mit dem Verhalten der Schwestern im

Krankenhaus fort, das junge Mütter mit Stillproblemen auf eine völlig falsche Fährte führen kann und ihre Probleme nicht nur verschleiert, sondern verstärkt.

Organisationsprobleme in Krankenhäusern

Wenn Sie sich während einer Schwangerschaft entscheiden, Ihr Kind im Krankenhaus zu gebären, dann sollten Sie sich über die dortigen Voraussetzungen informieren. Zwar finden sich inzwischen eine ganze Reihe sehr engagierter Krankenhausträger, die mit ihren Programmen versuchen, den Wünschen werdender Mütter nach einer natürlichen Geburt und den dazugehörigen Bedingungen entgegenzukommen. Aber man darf dabei nicht vergessen: Das Personal in den Krankenhäusern hat meistens andere Ziele, die zwar verständlich sind, aber den Bedürfnissen der Mütter nicht immer entsprechen.

Funktionsabläufe im Krankenhaus bestimmen die Vorgangsweise

Die Funktionsabläufe eines jeden Krankenhauses sind nach den Bedürfnissen des Personals, hier der Ärzte, Schwestern und Hebammen, ausgerichtet und nicht oder nur selten nach den Bedürfnissen der Schwangeren. Als Beispiel sei die Geburtshaltung erwähnt. Das Liegen einer Schwangeren bei der Geburt erleichtert nur dem Personal die Arbeit, aber nicht der Gebärenden. Es ist sogar eher hinderlich und den Gesetzen der Schwerkraft nicht entsprechend, wenn man bei der Geburt liegt. Nur für den Arzt und für die Hebamme ist es besser, wenn die Frau liegt, weil sie dann leichter arbeiten können.

Mit der Ernährung der Babys verhält es sich ähnlich. Bietet ein Krankenhaus die Möglichkeit, Babys bei den Müttern zu lassen, bedeutet das für das Pflegepersonal einen zusätzlichen Aufwand. Die Kinder müssen mehrfach am Tag hin und her transportiert werden, beim Stillen entstehen mehr Probleme als bei der Flaschennahrung und so fort.

Und wenn Schwierigkeiten auftreten, ist das Personal gefordert, mit Rat und Tat zu helfen, es wird also »belästigt« und muß mehr arbeiten. »Problematische« Frauen und ihre Kinder bedeuten einen Mehraufwand an Pflege und Beratung. Bei Schwierigkeiten mit der Flasche können die Schwestern das Baby dagegen nehmen, ihm im Säuglingsraum selbst schnell die Flasche geben und so den Aufwand verringern.

Denn Flaschenbabys beginnen nicht nur schneller, durchzuschlafen, sondern sie schlafen auch länger als Stillbabys. Das erklärt sich dadurch, daß der Nährwert der konzentrierten Flaschennahrung, quantitativ betrachtet, höher ist als der der Muttermilch. Qualitativ entspricht er nicht dem der Muttermilch, denn der Flaschennahrung fehlt vieles, das Muttermilch enthält.

Für das Pflegepersonal ist es also leichter, den zahlreichen Babys die Flasche zu geben, als andauernd zur Mutter gerufen zu werden, weil das Stillen nicht gelingt. Daher verwundert es nicht, daß in vielen (zu vielen Krankenhäusern) sogar die Versuche junger Mütter, unter großen Mühen ihre Kinder zu stillen, heimlich mit Absicht untergraben werden. An Vorwänden, mit denen eine junge Mutter und ihr Baby dazu gebracht werden können, das schwierige Stillen einzustellen und auf die unkomplizierte Flaschennahrung auszuweichen, mangelt es nicht:

»Die Schwestern erzählten mir, ich hätte zuwenig Milch, und nahmen mir das schreiende Baby ab. Dann brachten sie es ins Säuglingszimmer, und ich hatte meine Ruhe und genoß das auch!« erzählte Karin.

Ohne daß Karin davon etwas wußte, gab die Schwester dem kleinen Schreihals Martin einfach eine Flasche. Sie können sich leicht vorstellen, was nun geschah: Martin war sofort ruhig und zufrieden und vor allem satt. Später brachte die Schwester das Kind zum vorgesehenen und mit Karin abgesprochenen Zeitpunkt wieder zum Stillen ins Zimmer. Aber Martin war noch satt und wollte gar nicht trinken. Also traten wieder Probleme auf. Die Schwester nahm das

Baby wieder mit. Karin konnte sich ausruhen, und Martin wurde später wieder mit der Flasche gefüttert.

Für Karin hatte das aber noch andere Konsequenzen. Da Martin nicht an der Brust trank, wurde die Milchproduktion nicht angeregt und vergrößerte sich daher auch nicht, sondern reduzierte sich. Angeblich hatte Karin ohnedies zuwenig Milch, nun wurde es noch weniger – aber nicht, wie vermutet, aus erblich bedingten Gründen, sondern weil die Nachfrage fehlte.

»Nach ein paar Tagen sagte die Schwester zu mir: ›Es ist wohl besser, wenn wir Martin die Flasche geben, sonst nimmt er noch Schaden, wo Sie sowenig Milch haben!‹« Und welche Mutter möchte schon das Risiko eingehen, daß ihr Kind durch ihr »Verschulden« – weil sie zuwenig Milch hat – zu Schaden kommt.

So waren, oberflächlich betrachtet, vorläufig alle zufrieden: Die Mutter war beruhigt und hatte ihre Ruhe, brauchte sich nicht weiter mit den Stillproblemen auseinanderzusetzen, die Mitarbeiter hatten einen geregelten Arbeitsablauf, und Martin wuchs und gedieh prächtig. Doch es wäre so einfach gewesen, Karins Milchproduktion auf natürliche Weise anzuregen.

So können Sie alle Stillprobleme erfolgreich bewältigen

Ein großer Teil der meisten Stillprobleme geht auf eine falsche Einstellung zum Stillen oder zur Flaschennahrung zurück. Bevor man sich näher mit den eigentlichen Problemen beim Stillen befaßt, kann es daher sinnvoll sein, zunächst die eigene Einstellung zu prüfen. Die meisten Frauen begehen den Fehler, ihre Einstellung außer acht zu lassen, weil sie sich auf die »technischen« Probleme beim Stillvorgang konzentrieren.

Diese sind aber mit ein wenig Geschick schnell anders zu arrangieren. Wichtiger ist es, zuerst die eigenen Wünsche zu prüfen.

Stillen oder Flaschennahrung? Ihre Einstellung ist wichtig

Bevor man sich also mit den Tricks und Tips befaßt, wie man Stillprobleme auf einfache und elegante Art und Weise beseitigt, sollte die Mutter sich fragen, worauf es ihr ankommt:

Was wollen Sie mit dem Stillen erreichen? Wollen Sie dafür Sorge tragen, daß Ihr Kind den bestmöglichen Schutz vor Krankheiten (während der ersten Lebensmonate) erhält, die Abwehrkräfte der Muttermilch? Wollen Sie über das Stillen eine innige Beziehung zu Ihrem Kind aufbauen? Oder wollen Sie die kostengünstige Ernährungsform praktizieren? Wollen Sie über das Stillen erreichen, daß Ihr Kind bald durchschläft und Sie immer mehr Ruhe für sich finden?

Wenn diese (oder andere) Motive Ihre Wahl begründen, könnten Sie ohne weiteres stillen. Doch wenn Sie in Ihrem Inneren ein Gefühl der Ablehnung spüren, das sich gegen das Stillen wendet, sollten Sie es ernst nehmen, bevor Sie sich hinter Stillproblemen verschanzen. Die meisten Stillprobleme gehen nämlich auf (unbewußte) Ablehnung zurück. Dabei ist es zunächst unerheblich, ob die Ablehnung sich gegen den Vorgang als solchen oder gegen das Baby richtet. Nur in den seltensten Fällen wird einer jungen Mutter bewußt sein, daß sie ihr Kind ablehnt. Jede Mutter würde diesen Vorwurf mit Vehemenz zurückweisen. Doch damit hilft sie weder sich selbst noch dem Kind.

Die diffuse Ablehnung kann ja auch, wie wir zu zeigen versuchten, eine andere Quelle haben. Die innere Abwehr gegen den Stillvorgang kann zum Beispiel das Ergebnis der eigenen Stillerfahrungen als Baby sein, die auf die Ablehnung durch die eigene Mutter zurückgehen. In diesem Fall äußert sie sich meistens in Form einer rationalen Begründung: »Ich habe zuwenig Milch« oder »Meine Brust ist zu klein!«

Keine Mutter sollte, wenn sie solche Gedanken und Gefühle verspürt, darüber hinweggehen. Das wird sich später rächen, indem es zu vielfältigen anderen, nicht mehr auf diese Ursache zurückzuführenden Schwierigkeiten mit dem Kind kommt. Deswegen ist es besser, sich frühzeitig bewußt zu machen, weshalb man dieses Kind vielleicht ablehnt. Es ist hilfreicher, man gesteht sich diese Ablehnung ein und kann entsprechend reagieren, als sie zu verdrängen und ihr die Möglichkeit zu lassen, in unserem Unterbewußtsein unkontrolliert Schaden anzurichten.

Die nicht ins Bewußtsein gehobene Ablehnung wird sich ein Ventil suchen und an anderer Stelle in anderem Gewand zum Vorschein kommen. Die bewußt gewordene Ablehnung aber kann bearbeitet und beseitigt oder transformiert werden. Sieht man sie sich näher an, kann man zu ihr stehen und sie verstehen lernen. Ein Beispiel soll dies zeigen:

Vor vielen Jahren hatten wir in unserer Ehe eine schwierige Situation zu bewältigen. Wolfgang war alkoholkrank und trank sehr viel. Er wollte nicht damit aufhören (und konnte es damals ohne Hilfe auch nicht). Ich wandte mich immer mehr von ihm ab und war kurz davor, ihn zu verlassen. In dieser Zeit wurde aber unser Sohn Fabian gezeugt. Natürlich freute ich mich über die Geburt, aber es schlichen sich auch Zweifel ein – Zweifel, ob das so richtig sei, ein Kind in die Welt zu setzen, obwohl ich daran dachte, mich von meinem Mann zu trennen.

Ein paar Monate später verließ ich meinen Mann und stand nun mit zwei Kindern allein. Sarah war vier Jahre und Fabian einige Monate alt. Er war auf der einen Seite sichtbares Zeichen unserer Verbindung, auf der anderen Seite erinnerte er mich aber ebenso daran, daß unsere Ehe gescheitert war.

Viele Nächte schlug ich mit Gedanken und Gefühlen herum, die sich ebenfalls gegen dieses Kind richteten, das keinerlei Schuld traf. Es fiel mir schwer, mit diesen widersprüchlichen Gefühlen zu leben und dabei den Jungen zu lieben! Doch ich konnte mich dazu durchringen und heute bin ich froh darüber. Diese Auseinandersetzung mit mir selbst und meinen Gefühlen, auch denen der Ablehnung, hat mir geholfen, Fabian trotz allem lieben zu können. Und es hat mir geholfen, mir eingestehen zu können, ihn manchmal nicht zu mögen und mir zu wünschen, er sei nicht geboren worden.

Heute weiß ich, daß es richtig war. Wolfgang und ich leben inzwischen wieder zusammen. Wolfgang trinkt seit damals keinen Tropfen Alkohol mehr, und Fabian ist inzwischen zu einem großen Jungen herangewachsen, den wir auf keinen Fall missen möchten. Wer weiß, was geschehen wäre, wenn ich mir meine Ablehnung nicht eingestanden und sie verdrängt hätte?

Es schadet also weder dem Kind noch der Mutter, wenn sie sich Ablehnungsgefühle eingesteht. Im Gegenteil, es führt letztlich zu einer Entscheidung, und zwar für das Kind, das nun einmal da ist. Aber um sich bewußt für das Kind zu entscheiden, muß man auch seine anderen, ablehnenden Gefühle zulassen.

Sollten Sie also bemerken, daß irgendwo etwas nicht stimmt, dann ziehen Sie auch Ihre Ablehnung des Kindes in Betracht und geben Sie nicht vor, sie existiere nicht. Ihr Kind wird es Ihnen später danken, indem es zu einem gesunden Menschen heranwächst und nicht ein (heimlich abgelehntes) Kind wird, das sich mit auffälligem Verhalten gegen diese nicht geäußerte Ablehnung zur Wehr setzt.

Große Brust – kleine Brust: Welchen Einfluß haben körperliche Voraussetzungen?

Wenn Sie sich auf diese Weise ehrlich mit Ihren verborgensten Gefühlen und Gedanken auseinandergesetzt und eine Entscheidung getroffen haben, dann können Sie sich mit ruhigem Gewissen den »technischen« Stillproblemen zuwenden. Und diese sind leichter zu lösen, als Sie bisher glaubten. Dazu brauchen Sie jedoch einige Informationen:

Die Brustform wird durch die Beschaffenheit des Bindegewebes und des Brustmuskels vorgegeben. Darauf können Sie zunächst nicht einwirken, denn diese sind genetisch festgelegt. Wenn Sie großen Wert auf das Aussehen Ihrer Brüste legen und einem (männlich orientierten) Schönheitsideal anhängen, vermögen Sie die Form und Beschaffenheit Ihrer Brust durch regelmäßiges Training positiv zu beeinflussen. Übermäßige Dehnung können Sie

aber auch durch richtiges Verhalten beim Milcheinschießen und beim Milchstau vermeiden.

Die Brustgröße hat auf das Stillen keinerlei Einfluß. Der entscheidende Faktor beim Stillen ist die Nachfrage nach Milch durch das Baby. Die Luxemburger Expertinnen für Stillfragen CORINNE LAUTERBOUR, MARYSE LEHNERS und CHRISTIANE THOMMES schreiben in ihrem Buch *Stillen: Ein Handbuch von A–Z*: »Die Brustgröße spielt für das Stillen absolut keine Rolle. Die unterschiedliche Brustgröße ist abhängig von Veranlagung, Körperbau usw. Das Drüsengewebe in einer kleinen Brust ist genauso leistungsfähig wie das einer großen Brust.«

Was geschieht in der Brust? Wie gelingt das Stillen?

Eine Brust besteht aus Bindegewebe, Fettgewebe und milchproduzierendem Drüsengewebe. Muskeln bilden den Halteapparat. Das Drüsengewebe setzt sich aus vielen Alveolen (Milchdrüsenbläschen) zusammen. Von diesen führen Milchgänge zur Brustwarze. Kurz vor dem Ausgang in der Brustwarze sitzen sogenannte »Milchseen«, die Vorratsspeicher der Brust.

Schon bevor das Baby geboren wird, bereitet der Körper der Mutter sich auf die Produktion von Milch für ihr Kind vor.

Während der Schwangerschaft werden Hormone ausgeschüttet, zum Beispiel Prolaktin, die die Milchproduktion einleiten. Zunächst vergrößern sich die Brüste, das Drüsengewebe nimmt zu. Schon vor der Geburt wird etwas Vormilch, Kolostrum, gebildet, die nach dem Vorgang der Geburt schlagartig einschießt.

Nun kommt es entscheidend darauf an, was weiterhin geschieht. Die Natur hat es nämlich so eingerichtet, daß Mutter und Kind genau aufeinander eingespielt sind. Die Saugbewegungen des Babys fördern im Körper der Mutter die Produktion bestimmter Hormone, die für die Milchproduktion zuständig sind. Es handelt sich um einen fein abgestimmten Vorgang.

Wenn anfängliche Stillprobleme dazu führen, daß das Kind nicht mehr an die Brust gelegt wird, fehlt dem Körper der Mutter der

Saugreflex des Babys und damit auch die Anregung der Hormonproduktion. Als Folge davon ergehen jetzt keine Signale mehr an die »Milchfabrik« mit der Aufforderung, Milch zu produzieren, und sie verringert die Produktion. Das Ergebnis ist: zuwenig Milch!

Erst wenn man das Baby so lange anlegt, bis es mit seinen Saugversuchen genug Milch anfordert, kommt es nach ein paar Stunden (oder Tagen) zu einer verstärkten Milchproduktion und damit zu genügend Nahrung für das Kind.

Lassen Sie sich also nicht davon beunruhigen, wenn das Stillen nicht sofort gelingt, sondern versuchen Sie es einfach immer wieder. Schon nach kurzer Zeit werden Sie bemerken, wie immer mehr Milch einschießt und Ihr Baby zufrieden trinkt.

Und noch etwas, das sehr wichtig ist und von vielen jungen Müttern ebenfalls oft nicht beachtet wird: Legen Sie Ihr Baby immer dann an die Brust, wenn es Hunger hat.

So finden Sie und Ihr Kind den richtigen Rhythmus

Viele Mütter glauben, sie müßten ihrem Kind einen bestimmten Rhythmus aufzwingen, damit es lernt, zu bestimmten Zeiten zu trinken und irgendwann, sehnlichst erwartet, durchzuschlafen.

Dabei kommt es immer wieder zu Problemen, die darauf zurückgehen, daß Säuglinge nicht an einen bestimmten Rhythmus zu gewöhnen sind. Der kindliche Magen und Verdauungsapparat ist während der ersten Tage und Monate noch nicht in der Lage, längere Zeit ohne Nahrung auszukommen. Im Gegenteil, auch hier ist der kindliche Organismus genau auf den mütterlichen Organismus abgestimmt. Das Baby kann genausoviel Nahrung verdauen, wie die Muttermilch enthält. Und da diese flüssig ist und flüssige Nahrung schnell verdaut wird, dauert es gerade in der ersten Zeit nicht sehr lange, bis der kleine Schreihals wieder Hunger verspürt. Wenn Sie nun versuchen, nicht nach seinem Appetit zu füttern, sondern nach einem Schema, provozieren Sie unnötiges Geschrei. Das Baby hat Hunger, es bekommt nichts, der empfindliche Ernährungshaus-

halt des kleinen Körpers gerät in ein Ungleichgewicht, der Körper signalisiert Gefahr, das Baby schreit.

Am besten geben Sie Ihrem Baby am Anfang immer dann etwas zu trinken, wenn es danach verlangt. Das kann gerade in den ersten Tagen schon in einer halben Stunde verdaut sein, und das Baby schreit erneut. Füttern Sie immer dann Ihr Kind, wenn es etwas zu essen haben möchte. Während der ersten Wochen nimmt ein Baby nicht unnötig zu. Denn mit Muttermilch können Sie Ihr Baby nicht überfüttern.

Wenn Sie so vorgehen, tun Sie nicht nur dem kleinen heranwachsenden Magen und Verdauungsapparat etwas Gutes, sondern auch sich selbst. Denn auf diese Weise fördern Sie das altersgemäße Wachsen des Verdauungsapparats und seine zunehmende Verdauungsfähigkeit. Das hat zur Folge, daß das Baby immer mehr trinkt, immer länger satt sein und Ihnen größere Pausen lassen wird.

Am Anfang wird es etwa alle halbe Stunde nach der Brust verlangen, dann werden die Abstände von Tag zu Tag, von Woche zu Woche größer. Und wenn Sie es richtig handhaben – und etwas Glück hinzukommt –, wird es nach etwa zwei Monaten das erste Mal vier bis fünf Stunden lang satt sein und ein paar Tage später die erste Nacht durchschlafen!

Je mehr Sie sich nach den langsam wachsenden Fähigkeiten Ihres Kindes richten, mit der Nahrung besser fertig zu werden, desto eher wird es durchschlafen. Lassen Sie sich hier von Ihrem Kind führen, es weiß in diesem Fall am besten, was es braucht. Lernen Sie von Ihrem Baby und zwingen Sie ihm auf keinen Fall irgendeinen Rhythmus auf. Es dankt es Ihnen mit langen Stunden wunderbaren Schlafes. Probieren Sie es aus – es gelingt.

Alternativen zum Stillen

Flaschennahrung – einige Hinweise

Kehren wir noch einmal kurz zu unseren Fragen um das Stillen zurück. Sie wissen nun, wie einfach man stillen kann, und sollten sich selbst überlegen, ob Sie stillen wollen. Wenn Sie aber aus irgendeinem Grund glauben, nicht stillen zu wollen, so geben Sie Ihrem Kind die Flasche.

Flaschennahrung schadet nicht, auch wenn man Ihnen etwas anderes erzählt hat. Man kann mit der Flasche völlig gesunde Babys aufziehen, wenn man darauf achtet, die Kinder nicht zu überfüttern. Denn die Flaschennahrung ist reichhaltiger an Nährstoffen als Muttermilch. Außerdem ist Flaschennahrung heute auch weitgehend allergenfrei, löst also kaum Nahrungsmittelallergien aus. Allerdings muß man die geeignete Flaschennahrung zum richtigen Zeitpunkt füttern.

Fertige Flaschennahrung trägt verschiedene Bezeichnungen, die ihre besondere Aufbereitung deklarieren:

Bei *adaptierter Milchnahrung* bedeutet »adaptiert«, daß hier die Nahrung der Muttermilch angeglichen ist. Zum Beispiel: *Hippon A, Lactana A, Manasan, Multival 1* und *2, Pre Aletemil, Pre Aponti, Pre Aptamil, Pre Beba, Pre Humana, Pre Milumil.*

Teiladaptierte Milchnahrung ist der Muttermilch teilweise angeglichen. Zum Beispiel: *Aletemil, Aponti 1, Aptamil, Beba 1, Hippon 1, Humana 2, Humana Babyfit, Lactana B, Milumil, On fürs Kind – KiNa, On fürs Kind – Milasan neu.*

Als *Folgemilch* wird eine Aufbauernäherung nach dem Stillen bezeichnet. Zum Beispiel: *Aletemil plus, Aponti 2, Beba 2, Hippon 2, Humana Folgemilch, Nektamil.*

Eine *antigenreduzierte Milchnahrung* weist auf ein Fertigprodukt hin, dem man alle Stoffe zu entziehen versucht hat, welche eine Allergie verursachen können. Einer der Hauptauslöser von Nahrungsmittelallergien ist das Kuhmilcheiweiß. Vermeiden Sie also auf alle Fälle, auch im Notfall, Ihr Kind mit Kuhmilchprodukten zu füttern. Zum Beispiel: *Aletemil HA, Aptamil hypoantigen, Beba HA*.

Babynahrung »hausgemacht«?

Gerade ernährungsbewußte Eltern, und vor allem die Mütter, trachten danach, ihre Babys möglichst schadstofffrei und entsprechend ihren eigenen Nahrungsgewohnheiten zu ernähren. Das kann für das Baby lebensgefährlich sein!

Der Verdauungsapparat des Säuglings ist nicht in der Lage, bestimmte Frischkornprodukte, wie Frischkornbrei (nach MAX O. BRUKER), zu verdauen. Der Säuglingsmagen ist damit überfordert, weil er die entsprechenden Säuren noch nicht produziert, die notwendig sind, um dieses komplexe Nahrungsmittel zu zerlegen.

Anderen Zubereitungen, die bei ökologisch bewußt lebenden Eltern, auch bei Vegetariern, beliebt sind, fehlen eine ganze Reihe von für das Baby lebenswichtigen Stoffen! Es kommt zu lebensbedrohlichen Mangelsituationen, die auch die Entwicklung des noch unvollständig ausgebildeten Gehirns schädigen können.

Darüber hinaus ist die Gefahr einer Allergie sehr groß, weil es sich um Stoffe in Lebensmitteln aus fremden Ländern handelt (zum Beispiel Sojamilch, Kokos- und Mandelmilch).

Babynahrung sollten Sie daher keinesfalls selbst herstellen. Denn was der Nahrungsmittelindustrie mit ihren Forschungslabors nur ansatzweise gelungen ist, nämlich ein ungefährliches Produkt für die Babyernährung herzustellen, ist dem Laien unmöglich.

Erst wenn das Kind älter und sein Verdauungsapparat voll ausgebildet ist, kann man langsam dazu übergehen, selbst etwas zuzubereiten. Aber auch dann muß man darauf achten, nicht Maßstäbe von Erwachsenen an das Essen anzulegen.

Wenn Sie nicht stillen möchten, beraten Sie sich mit Ihrem Kinderarzt oder Ihrer Hebamme, um das richtige Fertigprodukt herauszufinden.

Die Stilldauer sollte etwa drei bis sechs Monate betragen. Manche Mütter stillen länger, aber das hat keinerlei positive Effekte mehr. Im Gegenteil, beim Stillen wird ein Hormon freigesetzt, das die Sexuallust mindert. Wer länger stillt, muß also damit rechnen, daß er damit eventuell das Sexualleben stark verändert (meist ohne den Grund zu bemerken).

Schlafstörungen bei Säuglingen und Kleinkindern

Wer kennt das nicht: Erst können unsere Kinder nicht ins Bett finden, dann können sie nicht einschlafen und manchmal rauben sie uns auch nachts noch den eigenen, schwer verdienten Schlaf. Wenn Sie zu den Eltern gehören, deren Kinder Ein- und/oder Durchschlafprobleme haben, so ist es zunächst wichtig zu wissen, daß es sich bei den Schlafstörungen im Kleinkindalter um normale Anpassungsprobleme der Kinder handelt und man den Kindern bei der Anpassung an einen gesunden Tag- und Nachtrhythmus helfen kann.

Sybille, das unruhige Kind

Tina (29) ist Modefotografin und seit vier Jahren mit Mike (32), einem Rockgitarristen, verheiratet. Die beiden sind beruflich viel unterwegs. »Aber jetzt ist das weniger geworden, seit Sybille geboren wurde. Sybille ist drei Monate alt, und wir haben sie von klein auf daran gewöhnen wollen, unser Leben, das sich auf Tour und viel in Hotels abspielt, mitzumachen«, berichtete Tina während der ersten Interviews mit uns.

»Seit ein paar Wochen ist Sybille sehr unruhig. Sie schreit viel, aber läßt sich auch schnell wieder beruhigen. Nur mit dem Einschlafen klappt es zur Zeit nicht so gut. Wenn ich sie abends ins Bett bringen will, zappelt sie noch eine ganze Zeit lang herum und kräht auch sehr viel dabei. Manchmal dauert es über zwei Stunden, bis sie endlich schläft. Mike und ich fangen langsam an, uns Sorgen zu machen, ob das noch normal ist!«

Im weiteren Gespräch kristallisierte sich heraus, daß Tina und Mike jeden Monat einige Zeit in anderen Städten verbringen und sich die Schlafenszeiten für das Baby nicht immer gleichmäßig einhalten lassen. Mike spielte die Probleme herunter: »Ich meine, das Kind muß sich daran gewöhnen, daß sein Papa ein Rockstar ist. Und wenn es abends länger auf ist, schadet das nicht, denn später wird es, wie wir, auch zum Nachtmenschen werden.«

Da war Tina anderer Meinung: »Ich glaube, jeder Mensch hat einen eigenen Rhythmus, auch was den Schlaf betrifft, und wir zwingen dem Kind unseren Rhythmus auf. Ich habe daran meine Zweifel, ob Sybille das so ohne weiteres verdauen wird.«

Damit war Tina nicht weit von der Wahrheit entfernt.

Stefan wird immer wieder wach

Jessica (34), Ergotherapeutin in einer großen Klinik, sorgte sich wegen ihres Sohnes Stefan (vier Monate), der seit einiger Zeit nachts immer wieder wach wurde und dann zu weinen anfing. »Beim ersten Mal habe ich noch gedacht, das ginge vorüber. Vielleicht hat der Junge Alpträume gehabt. Aber beim zweiten und dritten Mal wurde ich doch etwas nervös und überlegte, was wohl mit dem Jungen los sein könnte?«

Jessicas Partner, der 38jährige Simon, der in der gleichen Klinik als Verwaltungsleiter arbeitete, versuchte seine Lebenspartnerin zu beruhigen: »Ich glaube, Stefan macht gerade so eine Phase durch, in der er sich mit vielem beschäftigt, das tagsüber passiert. Das geht wieder vorüber!«

»Wir hatten da entgegengesetzte Ansichten und stritten viel darüber, wie man damit umgehen müßte. Simon fing an, mir Vorwürfe zu machen und mir vorzuhalten, wie ich eigentlich mit dem Jungen umgehen müßte. Vor allem meinte er, ich sei viel zu nervös und würde das auf das Kind übertragen.«

Es dauerte nicht lange, da hatten sich die beiden »in der Wolle«, wie Jessica es ausdrückte. Sie stritten immer häufiger über die »richtigen Erziehungsmethoden«.

»Unsere Partnerschaft geriet über Stefans Durchschlafstörungen in eine richtige Krise. Aber wir bemerkten gar nicht, wie wir uns von dem eigentlichen Problem entfernten und uns nur noch über unsere unterschiedlichen Ansichten unterhielten. Am Schluß ging es nicht mehr um Stefan, sondern nur noch um uns. Mir fiel auf, wie ich mich gefühlsmäßig von Simon entfernte, wie ich richtig ärgerlich auf ihn wurde.«

Jessicas und Simons Partnerschaft kam durch die Schlafstörungen des Kindes in eine unsichere Phase. Jessica erlebte sich als mit dem Problem allein und hatte das Gefühl, ihr Lebenspartner würde sie nicht unterstützen, sondern sogar noch angreifen.

»Ich getraute mich nach einigen Wochen gar nicht mehr, abends von Stefans Problemen zu erzählen, weil ich Angst hatte, Simon würde mich angreifen, mir Vorwürfe machen, ich verhielte mich als Mutter nicht richtig!«

Durch unsere Gespräche mit dem Paar kristallisierte sich heraus, daß es neben den offensichtlichen Schlafstörungen ihres Kindes noch andere Schwierigkeiten hatte, die durch die Schlafstörungen des Jungen »an die Oberfläche kamen«.

Sabine hat Ein- und Durchschlafprobleme

Bei den Ulmanns war es ähnlich. Mareike (37), Ärztin in einer Gemeinschaftspraxis, bekam ebenfalls über die Ein- und Durchschlafprobleme ihrer Tochter Sabine (fünf Monate) Ärger mit ihrem Mann Peter (39), Oberarzt in einem Krankenhaus.

»Ich hatte meinen Tagesablauf perfekt organisiert. Das ging auch gar nicht anders, wollte ich trotz des Kindes weiter berufstätig bleiben. Ich machte Sabine morgens fertig, und noch während wir alle frühstückten, kam unsere Tagesmutter Clarissa. Dann verschwanden wir zu unserem Arbeitsplatz, und Clarissa kümmerte sich den ganzen Tag um Sabine. Mittags kam ich nach Hause, Peter blieb im Krankenhaus. Für ihn lohnte es sich nicht, zu Hause zu essen. Ich aß dann mit Sabine und unserer Tagesmutter. Wir sprachen über alle Vorkommnisse und noch offene Erledigungen, dann ging es nachmittags wieder in die Praxis. Am Anfang klappte das alles recht gut«, stellte Mareike rückblickend fest, »bis Sabine abends anfing, Schwierigkeiten zu machen.«

»Wenn ich abends aus der Klinik kam, wollte ich nichts als meine Ruhe. Als diese Sache mit den Einschlafschwierigkeiten von Sabine begann, habe ich zugesehen, daß ich mir das vom Leibe hielt. Ich war einfach zu kaputt, um mich darum auch noch zu kümmern!« meinte Peter in einem der ersten Interviews.

»Das bedeutete für mich, daß ich mich nach einem langen Tag in der Praxis mit Sabine beschäftigen mußte. Anfangs versuchte ich das. Ich setzte mich ans Kinderbett und las ihr etwas vor, spielte noch ein wenig mit ihr und wollte dann endlich auch meine Ruhe. Doch Sabine fing an zu weinen, sobald ich aus dem Zimmer gehen wollte!«

Mareike probierte in der Folgezeit alles mögliche aus, um das Kind zu beruhigen. Als sich nichts besserte, kam sie sogar auf die Idee, ihrer Tochter ein Beruhigungsmittel zu geben.

»Ich dachte, vielleicht helfe ihr das als Übergang, um besser einschlafen zu können. Doch als ich das Peter erzählte, bekam der einen Anfall.«

»Ich fand das unmöglich. Das Kind war augenscheinlich nicht organisch krank, und Mareike gab ihm etwas zur Beruhigung. Ich habe mich fürchterlich darüber aufgeregt. Das Kind mit Beruhigungsmitteln ruhigstellen! Also ehrlich!« Peter regte sich sogar in unserem Gespräch wieder auf, obwohl die Vorfälle inzwischen schon einige Wochen zurücklagen.

»Auf der einen Seite habe ich das ja eingesehen, war im Grunde sogar der gleichen Ansicht wie mein Mann. Aber ich fand es unmöglich, daß er mir zwar Vorwürfe machte und sich gegen meine Ideen wandte, mir aber bei dem Problem, wie bekomme ich das Kind zum Schlafen, nicht half.«

Auch die junge Ärztefamilie kam in eine Krise, die Schwierigkeiten zwischen den Partnern zutage förderte. Zunächst waren sie zwar von den Einschlafschwierigkeiten des Kindes geprägt, dann aber kristallisierten sie sich als Unstimmigkeiten zwischen den Eheleuten heraus.

Nach ein paar Tagen begann Sabine auch, nachts häufiger aufzuwachen. Dann stand Mareike auf. Sie fühlte sich allein für Sabine zuständig. Ihr Ärger Peter gegenüber wuchs. Morgens beim Frühstück machte sie ihm Vorwürfe.

»Nicht genug, daß ich mich nach Feierabend um das Kind kümmere, jetzt muß ich mir auch noch die Nächte um die Ohren schlagen, und du schläfst ruhig weiter. Also so, mein Lieber, habe ich mir das mit Sabine nicht vorgestellt!«

Mareike wußte sich nicht mehr anders zu helfen, als Sabine nachts zu sich ins Bett zu holen, bis sie eingeschlafen war, und sie dann wieder ins Kinderzimmer zu bringen. Aber sie wußte: »Das konnte ja auch keine Lösung auf Dauer sein!«

Ursachen von Ein- und Durchschlafstörungen

Wie bei vielen anderen Störungen, können auch Ein- und Durchschlafschwierigkeiten von Säuglingen und Kleinkindern vielfältige Ursachen haben. Die meisten Gründe sind jedoch mit gutem Willen und etwas pädagogischem Geschick schnell aufzuspüren. Man muß allerdings auch bereit sein, einmal eingeschlagene Wege der Betrachtung zu verlassen und sich die Angelegenheit aus einer anderen Perspektive anzusehen. Neue Perspektiven haben den Vorteil, daß sie Aspekte ans Licht bringen, die man bisher nicht berücksichtigte. Eine solche neue Perspektive kann darin bestehen, sich Störungen des Säuglings oder des Kleinkindes als ein Geschehen zwischen Eltern und Kind anzusehen und nicht, wie bisher, immer nur davon auszugehen, dem Kind fehle etwas, das Kind sei das Problem.

Zwar ist es durchaus sinnvoll, sich zunächst die Störung beim Kind genauer anzusehen und darüber nachzudenken. Aber man sollte nicht dabei stehen bleiben, sondern weitere Gesichtspunkte, die nicht immer nur mit dem Kind zusammenhängen, in seine Überlegungen einbeziehen.

Schlafstörungen signalisieren einen Mangel

Die kleine Sybille aus dem ersten Beispiel machte ihre Eltern, die Modefotografin und den Rockgitarristen, darauf aufmerksam, daß etwas nicht stimmen könne. Bei den Lebensumständen des Paares lag die mögliche Ursache der Schlafstörungen sozusagen »auf der Hand«: Die Eltern führten ein unstetes und abwechslungsreiches Leben, das sie immer wieder an andere Orte führte. Das Kind sollte nach dem Willen der Eltern von klein auf daran gewöhnt werden, sich an diese Bedingungen anzupassen.

Man könnte nun vorschnell meinen, diese Eltern müßten einfach ihren Beruf aufgeben, abends zu Hause sitzen und sich um ihr Kind besser kümmern, dann hätte es wahrscheinlich keine Probleme einzuschlafen. Aber ist das wirklich das Problem? Ist es nicht vielmehr so, daß man die Lebensumstände, in denen man sich bewegt, nur selten so radikal ändern kann?

Zwar ist festzuhalten, daß solche Lebensumstände, wie dieses Paar sie hat, so ungewöhnlich sie auch sein mögen, sicherlich einen Beitrag zu den Schlafstörungen des Kindes leisten, aber sind sie wirklich allein dafür verantwortlich?

Um das zu klären, müssen wir zunächst unseren Blick etwas genauer auf die Schlafrhythmen von Säuglingen und Kleinkindern richten, um herauszufinden, wie sich bestimmte Lebensumstände so umgestalten lassen, daß man nicht gleich alles aufgeben muß, sondern einen Kompromiß zwischen den natürlichen Bedürfnissen des Kindes und den widrigen Gegebenheiten finden kann.

Schlafrhythmen von Kindern

Der kindliche Schlafrhythmus ist nicht, wie viele glauben, etwas ganz Natürliches, das sich einfach einstellt oder einfach von Geburt an vorhanden ist. Er entwickelt sich vielmehr langsam über verschiedene Stufen. Wie diese Entwicklung zu einem gesunden, natürlichen Schlaf verläuft, hat die Wissenschaft zunehmend entschlüsselt.

Diese Entwicklung folgt nicht, wie viele Eltern glauben, einem immer gleichen Muster, sondern ist bei jedem Kind individuell. Jedes Kind findet auf seine eigene Weise zu einem eigenen Schlafrhythmus.

Gerade während der vergangenen zwanzig Jahre haben Wissenschaftler aufsehenerregende Ergebnisse über den Schlaf zutage gebracht. Sie untersuchten den Schlaf in verschiedenen Lebensaltern und stießen zunächst darauf, daß Schlaf nicht gleich Schlaf ist. Sie entdeckten verschiedene Phasen des Schlafs und unterschieden einen oberflächlichen und einen intensiven Schlafzustand.

Den oberflächlichen Schlafzustand nennt man wegen der unruhigen Augenbewegungen REM-Schlaf (»REM« ist die Abkürzung für »rapid eye movement«). Während dieser Schlafphase atmen wir unruhig, die Augen bewegen sich (unter den geschlossenen Augenlidern) hin und her, das Elektroenzephalogramm (EEG), das die Gehirnstörme aufzeichnet, hat ein charakteristisches Muster, und wir bewegen uns auch unruhig im Bett. Der tiefe Schlaf hingegen, der Non-REM-Schlaf, ist von einem anderen Muster im Elektroenzephalogramm gekennzeichnet, außerdem von tiefer motorischer Ruhe. Ihm fehlen vor allem die raschen Augenbewegungen hinter den geschlossenen Lidern. Die Atmung ist tief und regelmäßig.

Diese beiden Schlafphasen finden wir schon bei Säuglingen.

Aber sie sind noch nicht so ausgeprägt wie beim Erwachsenen. Daraus können wir schließen: Das Kind schläft noch wesentlich unruhiger als der Erwachsene, und vor allem sind die Schlaf- und Wachphasen noch nicht entsprechend ausgeprägt.

Das Neugeborene bringt die Schlafgrundausstattung zwar schon mit, aber sie ist noch nicht vollständig entwickelt.

Das bestätigt sich auch, wenn man sich das Schlafverhalten von Menschen in verschiedenen Lebensaltern ansieht. Neugeborene schlafen im Durchschnitt etwa 16 Stunden lang, Neunzigjährige hingegen nur noch etwa sechs Stunden.

Das Schlafverhalten des Menschen ist also einem beständigen Wechsel, auch über die verschiedenen Lebensalter hin, unterworfen. Man kann auch sagen, von Geburt an werden die Wachphasen des Menschen bis zum hohen Alter immer länger.

So wie der Schlaf bestimmte Funktionen beim Menschen erfüllt und verschiedenen Zyklen unterworfen ist, hat das Wachsein ebenfalls unterschiedliche Qualitäten. Wir können leicht an uns selbst feststellen, daß wir nicht den ganzen Tag über gleichmäßig leistungsfähig sind, sondern unterschiedliche Phasen von hoher und weniger hoher Aktivität haben. Wir kennen den Ausdruck »Morgenmuffel« und meinen damit einen Menschen, der morgens nur schwer »in Gang kommt«. Andererseits sind manche Menschen sofort nach dem Aufstehen hellwach und können aktiv sein.

Ähnlich verhält es sich bei Neugeborenen. Sie werden mit einer genetisch festgelegten Schlafstruktur geboren. Der Grundrhythmus der Schlaf- und Wachphasen ist über die Erbanlagen festgelegt. Aber er ist nicht bei allen Babys gleich, sondern variiert sehr stark.

Der Grundrhythmus wird »zirkadianer« Rhythmus genannt, weil er sich in etwa an den Tag- und Nachtwechsel anlehnt. Wie der Name schon sagt, entspricht dieser Rhythmus bei den meisten Menschen aber nicht genau der Periodendauer von 24 Stunden (»zirkadian« kommt vom lateinischen »circa« = »unfähr« und »dies« = »Tag«).

Nicht nur der Schlaf und das Wachsein, sondern all unsere Organfunktionen unterliegen einem zirkadianen Rhythmus. Unser

Herz schlägt nachts anders als am Tage, morgens anders als am Abend und so weiter. Die Nieren scheiden nachts weniger Urin aus als am Tage. Unser Stoffwechsel produziert nachts andere Hormone als am Tage. Kinder wachsen nachts mehr als am Tage.

Diese zirkadianen Rhythmen sind zwar genetisch verankert, aber gleichzeitig ist ihre ordnungsgemäße Ausbildung von den Umwelteinflüssen abhängig. Wir können die Bedeutung dieses Phänomens am besten an einem anderen Beispiel, dem der Körpergröße und des Körpergewichts verstehen.

Auch Körpergröße und Körpergewicht sind genetisch festgelegt. Bei der Geburt steht im wesentlichen fest, wie groß jemand von seinen Erbanlagen her werden kann. Die mögliche Struktur für Körpergröße und Gewicht ist schon vorhanden. Doch der Säugling läßt noch nicht ahnen, wie groß und wie schwer er später sein wird. Das muß sich im Verlauf seines Lebens erst entwickeln. Ebenso läßt sich am Beispiel des Körpergewichts zeigen, daß sogar genetische Faktoren, obwohl sie eigentlich feststehen, durch die Umwelt stark variiert werden können.

Denn wie schwer eine Person als Erwachsener tatsächlich sein wird, hängt auch von den Ernährungsgewohnheiten innerhalb seines Kulturkreises ab und vor allem davon, inwieweit sie oder er sich diesen Gewohnheiten anschließt. Ähnlich verhält es sich mit dem zirkadianen Rhythmus, also auch beim Wachrhythmus. Er ist genetisch verankert, aber ob und wie er sich im Verlauf des Kleinkindalters artgemäß entwickeln kann, wird von der Umwelt, hier besonders vom Verhalten der Eltern mitbestimmt. Die Wissenschaft hat die Verschiedenheiten in bezug auf den zirkadianen Rhythmus beim Menschen in drei Gruppen zusammengefaßt.

1. Die *Ausgeglichenen*: Hier handelt es sich um glückliche Menschen, deren Rhythmus genau auf 24 Stunden festgelegt ist. Solche Menschen sind jeden Abend zur gleichen Zeit müde und stehen morgens fast immer zur gleichen Zeit auf. Zu dieser Gruppe gehören allerdings nur wenige Menschen.

2. Die *Nachtmenschen* (oder »Morgenmuffel«): Der zirkadiane Rhythmus dieser Personen ist an einer längeren Periodendauer als 24 Stunden orientiert. Sie neigen dazu, abends länger aufzubleiben und morgens nicht ausgeschlafen zu sein. Zu dieser Gruppe gehören die meisten Menschen.

3. Die *Morgenmenschen* (oder »Frühaufsteher«): Ihr Rhythmus ist auf kürzere Perioden als 24 Stunden eingestellt. Sie werden abends früh müde und stehen morgens mit Leichtigkeit auf. Dies kann aber auch unangenehm sein, weil sie bei Feiern immer diejenigen sind, die frühzeitig nach Hause gehen. Dieser Gruppe gehören nur wenige Menschen an.

Wie entwickeln sich Schlafstörungen bei Säuglingen?

Das neu entstehende Leben in Ihrem Körper hat von seinen Eltern das Muster eines zirkadianen Schlaf-Wach-Rhythmus geerbt. Dieses Muster setzt sich nicht von allein durch, sondern es vermittelt sich über einen langsamen Lernvorgang, der schon im Mutterleib beginnt.

Während der Schwangerschaft kennt der Fötus noch keinen Unterschied zwischen Tag und Tag. Die Welt, in der er lebt, ist gleichmäßig dunkel. Er wird auch nicht durch den Schlaf-Wach-Rhythmus der Mutter beeinflußt. Während die Mutter schläft, kann er wach und aktiv sein. Dabei ist allerdings zu berücksichtigen, daß dieser »Wachzustand« eher einem Dämmerzustand entspricht, weil das wachsende Gehirn noch kein Wachbewußtsein im engeren Sinne ausgebildet hat. Dies erfolgt erst in den ersten Wochen nach der Geburt.

Das ungeborene Kind schläft während der Schwangerschaft gleichmäßig über den Tag und die Nacht verteilt. »Wach«phasen und Schlafphasen wechseln einander ab, unabhängig von der Tageszeit.

Ab dem Zeitpunkt der Geburt ändert sich das langsam. Nun wird über die Sinnesorgane vermittelt, allmählich auf Tag und Nacht umgestellt.

Erschwert wird eine Regelmäßigkeit am Anfang durch die noch nicht entsprechenden Organfunktionen, zum Beispiel die Funktion des Magens und des Verdauungstraktes. Da das Kind noch nicht in der Lage ist, längere Zeit ohne Nahrung auszukommen, muß es, zumindest während der ersten Lebensmonate, in kurzfristigen Abständen gefüttert werden. Das führt aber dazu, daß das Baby auch nachts wach sein muß, um nachts gefüttert werden zu können.

Erst mit der fortschreitenden Umstellung seiner Verdauungsfunktionen kann es allmählich längere Zeiträume ohne Nahrung überbrücken. Die Wachphasen, in denen das Kind zunächst nur ißt, um dann fast gleich wieder zu schlafen, werden länger. Die Schlafphasen verkürzen sich und konzentrieren sich auf die Nachtstunden.

Zwischen der zehnten und fünfzehnten Lebenswoche beginnt das Kind durchzuschlafen, wenn man es immer dann gefüttert hat, sobald es Hunger hatte, und nicht versuchte, ihm einen anderen Rhythmus aufzuzwingen.

Zu welcher der zuvor genannten Gruppen Ihr Kind einmal gehören wird, können Sie durch sorgfältige Beobachtung herausfinden und dem Kind damit helfen, seinen eigenen Rhythmus zu finden.

In der Regel lernt das Kind über den Wechsel zwischen Tag und Nacht durch einen bestimmten physiologischen Vorgang, an dem das Hormon Melatonin beteiligt ist, zwischen Hell und Dunkel, zwischen Tag und Nacht zu unterscheiden.

Kommt es dabei aber zu Störungen, zum Beispiel, wenn die Eltern möchten, daß ihr Kind abends wach und bei ihnen sein soll, es also längere Zeit dem Kunstlicht ausgesetzt ist, kann dieser fein abgestimmte Regelkreis durchbrochen und der natürliche Ablauf der kindlichen Entwicklung behindert werden. Das war bei Sybille, dem Kind von Tina und Mike, der Fall.

»Wir hatten ja versucht, dem Baby frühzeitig unseren Tagesrhythmus näherzubringen«, erzählte Tina bei einem Interview.

»Und da wir beide Nachtmenschen waren, glaubten wir, wir müßten dafür sorgen, daß das Baby abends lange wach blieb, damit wir morgens länger schlafen konnten.«

Ein paar Mal gelang das auch. Das übermüdete Kind schlief irgendwann spätabends ein und auch meistens morgens länger.

»Aber dann schlug das um. Sie konnte abends mit einem Mal nicht mehr einschlafen. Den Rest kennen Sie ja!«

Was war geschehen? Sybilles Eltern versuchten aus verständlichen Gründen ihren eigenen Tagesrhythmus auf ihr Kind zu übertragen, um das Kind auch zu den Zeiten, in denen sie selbst aktiv waren, bei sich zu haben. Dieser Rhythmus entsprach aber nicht dem Rhythmus des Babys. Tina, die damals noch stillte, wollte, daß das Kind sie morgens in Ruhe ließ, damit sie den notwendigen Schlaf bekam. Aber Sybille hielt sich nicht an die Vorstellungen ihrer Eltern. Ihr Schlaf-Wach-Rhythmus war gründlich durcheinander gebracht, und sie konnte keinen eigenen Rhythmus entwickeln. Das verunsicherte das Kind, und es begann zu schreien und konnte nicht mehr sofort einschlafen. Nun geriet das Baby in einen Teufelskreis, aus dem es sich ohne Hilfe der Eltern nicht befreien konnte.

Das Baby kann das ihm mitgegebene Programm (den vererbten zirkadianen Rhythmus) nicht erlernen. Es zeigt verstärkte Unruhe, das Kind fühlt sich nicht wohl und macht sich deswegen mit Geschrei bemerkbar.

Die betroffenen Eltern werden in den meisten Fällen selbst nervös, weil sie sich nicht zu helfen wissen, und verstärken die Unruhe des Kindes mit ihrer Nervosität. Dies verunsichert das Baby noch mehr. Es fühlt, daß etwas nicht in Ordnung ist.

Im Gehirn des kleinen Menschenkindes werden nun Verbindungen aufgebaut, bestimmte Neuronen miteinander verschaltet, die den gestörten Ablauf des Tag- und Nacht-Rhythmus repräsentieren. Das heißt, das Baby »merkt« sich die Abläufe und lernt die gestörte Abfolge. Für die Eltern hat das Konsequenzen: Durch die im Gehirn gespeicherten Informationen »weiß« das Baby nun, was es zu tun hat. Es wiederholt bestimmte Verhaltensabläufe:

1. Es ist müde, aber die Eltern beschäftigen sich mit ihm.
2. Es schreit, weil es schlafen will.
3. Die Eltern werden nervös. Das Baby bekommt Angstgefühle (diffuse Ängste können hier ihre Ursache haben).
4. Es verstärkt das Schreien, um auf seine Nöte aufmerksam zu machen.

Das Schreien des Kindes stellt einen Versuch dar, den als unangenehm erlebten Allgemeinzustand (Müdigkeit, Lichtreize, akustische Reize und ähnliches) abzustellen und zur Ruhe zu kommen.

Wenn das Baby sich durch das Schreien in einen Zustand hineinsteigert, in dem es nervös ist, weil es nicht erreicht, was es erreichen will, kann es in einem solchen Zustand natürlich gar nicht mehr einschlafen.

Eine Ausnahme stellen hier Babys dar, die sich beim Schreien so verausgaben, daß sie irgendwann erschöpft einschlafen. Diese Kinder lernen früh: Ich muß mich total verausgaben, damit ich endlich schlafen kann. Hierbei handelt es sich nicht, wie schon angedeutet, um Denkvorgänge, sondern um intuitive Vorgänge, die von ihren Abläufen her aber auch im Gedächtnis gespeichert werden.

Jeder dieser Selbstheilungsversuche des Babys wird im Gedächtnis festgehalten. Das Fatale dabei ist: Je öfter sich ein solcher Ablauf wiederholt, desto intensiver wird er im Gehirn verankert und desto öfter wird er abgerufen.

Auf der biochemischen Ebene erlebt das Baby Streß. Sein kleiner Organismus wird mit den entsprechenden Streßhormonen überschwemmt und lernt auf diese Weise schon früh, auf solche oder ähnliche Aktionen seiner Umwelt mit Alarmreaktionen des Körpers zu antworten.

Alle Einflüsse zusammengenommen ergeben dann den bekannten Ablauf: Auf der einen Seite empfängt der noch nicht völlig ausgebildete, zum Teil »unfertige Organismus«, bestimmte Signale, auf der anderen Seite werden diese Signale durch das Verhalten der Eltern konterkariert, dies ruft Alarmreaktionen im kindlichen Organismus hervor, die ihrerseits bestimmte Reaktionen erfordern. Die

Streßhormone im Körper kann der Säugling zum Beispiel nur über körperliche Aktivitäten abbauen, indem er sich heftig bewegt und viel schreit, so viel, daß es ihn richtig anstrengt, denn Anstrengung und Bewegung bauen die überschüssigen Hormone ab.

Das Ergebnis liegt bei solchen Abläufen auf der Hand: Das Baby müßte eigentlich schlafen, ist aber durch die verschiedenen Vorgänge hellwach.

Andere Ursachen von Schlafstörungen

Neben den beschriebenen Ursachen von Schlafstörungen, die auf falsche Verhaltensweisen von Eltern zurückgehen (denen die komplexen Lernmechanismen des unausgebildeten kindlichen Organismus nicht bekannt sind, besteht noch eine Reihe von anderen Möglichkeiten, die Schlafstörungen auslösen können.

Eine weit verbreitete Schlafstörung stellt das Wiederaufwachen des Babys oder Kleinkindes dar. Wir wissen zwar nicht genau, was im Gehirn des Babys während des Schlafens vorgeht. Aber wir wissen, daß das kindliche Gehirn so wie das eines Jugendlichen oder Erwachsenen nachts aktiv ist. Eine Vermutung, weshalb kleine Kinder oft kurz nach dem Einschlafen wieder aufwachen, basiert auf einer einfachen Traumtheorie. Verschiedene Wissenschaftler gehen davon aus, daß Kinder im Traum den Tagesablauf »verarbeiten«, belastende und andere Erlebnisse des Tages als Traum wiederholen und dabei durch bestimmte Inhalte aufgeschreckt werden können.

Viele Erwachsene kennen ähnliche Traumerlebnisse, bei denen sie wieder wach werden – meist im Augenblick der höchsten Gefahr, zum Beispiel bei einem »Absturztraum« im Moment des Falles, bevor man auf den Boden aufschlägt. Der gesamte Organismus ist dann im Alarmzustand, weil er auf die Inhalte des Traum wie auf eine reale Gefahr reagiert. Das Herz schlägt bis zum Hals, der Blutdruck ist hoch, der Körper ist mit Streßhormonen überschwemmt. Die Atmung geht schnell.

Man nimmt nun an, daß schon bei kleinen Kindern ähnliche Traumsequenzen ablaufen und sie Ängste entwickeln, die sie erwachen und aufschrecken lassen.

Natürlich bestehen hier graduelle Unterschiede: Nicht jeder Traum muß gleich so bedrohlich sein wie der Absturztraum eines Jugendlichen oder Erwachsenen. Die Qualität des Traums wird nicht nur vom Alter des Kindes abhängen, sondern auch von dem, was das Kind im Verlauf des Tages als bedrohlich erlebt hat. Je mehr Unruhe ein Kind tagsüber empfand – dazu gehören unter anderem laute Streitsituationen der Eltern oder weitere Formen von Geschrei –, desto eher besteht die Wahrscheinlichkeit, daß das Kind diese Erlebnisse psychisch im Traum zu verarbeiten sucht. Je älter das Kind wird, desto differenzierter reagiert es auf das, was tagsüber geschieht.

Deshalb ist es naheliegend, daß eher ältere Säuglinge oder Kleinkinder solche Schlafstörungen entwickeln.

Bei dem Arztehepaar kam ein anderes Moment hinzu, Mareike nahm ihre Tochter Sabine schließlich mit ins Bett. Unabhängig davon, ob man diese Verhaltensweise als richtig oder falsch bezeichnen würde – die Meinungen von Müttern gehen hier oft weit auseinander –, kann man festhalten, daß mit dem Insbettnehmen des Kindes weitere Probleme programmiert werden:

1. Die Mutter bekommt nicht genügend Schlaf.
2. Das Baby »lernt«: Wenn ich mich so bemerkbar mache, holt sie mich ins warme Bett. Instinktiv wird das Baby immer wieder versuchen, diesen als angenehm erlebten Zustand herzustellen. Die entsprechenden Verhaltensabläufe speichert es als Lernvorgang im Gehirn. Die Neuronenverbindungen werden um so stabiler geknüpft, je öfter der Vorgang sich mit dem Erfolg »Ich werde ins Bett geholt« wiederholt.
3. Die Mutter überlegt sich nicht, warum sie das Kind ins Bett holt. Es kann nämlich durchaus sein, daß Mareike gegenüber ihrer Tochter Sabine ein schlechtes Gewissen hat, weil sie sie tagsüber

einer Pflegemutter überläßt und durch ihre Berufstätigkeit insgesamt nur noch wenig Zeit mit ihrem Kind verbringt. Das schlechte Gewissen drängt sie dann dazu, wenigstens nachts richtig für ihre Tochter dazusein.

4. Innerhalb der Partnerschaft wird es zwischen den Eheleuten darüber zum Streit kommen (was bei Mareike und Peter auch der Fall war). Diese Streitsituation ist aber nicht unbedingt nur negativ zu sehen, weil sie die Eheleute dazu veranlaßt – über die Probleme des Kindes vermittelt –, sich wieder mehr miteinander zu beschäftigen.

Schlafprobleme bei Säuglingen und Kleinkindern lassen sich also auf verschiedenen Ebenen betrachten:

- Was fehlt dem Kind? Worin können seine Schwierigkeiten bestehen?
- Welcher Einfluß kommt von den Eltern? Inwieweit sind sie mit ihrem Verhalten ursächlich an der Entstehung der Schlafstörungen beteiligt?
- Wie sieht das Verhalten zwischen Eltern und Kind aus? Inwieweit fördert die Interaktion zwischen Eltern und Kind die Störung?
- Wie steht es mit der Beziehung zwischen den Eltern? Welche Wirkung hat die Verhaltensstörung auf die Beziehung der Eltern?

Die Klärung solcher Fragen kann schon erste Hinweise darauf ergeben, wie man einfache Mittel einsetzt, um mit der Schlafstörung umzugehen.

So können Sie Schlafstörungen verhindern oder selbst behandeln

Um Schlafstörungen erfolgreich behandeln oder verhindern zu können, ist es bedeutsam, sich daran zu erinnern, wie sich der Schlafrhythmus normalerweise entwickelt. Wir haben dies zuvor bereits erläutert. Wie aber läßt sich das natürliche Entstehen eines gesunden Schlafrhythmus fördern?

Nehmen Sie den Tagesablauf Ihrer Familie genau unter die Lupe

Wenn Sie bei Ihrem Kind Schlafstörungen feststellen, dann besteht ein erster Schritt zur Änderung darin, diese genau aufzuzeichnen. Nehmen Sie dazu den Beobachtungsbogen zu Hilfe, den wir bei dem Beispiel der chronischen Schreiattacken entworfen haben. Darauf notieren Sie, wann und vor allem wie oft diese Störungen auftreten.

Nehmen Sie den gesamten Tageslauf für sich und Ihr Kind »unter die Lupe«, versuchen Sie Streßsituationen (für Sie selbst oder das Kind) herauszufinden und diese zu eliminieren. Oft findet man auf diese Weise schnell heraus, daß im Laufe des Tages irgend etwas geschah, das Sie und/oder das Kind aufgeregt hat. Kam das nur einmal vor, brauchen Sie ohnehin keine Sorge zu haben, denn einmalige Streßsituationen kann Ihr Baby ohne weiteres »wegstecken«. Gefährlich wird es nur, wenn diese Streßsituationen immer wieder auftreten. Dies kann gerade bei berufstätigen Müttern der Fall sein, wenn die Organisation des Tagesablaufs wegen chronischer Zeitnot regelmäßig am Morgen oder am Abend die gleichen Streßsituationen bereithält.

Untersuchen Sie also die stets wiederkehrenden Abläufe in Ihrer Familie genau und überlegen Sie sich, wenn Sie Streßsituationen gefunden haben, wie man sie abstellen kann.

Wenn eine Mutter wie Mareike den ganzen Tag über außer Haus ist, in der Mittagspause gerade Zeit hat, Notwendiges mit der Betreuerin des Kindes zu besprechen, aber am Abend meint, sich noch intensiv mit dem Kind beschäftigen zu müssen, kann es schnell zu Problemen kommen, die hier ihre Ursache haben.

Versuchen Sie als nächstes, für diese Streßsituationen neue und vor allem ruhigere Lösungen zu finden und durchzuführen. In der Regel verschwinden die Schlafstörungen dann genauso schnell, wie sie aufgetreten sind.

Dabei sollten Sie auch beobachten, ob Ihr Kind immer zur gleichen Zeit ins Bett gebracht wird oder nicht. Denn es kommt nicht darauf an, es unbedingt jeden Abend zur gleichen Zeit ins Bett zu bringen, sondern gemeinsam mit dem Kind dessen individuell geeignetste Zeit zum Schlafengehen zu entdecken.

Wissen Sie um diese Zeit, sollten Sie darauf achten, daß das Kind etwa eine Stunde vorher nicht mehr allzu aktiv beschäftigt wird beziehungsweise Sie sich mit ihm nicht mehr zu intensiv befassen.

Ungünstig ist es, das Baby lange in der Wohnung umherzutragen; laute Geräusche und ähnliches sind zu vermeiden, in der Umgebung des Kindes sollte es also relativ ruhig sein. Das heißt nun nicht, daß Sie flüsternd durch die Wohnung gehen müssen, sondern vermeiden Sie nur, daß es zu laut ist. Das betrifft besonders Familien mit weiteren Kindern, die oft besonders während dieser Zeit mit einem Male sehr munter werden.

Haben der Vater oder die Mutter das Kind vor dem Zubettgehen nicht mehr gesehen, weil sie aus beruflichen Gründen erst entsprechend spät nach Hause zurückkehrten, sollte man nun nicht mehr mit dem Kind herumalbern, weil man erst jetzt Gelegenheit hätte, sich mit ihm zu beschäftigen, und nun schnell noch ein bißchen mit ihm spielen will.

Zusammengefaßt heißt das: Achten Sie darauf, in Ihrer Familie tagsüber und während der Zeit des Zubettgehens des Kindes eine ruhige Atmosphäre zu schaffen. Das gilt übrigens uneingeschränkt auch bei größeren Kindern.

Kann Ihr Kind einen normalen Schlaf-Wach-Rhythmus entwickeln?

Wenn Ihr Kind einen normalen Schlaf-Wach-Rhythmus entwickeln soll, ist es notwendig, daß Sie Ihren Tagesablauf dem Rhythmus des kindlichen Organismus anpassen, und nicht umgekehrt! Hier können Eltern viel mehr von ihren Kindern lernen, als sie glauben.

Früher, in der Zeit nach dem Zweiten Weltkrieg, war es noch üblich, die Kinder gleich an einen starren Vierstundenrhythmus und an den Tagesablauf der Erwachsenen zu gewöhnen, damit die Mahlzeiten von allen gemeinsam eingenommen werden konnten. Heute setzt sich glücklicherweise langsam die Erkenntnis durch, daß wir uns dem allmählichen kindlichen Wachstum anpassen müssen, wollen wir gesunde Kinder haben.

Dies gilt vor allem für die ersten Lebensmonate. Etwa ab dem sechsten Lebensmonat kann man dazu übergehen, dem Kind die Spielregeln der Erwachsenenwelt innerhalb unserer Kultur zu vermitteln.

Hier begehen viele junge Eltern häufig Fehler, indem sie glauben, sie müßten sich immer und während jeder Lebensphase nach den Bedürfnissen der Kinder richten. Das stimmt nicht und führt in der Regel auch dazu, daß ein dergestalt einseitiges, extremes Erziehungsverhalten eine Reihe von späteren Entwicklungsstörungen nach sich zieht.

- Eltern müssen lernen, ihre Erziehungshaltung dem jeweiligen Entwicklungsalter der Kinder flexibel anzupassen.
- In jeder Lebensphase braucht das heranwachsende Kind andere Herausforderungen, die altersgemäß abgestimmt werden sollten.
- Einseitige Erziehungshaltungen sind schädlich und können zu schweren Verhaltensstörungen führen!

Während des Säuglingsalters müssen wir Eltern lernen, uns den natürlichen Bedürfnissen des Säuglings anzupassen, nicht umgekehrt. Je differenzierter das Kind jedoch zu denken lernt, desto mehr werden Wachstumsanreize durch die Eltern wichtig.

Laufenlernen – helfen, aber nicht überfordern

Kaum einen Entwicklungsbereich fördern Eltern bei ihren Kindern so sehr wie das Laufenlernen. Dies ist insofern beachtenswert, als man gerade hier allgemein annimmt, daß Kinder ohne die ausgefeilte Hilfe ihrer Eltern ebenso gut laufen lernen könnten.

Die meisten Fachwissenschaftler sind darin einig: Das Laufenlernen folgt einem biologischen Programm, das dafür Sorge trägt, daß jedes Kind (sofern es nicht erheblich retardiert und entwicklungsgestört ist) relativ schnell den aufrechten Gang, das freie Laufen erlernt.

Für viele Eltern stellt das freie Laufen aber auch einen Meilenstein in der Entwicklung ihres Kindes dar, der deutlich zeigen soll: Mein Kind ist in anderen Bereichen ebenfalls topfit.

Auch von einigen Wissenschaftlern wurde das freie Laufen lange als Indikator für andere Reifungsprozesse angesehen. Aber diese Ansicht wurde inzwischen revidiert. Die motorische Fähigkeit des freien Laufens sagt nur wenig über die Reifungsprozesse auf anderen Gebieten aus – obwohl Kinder, um aufrecht zu gehen, schon andere Fortschritte vollzogen haben müssen, zum Beispiel hinsichtlich der Muskulatur und der Koordination zwischen Wahrnehmung und Steuerung der Muskeln. Kinder aus verschiedenen sozialen Milieus unterscheiden sich am wenigsten in der motorischen Entwicklung, aber eventuell sehr stark in anderen, etwa in kognitiven Bereichen.

Die meisten Kinder erlernen das freie Laufen um das erste Lebensjahr herum. Die Variationsbreite erstreckt sich von zehn bis zu fünfzehn Monaten.

Kann Ihr Kind nach fünfzehn Monaten noch nicht Laufen, empfiehlt es sich, einen Arzt zu konsultieren. Denn das könnte ein Hinweis auf eine schwerwiegende Entwicklungsstörung sein, die mit keinerlei Selbsthilfemethoden zu beheben ist. Es bedarf der Hilfe eines Fachmanns.

Allgemein gilt: Beim Laufenlernen können Sie nichts durch Üben beschleunigen. Verhalten Sie sich geduldig und versuchen Sie nicht, der Natur nachzuhelfen. Ihr Kind wird es von selbst lernen. Das bedeutet nun nicht, daß Sie es gar nicht zu beachten brauchen, sondern es heißt nur: Überfordern Sie Ihr Kind nicht!

Frühzeitige Übungen, zu denen Ihr Kind durch seine körperliche Entwicklung noch nicht in der Lage ist, schaden hier mehr, als sie helfen. Beobachten Sie Ihr Kind genau und unterstützen Sie das, was es ohnehin schon gerne tun würde, aber übertreiben Sie es nicht!

Noch ein Wort zu den sogenannten »Gehhilfen«: Diese kleinen »Rennwagen«, die dem Kind ermöglichen sollen, bevor es seinen eigenen Körper voll tragen kann, durch die Wohnung zu flitzen, schaden ebenfalls eher, als zu nützen.

Das Kind lernt nicht, seinen Körper selbst zu gebrauchen, kann sich aber gleichzeitig durch einfache Fußbewegungen sehr schnell durch die Wohnung bewegen. Damit ist für genügend Unfallmöglichkeiten gesorgt. Das Kind kann sich schneller, als Sie glauben, aus Ihrem Einflußbereich entfernen und zum Beispiel über Schwellen fallen, Treppen hinabstürzen und ähnliches mehr.

Außerdem sitzt es viel und belastet seine Wirbelsäule, die auf diese Belastung noch nicht vorbereitet ist, über die Maßen. Die Koordination zwischen Wahrnehmung und Muskulatur wird empfindlich gestört, weil die an das Gehirn gesandten Signale nicht der körperlichen Wirklichkeit entsprechen. Eltern, die ihrem Kind helfen wollen, Laufen zu lernen, sollten auf derlei technische Hilfsmittel verzichten.

Die persönliche Unterstützung der Eltern beim Laufenlernen ist wichtiger als technische Hilfsmittel, zu denen das Kind keine Beziehung entwickeln kann. Was es zum Laufenlernen braucht, sind hilfreiche elterliche Hände und keine sich schnell drehenden Rollen, mit denen es durch die Wohnung rasen kann. Solcherart »erzogene« Kinder neigen später eher zu Wutanfällen, wenn etwas nicht so schnell klappt, wie sie es gerne hätten, weil ihre Fähigkeiten dazu noch nicht ausreichen. Von der Industrie angebotene Gehhilfen gaukeln den Kindern Fertigkeiten vor, die sie noch nicht besitzen. Die Bein- und Oberschenkelmuskulatur wird nicht ausreichend trainiert und bleibt daher in ihrer Entwicklung zurück. Nimmt man dem Kind die Gehhilfe weg, kann es sich nicht selbständig halten und fällt dauernd um. Es muß nun unnötig viele Frustrationen erleiden, die nur durch die »Gehhilfe« verursacht wurden.

3.
Von der Verhaltensauffälligkeit zur Verhaltensstörung: Immer Ärger mit den lieben Kleinen?

Vielleicht gehören Sie zu den Eltern, die die bisherigen Kapitel zwar ganz interessant und informativ fanden, aber mit ganz anderen Schwierigkeiten, als sie bisher beschrieben wurden, zu kämpfen haben? Ihr Kind ist schon etwas älter, und die meisten Probleme, die wir bisher erörterten, haben Sie längst hinter sich gelassen. Dennoch ist es wichtig, sich auch damit auseinanderzusetzen, denn viele der Schwierigkeiten, über die wir nun berichten wollen, beginnen schon weit vor ihrem eigentlichen Auftreten.

Dies werden Sie auch daran feststellen, daß bestimmte Problembereiche, die wir zuvor schon angesprochen haben, nun wiederkehren. Denn so haben zum Beispiel Partnerschaftsprobleme bei den meisten Verhaltensauffälligkeiten von Kleinkindern (und auch größeren Kindern) eine zentrale Bedeutung in bezug auf die Ursache und die Lösung dieser Schwierigkeiten.

Von den *Verhaltensauffälligkeiten* sind die *Verhaltensstörungen* abzugrenzen. Eine Verhaltensstörung erkennen wir daran, daß ein bestimmtes, von unserem Kind durchaus zu erwartendes Verhalten nicht auftritt und statt dessen ein anderes Verhalten häufiger als üblich erscheint.

Von einer Entwicklungsstörung sprechen wir erst, wenn ein bestimmter Entwicklungsschritt, ein bestimmtes Verhalten, das man von einem Kind in einem bestimmten Alter erwarten könnte, auch nach längerer Zeit nicht oder nur unvollständig erfolgt. Ein Beispiel hierfür stellt die Erziehung zur Sauberkeit dar. Das Kind soll in der Lage sein, seine Schließmuskeln zu kontrollieren, um auf Windeln verzichten und bei Bedarf den Topf oder die Toilette aufsuchen zu können. Erreicht es diese Fähigkeit in einem bestimmten Alter nicht, nennen wir es also erst dann eine Entwicklungsstörung, wenn das Kind das übliche Alter, in dem es seinen Stuhlgang zu beherrschen gelernt haben sollte, erheblich überschritten hat, ohne diese Fertigkeit zu zeigen.

Die Rolle der Mutter und der Aufbau einer gesunden Beziehung zum Kind

Auch wenn manche Feministinnen es nicht gerne hören, aber die Mutter stellt in unserer Gesellschaft immer noch die zentrale Bezugsperson für die Kinder dar. Das hat zum einen biologische Gründe, zum anderen ist unsere Gesellschaft immer noch so organisiert, daß Vätern der Ausstieg aus der Arbeitswelt und der Einstieg in die Kinderpflege und -erziehung erschwert wird. In der Bundesrepublik Deutschland etwa nimmt nur ein Prozent der Väter die Möglichkeit eines Erziehungsurlaubs wahr.

So wissen wir zwar, daß ein Kind sich während der ersten drei Monate auch auf eine andere Person als die Mutter prägen kann, aber das ist nur dann sinnvoll, wenn diese Person auch danach die erste Bezugsperson des Kindes bleibt. Wichtig für das Kind ist eine gewisse Konstanz der ersten Bezugsperson während der ersten drei Lebensjahre, also in den meisten Fällen der Mutter.

Soll das Kind sich normal entwickeln, muß gewährleistet sein, daß diese Bezugsperson für das Kind verläßlich einschätzbar ist. Alle Störungen, durch Trennung, Scheidung oder gar Tod, beeinträchtigen die Entwicklung des Kindes erheblich.

Zum Aufbau einer gesunden Beziehung zwischen Mutter und Kind (oder zwischen dem Kind und einer anderen Bezugsperson) gehört neben der Konstanz dieser Person, also ihrer kontinuierlichen Anwesenheit, auch die Intensität der Zuwendung. Eine Mutter, die ihr Kind aus irgendwelchen Gründen nicht lieben kann (zum Beispiel, wenn das Kind das Ergebnis einer Vergewaltigung ist oder sie sich inzwischen vom Kindesvater getrennt hat), wird ebenfalls Entwicklungsstörungen beim Kind hervorrufen, wenn es ihr nicht gelingt, sich damit auseinanderzusetzen.

Wird sie sich jedoch frühzeitig über diese (innere und äußere) Ablehnung klar und versucht diese, so gut sie es vermag, zu kompensieren, dann kann das Kind sich trotzdem gesund entwickeln.

Die Rolle des Vaters und der Aufbau einer gesunden Beziehung zum Kind

Väter, die sich bei der Säuglingspflege und -erziehung engagieren, sollten wissen, daß es auch bei ihnen auf eine gewisse Konstanz über einen längeren Zeitraum ankommt, wollen sie eine verläßliche Bindung zwischen sich und dem Kind herstellen.

Ein Vater, der zum Beispiel während der ersten Monate zufällig arbeitslos ist und sich deswegen sehr intensiv um das Baby kümmern kann, sollte bedenken, was geschehen kann, wenn er nach drei Monaten Arbeit erhält und mit einem Male nicht mehr für das Kind zur Verfügung steht. Inzwischen ist eine enge Bindung zwischen ihm und dem Kind geknüpft, die plötzlich unterbrochen wird. Das Kind wird auf den Verlust der Bezugsperson mit (eventuell massiven) Entwicklungsstörungen reagieren.

Väter, die sich verstärkt an der Pflege und Erziehung ihrer Kinder beteiligen, sollten sich über ihre Verläßlichkeit und die notwendige Konstanz ihrer Bemühungen im klaren sein, wollen sie nicht im Falle einer Veränderung Störungen auslösen.

Jede vermehrte Hinwendung zum Kind führt zu einer intensiveren Beziehung zu ihm und verstärkt dessen Entwicklungspotentiale erheblich. Jeder Rückzug schwächt nicht nur die Beziehung zum Kind, sondern stört es auch in seiner Entwicklung.

»Wochenendväter« haben es selbst erfahren. Sie erlebten es vor allem dann, wenn sie während der Zeit der Geburt und der ersten Wochen danach Urlaub genommen und sich dem Kind sehr zugewandt hatten. Während dieser Zeit baut das Kind eine Beziehung zum Vater auf. Ist er dann einige Zeit nicht anwesend, kann es geschehen, daß das Kind plötzlich zu schreien beginnt, wenn er nach einigen Tagen der Abwesenheit zurückkehrt und sich um das Baby kümmern will. Das Kind »fremdelt« nun und beginnt zu weinen.

Eine ganze Reihe von späteren Schwierigkeiten, die Kinder im Kindes- und Jugendalter haben können, gehen auf die häufige (meistens beruflich bedingte) Abwesenheit vieler Väter zurück. So kann es zum Beispiel bei Jungen zu Problemen mit der Übernahme der männlichen Rolle kommen, wenn der Vater sich durch häufige Abwesenheit nicht als Identifikationsobjekt eignet und der Sohn auf das Objekt, das anwesend ist, nämlich seine Mutter, zurückgreift. Identifiziert sich ein Junge stärker mit seiner Mutter, kann dies zu psychosexuellen Schwierigkeiten führen.

Väter, die berufsbedingt keinen großen Anteil bei der Pflege und Erziehung ihrer Kinder übernehmen können, sollten sich überlegen, was sie dennoch (außerhalb des finanziellen Aspekts) für die Familie beitragen können. Eine gute Alternative wäre es, wenn sie im Sinne einer gleichberechtigten Partnerschaft Sorge für ihre Frau trügen und ihr soviel wie möglich den »Rücken freihielten«. Das heißt: Männer, die tagsüber abwesend sind, nehmen ihrer Partnerin am Abend soviel wie möglich an anderen Arbeiten ab, damit diese sich ausruhen kann. Auch damit tragen sie zum gesunden Aufwachsen ihrer Kinder bei, weil sie so dafür sorgen, daß die Mutter sich geborgen und unterstützt fühlt!

Partnerprobleme als Ursache von Beziehungsstörungen zwischen Mutter und Kind

Eine unterschwellige oder offene Ablehnung des Partners kann sich indirekt ebenfalls auf die Entwicklung des Kindes auswirken, wenn die nicht ausgetragenen Konflikte sich als Ärger niederschlagen und die Mutter emotional belasten. Eine Mutter, die sich über ihren Partner dauernd ärgert, wird einen Teil des Ärgers, meist ohne es zu bemerken, auf das Kind übertragen. Und das Kind erhält nicht das, was es in der Beziehung bekommen könnte, wenn die Eltern einander besser verstünden. Viele Kinder reagieren darauf mit deutlichen Signalen.

Verhaltensstörungen als Signal, daß etwas nicht (mehr) stimmt

Wenn das Kind mit einer Verhaltensauffälligkeit reagiert, ist es in vielen Fällen nicht einfach, sie auf die auslösende Ursache zurückzuführen. Doch bei etwas Übung können engagierte Eltern lernen, sich mit dieser Störung auseinanderzusetzen und sie zu beseitigen. Wichtig dabei ist aber – wie schon mehrmals erörtert –, sich nicht nur auf das Kind und sein auffälliges Verhalten zu konzentrieren, sondern sich selbst in die Analyse mit einzubeziehen.

So kann etwa eine Sprachstörung beim Kind Aufschlüsse über eine Störung des Verhältnisses zwischen Eltern und Kind ergeben, wenn die Eltern sich ehrlich und offen mitberücksichtigen.

Erinnern wir uns: Wir sprechen aber erst dann von einer Verhaltensstörung, wenn es sich um ein Verhalten handelt, das auch nach längerer Zeit nicht von allein verschwindet. Viele Entwicklungsstörungen, ebenso im Bereich der Sprache, sind aber vorübergehender Natur und völlig »normal«. Sie stellen einen Anpassungsmechanismus dar, durch den die Kinder sich gerade bei beschleunigten Entwicklungsprozessen eine offenbar notwendige Pause verschaffen.

Die nachfolgende Gliederung der einzelnen Auffälligkeiten und Störungen folgt zwar im wesentlichen der bisherigen chronologischen Vorgangsweise, doch muß diese zeitliche Zuordnung im Einzelfall nicht immer zutreffen. Es kann durchaus sein, daß Ihr Kind diese oder eine ähnliche Auffälligkeit oder Störung bereits früher oder aber später, als hier beschrieben, entwickelt. Die Fallbeispiele sind auch in dieser Hinsicht exemplarisch zu verstehen. Die einzelnen Auffälligkeiten und Störungen lassen sich nicht immer an ein bestimmtes Alter binden!

Ebenso erhebt die Auswahl der Verhaltensweisen nicht den Anspruch auf Vollständigkeit, sie entspricht dem tatsächlichen Auftreten des Verhaltens in der jeweiligen Altersgruppe.

Daumenlutschen, Kuscheltücher, Teddybären

Das Lutschen am Daumen stellt eine weitverbreitete Verhaltensweise von Kleinkindern dar, die die eigentliche Problematik von Verhaltensauffälligkeiten ausgezeichnet demonstriert. Hier zeigt sich nämlich, wie aus einem harmlosen Verhalten, das (fast) jedes Baby irgendwann annimmt, eine Auffälligkeit und schließlich eine Verhaltensstörung entstehen kann.

Monique: »Unsere Kleine nuckelt dauernd – darf sie das?«

Kathrin (32), einer gelernten Bürokauffrau, bereitete das Daumenlutschen ihrer Tochter Monique (fünf Monate) Sorgen: »Sie nimmt immer wieder den Daumen in den Mund und nuckelt daran. Ich habe Angst, daß sie später schiefe Zähne bekommt!«

Ihr Mann Malte (33) sah darin kein Problem: »Meine Frau schielt ständig auf die Entwicklung von Monique. Dauernd fragt sie sich: ›Ist das normal, ist jenes normal?‹ Ich frage mich manchmal schon, ob das Kind dabei überhaupt auch normal aufwachsen kann.«

Kathrin ließ sich von der Meinung ihres Mannes nicht beeinflussen. Sie war der Ansicht, es gehöre zu ihren Mutterpflichten, genau über die Entwicklung ihrer Tochter zu wachen, um keine Fehlentwicklung zu übersehen. »Ich habe mich natürlich kundig gemacht, aber in den meisten Büchern fand ich nichts zum Thema ›Daumenlutschen‹. In meinem Bekanntenkreis gibt es allerdings einige Mütter mit viel älteren Kindern, die noch am Daumen nuckelten.

Eine Mutter klagte sogar schon über eine Fehlbildung des Gaumens durch das Nuckeln.«

Wie Kathrin fragen sich viele Mütter, was es mit dem Daumenlutschen auf sich hat.

Melanie: Zu alt, um am Daumen zu lutschen?

Marie (38), Zahntechnikerin, hat eine zweijährige Tochter, Melanie, die immer noch am Daumen lutscht. »Ich habe meinen Chef, einen Zahnarzt, darauf angesprochen, und der sagte mir, es sei schlecht für die Entwicklung der Zähne. Aber was ich dagegen tun könnte, wußte er auch nicht!«

Maries Mann (Dieter) liebte seine Tochter abgöttisch. »Das wird sich schon rauswachsen. Außerdem hat die Untersuchung beim Arzt doch ergeben, daß der Kiefer sich nicht verändert hat.«

Marie wußte nicht, wie sie vorgehen sollte. »Auf der einen Seite gab ich meinem Mann recht, denn der Kiefer war tatsächlich völlig in Ordnung. Auf der anderen Seite empfand ich es als peinlich, wenn andere dabei waren und Melanie in ihrer Gegenwart anfing zu nuckeln.«

Während sie mit ihrem Mann nicht darüber sprechen konnte, nahm ihre Mutter für sie Partei. Diese meinte: »Ein zweijähriges Kind nuckelt nicht mehr am Daumen. Das gehört sich einfach nicht.«

Aber auch die Oma wußte nicht, was man gegen das Daumenlutschen unternehmen könnte. Abgesehen von ein paar radikalen Vorschlägen, etwa den Daumen mit einer übelriechenden Flüssigkeit einzureiben, vermochte sie ihrer Tochter keine Ratschläge zu geben. »So etwas war für mich natürlich nicht akzeptabel. Ich versuchte das Problem eher über die vermeintlichen Ursachen anzugehen. Ich überlegte, welche Ursachen das Daumenlutschen haben könnte.«

Tobby: Ohne Teddy läuft nichts

Annette (26), Studentin der Pädagogik, fiel eines Abends auf, daß ihr Sohn Tobias, genannt »Tobby« (drei Jahre), nicht mehr ohne seinen geliebten Teddy ins Bett gehen wollte. »Der machte mit einem Mal einen Aufstand, daß ich nicht mehr ein noch aus wußte. Einerseits fand ich es nicht schlimm, ich machte mir deswegen keine Sorgen, andererseits fand ich es etwas komisch, wieso er ausgerechnet jetzt mit so was anfing.«

Hendrik (30), Annettes Mann, der als Verkaufsleiter in einem Supermarkt arbeitete, warf seiner Frau vor: »Du studierst doch Pädagogik, warum kannst du dir das nicht erklären?«

»Das ärgerte mich zwar, aber es wurmte mich auch, daß mein Mann, der sowieso nichts von meinem Studium hielt, meine Kompetenz in Frage stellte. Mein Ehrgeiz wurde geweckt, und ich versuchte natürlich herauszubekommen, was mit Tobby los war.«

Doch bei aller fachlicher Kompetenz, die Annette aufwandte, um hinter diese »Angewohnheit« ihres Sohnes zu kommen, beging sie, wie viele andere engagierte Eltern auch, einen entscheidenden, aber weitverbreiteten Fehler: Sie konzentrierte sich ausschließlich auf das Kind. »Ich fing an, den Jungen zu beobachten. Ich fragte mich: ›In welchen Situationen macht er das?‹«

Dabei entdeckte Annette, daß der Junge nicht nur abends nach seinem Teddy verlangte, sondern daß der Teddy auch tagsüber zu einem unverzichtbaren Begleiter des Jungen wurde. Es kam sogar soweit, daß er den Teddy nicht mehr aus der Hand geben wollte.

»Bei jeder Gelegenheit nuckelte er an dem Teddy herum. Als ich den Teddy einmal waschen wollte, weil der inzwischen schon unansehnlich wurde und zu riechen begann, fing Tobby erst zu weinen an und dann tobte er sogar! Ich war von diesem Ausbruch völlig überrascht!«

Was war mit Tobby und seinem Teddy geschehen, warum war der Teddy für Tobby auf einmal so wichtig?

Warum lutschen Kinder am Daumen oder an Gegenständen?

Für das Daumenlutschen und andere Verhaltensauffälligkeiten im Säuglings- und Kleinkindalter gilt allgemein: Die meisten Auffälligkeiten verschwinden irgendwann wieder. Die erste Frage, die sich betroffene Eltern stellen sollten, lautet also: Handelt es sich bei dem Verhalten des Kindes eventuell um ein vorübergehendes Phänomen, das völlig harmlos ist, oder nicht?

Die Sorgen der Mütter aus den beiden ersten Beispielen sind zunächst berechtigt. Denn, wie wir schon am zweiten Beispiel gesehen haben, scheint beim Daumenlutschen die Gefahr zu bestehen, daß Kinder dies beibehalten. Es stellt sich aber die Frage: Warum lutschen einige Kinder am Daumen und behalten dieses Verhalten sogar jahrelang bei, während andere zwar im Säuglingsalter manchmal nuckeln, es aber im weiteren Verlauf ablegen?

Ist Daumenlutschen eine Entwicklungsstörung oder »nur« ein auffälliges Verhalten?

Es wird Sie vielleicht überraschen, aber grundsätzlich ist das Daumenlutschen ein völlig normales Verhalten von Säuglingen. Es gehört sozusagen zum festen Verhaltensrepertoire eines jeden Kindes.

Wir wissen inzwischen aus der Erforschung des pränatalen, also des vorgeburtlichen Lebens, daß das noch ungeborene Kind im Mutterleib schon mit dem Saugen am Daumen beginnt. Die Wissenschaftler haben anhand von Fotos, die den Fötus im Mutterleib mit dem Daumen im Mund zeigen, nachgewiesen, daß es sich um einen angeborenen Verhaltensablauf handelt, der bei jedem Kind vorkommt. Man erklärt es damit, daß Kinder schon während der Schwangerschaft die wichtigsten Funktionen trainieren, die sie später, nach der Geburt, sofort brauchen werden. Und es leuchtet ein, daß das Saugen dazugehört, stellt es doch eines der ersten Verhaltensweisen im Leben eines Kindes dar.

Der Saugreflex gilt zwar als angeboren, ist also genetisch festgelegt, aber das Gehirn kennt nur das Grundmuster. Die Koordination zwischen Gehirn und Muskulatur muß erst durch Ausprobieren der komplexen Steuerungsabläufe »erlernt« werden. Das Kind muß das Zusammenspiel zwischen angelegten Verhaltensweisen und Muskulatur erst lernen beziehungsweise durch Ausführen üben. So verhält es sich mit vielen anderen Verhaltensweisen, die ein Säugling gleichsam schon fertig mit auf die Welt bringt. Er kann sie nur deswegen sofort einsetzen, weil er sie schon im Mutterleib trainiert hat.

Die Ausbildung eines Verhaltens stellt, wie schon angedeutet, einen komplexen wechselseitigen Prozeß zwischen Erbanlage und langsam wachsender Muskulatur dar. Die Erbanlage steuert zwar die Ausführung, aber es muß zu einer Rückmeldung durch die Muskeln kommen, damit der gesamte Ablauf sich einprägt.

Erst durch das Ausführen und die entsprechenden Rückmeldungen ans Gehirn erfolgt eine Festlegung der entsprechenden neuronalen Schaltkreise im Gehirn. Je öfter dieselben Bewegungsabläufe ausgeführt werden, desto intensiver werden die dazu notwendigen Regelmechanismen im Gehirn verankert und »automatisiert«.

Der scheinbare Automatismus entstammt jedoch einem Lernvorgang des ungeborenen Kindes, den es schon im Mutterleib trainiert.

Wie entsteht aus diesem zunächst natürlichen Verhalten ein gestörter Prozeß? Wie kommt es dazu, daß das Baby das Saugen nicht nur als Mittel zur Nahrungsaufnahme benutzt, sondern auch in anderen Situationen, die scheinbar nichts mit dem Essen gemeinsam haben?

Saugen wirkt beruhigend

Beim Saugen handelt es sich um ein »Reflexverhalten«, es kann also beliebig oft durch einen bestimmten Reiz ausgelöst werden.

Entwicklungspsychologen fanden mehr als zwanzig Reflexe, über die Neugeborene schon zum Zeitpunkt der Geburt verfügen. Dazu gehören die folgenden Reflexe:

- Saugreflex,
- Suchreflex,
- Greifreflex,
- Babinski-Reflex (Strecken der Großzehe bei druckbetontem Streicheln des Fußsohlenrandes),
- Schwimmreflex,
- Schreitreflex,
- Kriechreflex,
- Rückziehreflex,
- Moro-Reflex (Umklammerungsreflex).

Alle diese Reflexe lassen sich bei einem gesunden Neugeborenen auslösen. Kranke Babys, zum Beispiel solche, deren Sauerstoffversorgung durch Geburtskomplikationen gestört oder längere Zeit unterbrochen wurde, zeigen diese Reflexe nicht oder nur teilweise. Für den untersuchenden Arzt sind die Reflexe ein gutes Mittel, um zu prüfen, ob das Baby sich gesund entwickelt hat, oder ob es zu Entwicklungsstörungen gekommen ist. Bei einigen Reflexen, etwa dem Schwimmreflex, können sich Auffälligkeiten zeigen. Einige Reflexe, wie der Babinski-Reflex (beim Streichen über den Fußsohlenrand streckt sich die Großzehe), bleiben normalerweise das ganze Leben bestehen und stellen auch im Erwachsenenalter ein Mittel dar, um den Zustand der Nervenverbindungen zu überprüfen. Andere, wie der Schwimmreflex, verschwinden nach einem bestimmten Zeitraum. So können Neugeborene »automatisch« schwimmen, ohne dabei zu ertrinken, ein paar Monate später verlieren sie diesen Reflex aber und müssen ein Verhalten, das sie als Babys noch selbstverständlich hatten, als Kinder wieder mühsam erlernen.

Bei den Reflexen handelt es sich also um sehr unterschiedliche Verhaltensweisen, die gerade während der ersten Lebenswochen für das Überleben von zentraler Bedeutung sind. Sie wurden von der Natur so eingerichtet, um dem Neugeborenen ein funktionierendes Repertoire an notwendigen Verhaltensweisen an die Hand zu geben.

Der Saugreflex hängt direkt mit der Fähigkeit zusammen, Nahrung zu sich zu nehmen – einer für das Überleben wesentlichen Fähigkeit. Aber das ist bei weitem nicht alles, was dieser Reflex zu leisten in der Lage ist. Während das Baby Nahrung zu sich nimmt, entsteht in seinem Gehirn ein weiterer Regelkreis im Zusammenspiel der Neuronen: Bestimmte Neurotransmitter (Botenstoffe, die die Übermittlung von Nachrichten ermöglichen) werden freigesetzt, die einen euphorischen Zustand herstellen können. Diese sogenannten »Endorphine« (körpereigene, dem Morphium ähnliche Substanzen) sorgen für ein beruhigendes Gefühl.

Nach kurzer Zeit hat das Baby gelernt: Saugen und etwas zu essen zu bekommen, bedeutet auch, angenehme Gefühle zu haben. Die Muttermilch kann weitere neuronale Prozesse auslösen, die ebenfalls beruhigen. Milch macht Babys schläfrig und zufrieden.

Dieses komplexe Zusammenspiel von Reizen und Reizweiterleitung schafft einen Regelkreis, der dafür sorgt, daß es nach erfolgreicher Nahrungsaufnahme zufrieden schlafen kann und sich dabei sehr wohl fühlt. Da das Gehirn sich solche Zustände merkt, vor allem aber den Vorgang, durch den es diesen Zustand erreicht, versucht das Baby nach einiger Zeit, ihn wieder zu erlangen.

Entfällt nun aus einem bestimmten Grund ein Teil dieses Regelkreises, zum Beispiel wenn das Baby saugt und saugt, aber nichts zu essen bekommt, fehlt die einschläfernde Wirkung der Milch, und das Baby wird hellwach und schreit.

Wird der Hunger mehrmals nicht gleich befriedigt, kann es im Laufe der Zeit zur Ausbildung sogenannter »Ersatzhandlungen« kommen, durch die das kleine Kind den Mangel auszugleichen und den Regelkreis mit dem befriedigenden Ergebnis in Gang zu setzen sucht. Es steckt sich etwas in den Mund und saugt intensiv daran. Weil das Saugen Endorphine im Gehirn freisetzt, beruhigt sich das Kind damit gleichsam selbst, auch dann, wenn der Hunger nach Nahrung nicht gestillt wird.

Es gibt sich also mit der schlechteren Alternative zufrieden, nach dem Motto: »Besser als gar nichts!«

Daumenlutschen als Ersatzhandlung

Treten solche Situationen öfter auf, in denen das Baby nicht das bekommt, was es möchte, entsteht ein fataler Prozeß, durch den das unbefriedigte Kind versucht, diesen Mangel zu überbrücken. Es beginnt damit, bestimmte Verhaltensweisen zu »generalisieren«. Das heißt, es überträgt einen als unbefriedigt erlebten Vorgang auf andere Vorgänge, durch die es sich selbst Befriedigung verschaffen kann. Sehen wir uns zum besseren Verständnis dazu ein Beispiel an.

Monique, das Baby aus dem ersten der zuletzt geschilderten Beispiele, hat irgendwann die Erfahrung gemacht, Hunger zu verspüren und nicht sofort etwas zu essen bekommen zu haben. Daraufhin hat es sich seinen Daumen in den Mund gesteckt und bemerkt, daß das angenehme Gefühle verschaffen kann.

Diese Erfahrung wiederholt sich einige Male, und irgendwann wird das Kind, wenn es älter ist, auch bei anderen Mangelsituationen mit dem Daumenlutschen reagieren. Es saugt zum Beispiel am Daumen, wenn es sich allein fühlt, beschäftigt werden will oder Sehnsucht nach Liebe, Zuwendung und Körperkontakt hat.

Bei der zweijährigen Melanie ist der Prozeß schon abgeschlossen. Sie hat inzwischen gelernt, sich auf diese Weise selbst zu befriedigen, wenn ihr etwas fehlt. Melanies Eltern, Marie und Dieter, sehen aber nur auf das Daumenlutschen selbst, das sie stört, nicht auf den ursprünglichen Auslöser. Und damit ist die größte Schwierigkeit der meisten Eltern angesprochen. Sobald sich ein Verhalten wie das Daumenlutschen verselbständigt und sich weit von den eigentlichen Auslösern entfernt hat, ist es für die Eltern sehr schwierig, das dahinterliegende Bedürfnis nach Liebe und Zuwendung noch zu erkennen. Doch es ist nicht unmöglich. Aufmerksame Eltern können durchaus mit einfachen Mitteln herausfinden, was ihrem Kind fehlt, wenn sie dabei einige Regeln beachten:

---

1. Jedes kindliche Verhalten, das uns aus irgendeinem Grunde stört oder als »nicht normal« erscheint, stellt einen Selbstheilungsversuch des Kindes dar, mit dem es auf einen Mangelzustand zu reagieren versucht.
2. Eltern sollten nicht zu sehr auf das problematische Verhalten achten, sondern nach der auslösenden Ursache dieses Verhaltens suchen.
3. Haben sie die Ursache eingekreist und gefunden, dann sollten sie dem Kind anstelle der Ersatzbefriedigung das Original (die entgangene Zuwendung) zukommen lassen, die die Ersatzhandlung überflüssig werden läßt.

Die meisten Wissenschaftler sind darin einig, daß die sensorischen und motorischen Fähigkeiten in dem Maße ausgebildet sind, wie Babys sie für das Überleben brauchen. Aber man fand auch heraus, daß sich diese Fähigkeiten nur auf den »Nahbereich« beschränken. Dazu gehören Lebensnotwendigkeiten wie Ernährung, Wärme, Schlaf, sozialer Kontakt und Kommunikation.

Das Neugeborene bringt Verhaltensweisen mit auf die Welt, die es bevorzugt auf Stimuli (der Eltern) achten lassen, welche eng mit sozialer Interaktion gekoppelt sind, und es sendet Signale aus, die von der Umwelt (den Eltern) als sozial interpretiert werden können.

Je mehr Eltern über die verschiedenen Entwicklungsmöglichkeiten von Säuglingen und Kleinkindern informiert sind, desto besser können sie diese Entwicklung fördern und Störungen verhindern. Die folgende Übersicht über die Entwicklung und das Verhalten von Babys faßt die wesentlichen Ergebnisse der Kleinkindforschung zusammen.

Wie ist das Verhalten von Säuglingen und Kleinkindern organisiert?

Die Psychologen H. ALS und I. B. BRAZELTON, Pioniere der Säuglingsforschung und Autoren der NBAS (Neonatal Behavioral Assessment Scale), gehen davon aus, daß ihr Modell von der Entwicklung nicht nur die späte vorgeburtliche Periode und die Frühgeborenenzeit umfaßt, sondern auf den gesamten Lebenslauf ausweitbar ist. Die Kenntnis dieses Entwicklungsmodells kann Eltern helfen, das Verhalten ihrer Kinder als Störung der normalerweise ablaufenden Entwicklung zu verstehen, und ihnen Ansatzpunkte liefern, was und vor allem wie sie etwas verändern können.

Brazelton und Als gehen davon aus, »daß Entwicklung als Differenzierung, Stabilisierung und hierarchische Integration von Teilsystemen des Verhaltens« erfolgt. Sie unterscheiden vier Teilsysteme von Entwicklung:

---

1. Das erste System umfaßt die physiologischen Funktionen, wie Atmung, Kreislauf, Körpertemperatur und Verdauungsfunktionen. (Es ist mit dem autonomen Nervensystem und seinen Zielorganen zu vergleichen.)
2. Das zweite System ist das motorische System, also der gesamte Bewegungsapparat. Dieser funktioniert bei Neugeborenen zum Beispiel schon recht gut, gerät aber bei Störungen leicht aus dem Gleichgewicht.
3. Zum dritten System zählen die verschiedenen Bewußtseinsebenen (siehe hierzu auch die schon erwähnten Schlaf- und Wachphasen) und ihre Regulation.
4. Das vierte System ist ein Teilsystem des dritten und meint die Stabilisierung des wachen Aufmerksamkeitsniveaus, das dem Kind die aktive Zuwendung zu Reizen der Außenwelt und im sozialen Kontakt sichert.

Im dritten und vierten System zeigen Neugeborene die ersten Ansätze von Differenzierungen, sind aber auch sehr empfindlich gegenüber Störungen. Je unsensibler hier Erwachsene (Eltern) reagieren, desto größer ist die Störungswahrscheinlichkeit.

Diese vier Systeme entwickeln sich zeitverschoben, aber in enger Interaktion miteinander. Sie können einander stützen, aber auch sehr stören, wenn Babys stark belastet werden.

Einige wesentliche Erkenntnisse der Wissenschaftler lassen sich kurz zusammenfassen:

Das Verhalten von Neugeborenen ist schon organisiert. Sie haben die Fähigkeit, sich zu orientieren und selbst zu regulieren. Aber alle Babys zeigen große individuelle Unterschiede in ihrer Entwicklung, die als »normal« zu bezeichnen sind. Hierzu gehören auch ethnische Unterschiede, zum Beispiel zwischen Kindern europäischer und afrikanischer Herkunft.

Einige Kinder sind irritabler als andere und lassen sich von Reizen der Umwelt leichter verwirren oder stören als andere. Hier werden als mögliche Ursachen sowohl erbliche als auch ethnische Faktoren gesehen. Eltern reagieren einseitig auf irritable Kinder. Das heißt, sie achten viel mehr auf Schreien und andere Hinweise auf Störung als auf positive Signale.

Das kann häufig bedeuten, daß solche Kinder eine unsichere emotionale Bindung zu ihrer Mutter entwickeln und bis zum sechsten Lebensjahr als »schwierig« erlebt werden.

Mütter, deren Kinder so störungsanfällig sind, brauchen aber nicht zu verzweifeln. Denn die Wissenschaftler fanden auch heraus, daß es diesen Müttern bei etwas Training gelang, das schwierige Verhalten ihrer Kinder auszugleichen und ihnen so normale Entwicklungschancen zu verschaffen.

So werden Ersatzhandlungen überflüssig

Beobachten Sie sich und Ihr Kind

Wenn Ihr Kind ein auffälliges Verhalten wie das Daumenlutschen oder das Saugen an anderen Objekten, etwa einem Kuscheltuch oder einem Teddy, zeigt, handelt es sich um ein Signal, welches Sie zumindest nachdenklich stimmen sollte. Sie brauchen allerdings nicht gleich nervös zu werden und zu denken: »Mit meinem Kind stimmt etwas nicht«, oder noch schlimmer: »Mit mir stimmt etwas nicht!«

Zunächst sollten Sie vielmehr klären, in welchem Ausmaß dieses Verhalten überhaupt erscheint. So ist ein ab und zu auftretendes Daumenlutschen noch lange kein Grund zur Aufregung, und selbst wenn es öfter vorkommt, schadet es nicht.

Beobachten Sie Ihr Kind also in aller Ruhe und notieren Sie die Situation, in der das Kind am Daumen oder anderem saugt, ebenso wie die Dauer des Nuckelns. Hierzu können Sie eventuell den Beobachtungsbogen aus dem zweiten Kapitel zu Hilfe nehmen.

Dabei ist das Alter des Kindes zu berücksichtigen – je jünger das Kind ist, desto »normaler« ist das Nuckeln. Je älter das Kind ist, desto mehr Aufmerksamkeit braucht es.

Wenn ein älteres Kind über längere Zeit und in vielen unterschiedlichen Situationen ein solches Verhalten zeigt, sollten Sie Ihr Augenmerk auf die Auslöser dieser Handlung richten. Und vergessen Sie nicht, bei der Suche nach den Ursachen auch Ihren Anteil an diesem Geschehen ins Auge zu fassen. Denn wie Sie sich erinnern, reagieren Babys auf Reize ihrer Umwelt, in der die Eltern und gerade die Mütter besonderen Raum einnehmen.

In den meisten Fällen werden Sie schnell herausfinden, daß das Kind auf einen Mangelzustand antwortet. Gerade wenn Sie das Verhalten des Kindes und bestimmte Situationen, die dem Verhalten vorausgehen, genauer betrachten, werden Sie feststellen, daß das Kind immer dann zum Daumenlutschen neigt, wenn es sich allein gelassen fühlt, wenn es Zuwendung und Trost vermißt, oder auch, wenn es Langeweile hat.

Bei genauer Beobachtung können Sie solche Situationen im Laufe der Zeit sogar vorhersagen. Anhand einer bestimmten Mimik, eines bestimmten Verhaltensablaufs, lernen Sie die Signale kennen, die das Kind schon vor Beginn des Nuckelns aussendet, und da ist Ihr Ansatzpunkt:

Haben Sie das Gefühl, es werde gleich den Daumen in den Mund stecken, dann nehmen Sie es auf den Arm und schmusen Sie mit ihm eine Zeitlang.

In den meisten Fällen verschwindet das Daumenlutschen im selben Maß, wie Sie sich dem Kind zuwenden und seine Bedürfnisse direkt befriedigen. Bekommt unser Kind, was es braucht, dann entfällt die Notwendigkeit, sich selbst eine Ersatzbefriedigung zu verschaffen.

Auch ein Teenager kann Kuschelobjekte brauchen

Gerade bei älteren Kindern läßt sich dieser Zusammenhang ganz einfach beobachten:

Melanie (17), Schülerin, hat eine eitrige Mandelinfektion. Sie soll auf Anraten des Hausarztes ins Krankenhaus gehen und sich »die Mandeln rausnehmen lassen«, erzählte uns ihre Mutter Sabine (39). »Als ich nach der Operation ins Krankenhaus kam, um sie zu besuchen, fiel mir als erstes auf, daß Melanie ein altes Kissen aus ihrem Zimmer mitgenommen und es auf das Krankenhauskissen gelegt hatte.« Dieses Kissen hat für Melanie eine besondere Bedeutung. Vor etwa drei Jahren zog die Familie von Süddeutschland nach Norddeutschland um, und Melanie erhielt das Kissen von ihren Freundinnen geschenkt. Alle hatten sich mit einem Spruch und ihrer Unterschrift auf dem Kissen verewigt. Dieses Kissen durfte weder gewaschen noch irgendwie anders gereinigt werden. »Es war völlig verdreckt!« meinte Sabine in einem Interview.

Mit etwas Verständnis für die Situation des 17jährigen Mädchens können wir nachfühlen, welche Bedeutung das Kissen für Melanie hat. Sie verlor durch einen Umzug ihre besten Freundinnen, mit denen sie ihre Freuden und Sorgen besprochen hatte. Das Kissen symbolisiert diese Mädchen. Hat sie das Kissen bei sich (sie schläft jede Nacht darauf und liegt auch tagsüber oft auf dem Bett und damit auf dem Kissen), dann hat sie ihre Freundinnen bei sich!

Der Krankenhausaufenthalt, verbunden mit einer völlig fremden Umgebung, fremden Leuten im Zimmer (es war ein Dreibettzimmer), dem ungewissen Ausgang der Operation, der dem Mädchen ebenfalls Sorgen bereitete, führte dazu, daß sie die Nähe ihrer damaligen Freundinnen suchte, um bei ihnen Trost zu finden. Da die Freundinnen nicht unmittelbar zu erreichen waren, nahm sie das Kissen als Ersatz mit.

Das Schmusen mit dem Kissen beschränkte sich darauf, daß sie es einfach unter dem Kopf hatte und spürte, ersetzte aber das Gespräch und die Zuwendung der Mädchen. Hatte sie das Kissen bei sich, fühlte sie sich nicht allein.

Während dieser Zeit der Unsicherheit am neuen Wohnort, dem Suchen nach neuen Freundinnen und Freunden, nahm das Kissen eine zentrale Stellung im Gefühlsleben der 17jährigen ein. Je mehr neue Freunde sie nach einer gewissen Zeit der Anpassung an die neue Situation finden wird, desto mehr tritt das Kissen mit der Ersatzbefriedigung in den Hintergrund. Je älter das Mädchen wird und re reifer es mit solchen Verlustsituationen umzugehen lernt, desto weniger braucht es das Kissen. Es ist das Signal für etwas, das dem Mädchen in dieser Lebenssituation fehlt.

Gerade die angstbesetzte Krankenhaussituation zeigt, welche Bedeutung das Kissen für ein Kind haben kann.

Für die Eltern von Melanie war das Erlebnis mit dem Kuschelkissen ein wichtige Erfahrung. Sie bemerkten, daß ihr Kind sich der neuen Umgebung noch nicht gewachsen, sondern allein gelassen fühlte. Und was noch wichtiger war: Melanie gab den Eltern die Schuld an ihrer Situation, schließlich hatten sie den Umzug zu verantworten. Daraus ließen sich auch andere Schwierigkeiten, die sie mit dem Mädchen erlebten, erklären.

Dieser Zeitsprung zu einem älteren Kind sollte zeigen, wie einfach die Zusammenhänge erklärbar werden, sobald man sich die Situation des Kindes genauer vor Augen führt. Bei einem Kleinkind ist dies noch einfacher zu durchschauen.

Hier kommt es vor allem darauf an zu berücksichtigen, daß wir Eltern einen Anteil an diesem Verhalten haben können, indem wir dem Kind etwas nicht zu geben scheinen, das es für seine gesunde Entwicklung dringend braucht, Zuwendung und Liebe.

Viele Mütter und Väter werden nun empört fragen: »Ich soll mein Kind nicht genug lieben?!«

Aber überlegen Sie sachlich die Situation, in der Sie, Ihr Partner und Ihr Kind sich befinden, und sehen Sie sie genauer an. Kann es nicht sein, daß in Ihrer Familie gerade jetzt, da ein solches Symptom auftritt, viel Unruhe, Ärger oder Streß spürbar ist? Besteht nicht tatsächlich die Gefahr, daß bei der vielen Arbeit, die Sie mit dieser Situation haben, die ungetrübte Zuwendung und Liebe zum Kind etwas zu kurz kommt? Sind da nicht viele Situationen, die Sie verärgern, Ihre Gefühle vergiften und damit ungenießbar für das Kind werden lassen?

Ziel ist hier nicht, Vorwürfe an die Eltern zu richten oder Schuldgefühle in ihnen zu wecken, sondern wesentlich ist nun die gesamte Situation, in der man lebt, wertfrei und genau zu betrachten. Und wenn Sie ganz ehrlich sind, werden Sie verstehen können, wo es auch bei ihnen eventuell »hakt«, wo auch bei Ihnen (trotz aller Liebe zum Kind) das Kind zu kurz kommt.

Finden Sie es heraus, und versuchen Sie, Ihrem Kind das zu geben, was es braucht.

Bleiben Sie also, wie schon gesagt, nicht beim Kind und seinem auffälligen Verhalten stehen, sondern schließen Sie sich in die Analyse mit ein. Nehmen Sie alles genau »unter die Lupe«, wenn Sie ehrlich mit sich selbst und den anderen sind, werden Sie fündig. Denn wäre tatsächlich alles in Ordnung, würde das Kind dieses Symptom nicht zeigen!

Was Kindern fehlt

Alle Beispiele in diesem Kapitel haben gezeigt, daß den Kindern etwas fehlt. Sie vermissen etwas und versuchen mit einer immer wiederkehrenden Verhaltensweise dagegenzusteuern. Sieht man sich die Verhaltensweise genauer an, entdeckt man, was den Kindern fehlt. Am Beispiel des Lutschens und Saugens am Daumen wird deutlich, daß das Kind die angenehmen Gefühle erstrebt, die ihm normalerweise von außen verschafft werden. Das gestillte Kind bekommt genügend Haut- und Körperkontakt durch das Saugen, um seine komplizierten Regelkreise im Gehirn, die sein Verhalten letztlich steuern, in Gang zu setzen.

Nicht umsonst treten Reaktionen wie das Daumenlutschen oft zuerst auf, wenn das Kind auf Flaschennahrung umgestellt wird, oder dann, wenn Mütter nörgelnden Kindern einen Schnuller anbieten.

Nun muß das Baby lernen, daß es nicht mehr so oft an die Brust gelegt wird, der enge Körperkontakt durch das Saugen, ein neben dem Blickkontakt zur Mutter sensibler Hautkontakt, wird geringer. Der Sauger an der Flasche hat ein Loch, das je nach Größe dazu führen kann, daß zu schnell getrunken wird und die Dauer des Kontaktes abnimmt.

Nun kommt es darauf an, daß die Mutter ihrem Kind den Übergang in die nächste Phase erleichtert, indem sie diese Kontakte durch vermehrtes Beschäftigen, das Körperkontakte und Schmusen einschließen sollte, ersetzten.

Je mehr Anspannung gerade in solchen sensiblen Phasen des Übergangs herrscht, desto weniger werden Mütter auf solche Bedürfnisse achten, weil sie damit oft überfordert sind.

Dann ist es wichtig, erst zur Ruhe zu kommen, bevor man sich dem Kind zuwendet. Es kann notwendig sein, daß die Mutter ein Kurzentspannungstraining durchführt, um ruhiger zu werden. Außerdem sollte sie sich die Streßauslöser mit dem erklärten Ziel vergegenwärtigen, sie abzuschaffen und andere Lösungen zu finden.

Eine Mutter wie Kathrin, die nur danach sieht, wie ihre Tochter Monique sich entwickelt, und ständig daran überlegt, ob das alles »normal« sei, achtet zwar auf ihr Kind, fixiert sich aber auf Störungen, die dann tatsächlich auftreten werden. Kinder entwickeln sich dann normal, wenn man sie sich entwickeln läßt und ihnen dabei das gibt, was sie vor allem anderen für eine gesunde Entwicklung brauchen: Zuwendung und Liebe.

Kathrin hatte Angst um ihr Kind. Wer aber ständig Angst hat und sich von ihr leiten läßt, verliert schnell den Blick für die kleinen, aber wichtigen Inhalte des Lebens, nämlich dem Baby seine ganze Liebe zu schenken. Als Kathrin diese Zusammenhänge klar waren, konnte sie sich mehr mit Monique beschäftigen, und siehe da, das Daumenlutschen verschwand!

Das eine Kind lutscht auch mit zwei Jahren noch am Daumen, das andere nicht. Verständlicherweise fragen sich daher viele Eltern, warum ihr Kind sich so und das Kind der Nachbarin sich nicht so verhalte.

Daran schließt sich gleich die nächste Frage: Warum entwickeln Säuglinge sich überhaupt so unterschiedlich?

Eine der Antworten liegt in der unglaublichen Verhaltensbreite, der großen Plastizität der Babys und Kleinkinder. Bedingungen, die für das Daumenlutschen oder ähnliche Auffälligkeiten verantwortlich sein können, sind vielleicht auch für andere Störungen maßgeblich.

Wenn wir uns hier auf die Grundbedingungen für auffälliges Verhalten beschränken und es möglichst einer spezifischen Verhaltensweise zuordnen, gilt es stets zu bedenken, daß dies in der täglichen Praxis nicht immer gelingen wird. Denn meist liegt einer Störung ein ganzes Bündel verschiedenster Bedingungskonstellationen zugrunde.

Nur selten kann man als Eltern bestimmte Gegebenheiten isolieren und sie mit einer Störung in Verbindung bringen. Bei der Betrachtung der Ursachen für Verhaltensstörungen handelt es sich meist um bestimmte Grundannahmen (zum Beispiel mangelnde Zuwendung als Auslöser für das Daumenlutschen) und nicht um eine einzelne Verhaltensweise, die auf jeden Fall ein Daumenlutschen auslöst. Die gleiche Mangelsituation kann bei einem anderen Kind etwas anderes auslösen.

Sprachstörungen bei Kleinkindern

Wir haben eine unscharfe Vorstellung von dem, was Kinder in einem bestimmten Alter können sollten. Wir haben selbst bestimmte Erfahrungen gesammelt, wann Kinder abgestillt werden sollten, wann sie Brei essen sollten, wann sie sauber sein sollten, wann sie mit dem Daumenlutschen aufhören sollten, wann sie sprechen sollten.

Unsere laienhaften Vorstellungen beziehen sich aber nicht nur auf den Zeitpunkt, sondern auch auf die Art und Weise, wie etwas geschieht, wie etwas erlernt wird.

Nicht selten orientieren wir uns an Vorstellungen, von denen wir meist nicht genau wissen, wie sie entstanden. Diese Vorstellungen sollen so etwas wie die »Norm« repräsentieren.

Aber fragen wir uns, was die Norm bei der Entwicklung von kindlichem Verhalten tatsächlich sei, wird es schon schwieriger. Denn daß diese angebliche Norm eine (sehr) große Variationsbreite enthält, wissen oder bedenken wir kaum.

Natürlich haben wir die Möglichkeit, uns zu informieren: Am Ende des achten Monats können manche Kinder schon einfache Silben sprechen, etwa »la-la-la«, oder »ba-ba-ba«, schreibt der Psychologe und Pädagoge ULRICH DIEKMEYER in *Das Elternbuch 1*. Am Ende des zehnten Monats sind manche Kinder schon in der Lage, kleine Lallmonologe zu führen, und am Ende des zwölften Monats vermögen manche Kinder schon zwei bis fünf Wörter zu sprechen.

Die Betonung liegt hier aber auf dem Wort »manche« – nicht alle Kinder, sondern eben nur einige – Kinder. Da beginnt die Schwierigkeit mit der sogenannten »Normalität«.

Müssen wir uns als Eltern Sorgen machen, wenn unser Kind nicht zu diesen Kindern gehört und nicht mit einem Jahr zwei bis fünf Wörter spricht?

Wir sind der Meinung, daß man sich nicht sorgen sollte, sondern dem Kind zubilligen muß, sich individuell zu entwickeln und dabei sein eigenes Entwicklungstempo einzuschlagen. Denn nicht nur die Kinder, sondern auch die Eltern sind verschieden und verhalten sich sehr unterschiedlich ihren Kindern gegenüber, wie unsere Beispiele ja gezeigt haben. Viele Eltern überfordern ihre Kinder, weil sie sich an angeblichen Normen orientieren, die nichts weiter als einfache statistische Mittelwerte sind. Wie geht die Wissenschaft dabei vor? Sie nimmt die Gesamtheit aller Kinder einer Altersgruppe, bildet daraus eine kleine Stichprobe, untersucht ein Merkmal, zum Beispiel das Sprechen, und stellt dann fest, daß manche Kinder soundso viele Wörter sprechen und andere nicht. Sie stellt Durchschnittswerte auf, die lediglich beweisen können, daß unsere Kinder verschieden sind und auf unterschiedliche Weise sprechen lernen.

Das Erlernen der Sprache ist aber ein so komplexer Vorgang, daß es nicht ausreicht, auf die Anzahl der wiedergegebenen Wörter zu achten. Außerdem weiß man, daß ein Kind, das schon mit zwölf Monaten ein paar Wörter spricht, deshalb keineswegs klüger ist als ein Kind, das im gleichen Alter nur wenige Wörter sprechen kann.

Kann ein Kind also in einem Alter von etwa einem Jahr noch keine anderen Wörter als »Mama« oder »Papa« sprechen, liegt noch keine Entwicklungsstörung vor. Wenn dieses Kind aber auch mit fast zwei Jahren immer noch nicht viel mehr spricht, dann sollten Eltern aufmerksam werden und einen Arzt zu Rate ziehen, um verschiedene andere Bereiche, mit denen das Sprechenlernen zusammenhängt, untersuchen zu lassen.

Regina: Das Kind spricht nur wenig, ist das normal?

Maren (29) und Frank (34), hatten sich auf ihre Tochter Regina sehr gefreut. »Regina war ein Wunschkind. Wir hatten erst versucht, beruflich etwas auf die Beine zu kommen, und dann an ein Kind gedacht«, erzählte Maren in einem Interview. Maren arbeitete als Chefsekretärin in einem CD-Werk, Frank war Systemanalytiker bei einer Softwarefirma. Beide hatten ein verhältnismäßig hohes Einkommen und sich kurz nach der Geburt von Regina in einer Kleinstadt in Niedersachsen ein Haus gekauft.

Bis zum Alter von etwa einem Jahr verlief alles »normal«. Regina entwickelte sich völlig altersgemäß – bis auf eine Auffälligkeit: Sie sprach nicht oder nur sehr wenig. »Ich beobachtete bei meinen Freundinnen, die auch kleine Kinder hatten, daß deren Kinder mit etwa einem Jahr schon munter plapperten, während Regina noch kein anderes Wort als ›Mama‹ sprach. Das machte mich erst nachdenklich und, als es auch so blieb und sie älter wurde, etwas nervös!«

Regina war inzwischen zwei Jahre alt und sprach immer noch nicht mehr als ein paar Wörter. »Sie sagte inzwischen auch ›Papa‹, was mich natürlich mit Stolz erfüllte«, meinte Frank, »aber ich fand ebenso, daß das Kind ruhig mehr reden könnte!«

Maren und Frank begannen sich zu fragen, warum ihr Kind so wenig spräche.

Thomas: Wenn Kleinkinder stottern

Silke (27) arbeitete im Büro einer Spedition. Sie hatte einen Sohn, Thomas, der nun – mit drei Jahren – plötzlich zu stottern begann. Silkes Mann, Sebastian (31), ein Maschinenschlosser in derselben Spedition, empfand das Stottern des Sohnes als »peinlich«.

»Immer wenn Thomas zu stottern anfängt, regt mein Mann sich auf. Ich sage ihm dann: ›Wenn du dich aufregst, wird der Junge ja noch nervöser. Wie soll er dann lernen, richtig zu sprechen?‹«

»Die Situation bei uns spitzte sich zu, als das Stottern nicht besser wurde. Ich machte meinem Mann Vorwürfe, er ärgerte sich dann über mich und über den Sohn und sprach tagelang nicht mit mir!«

Silke beklagte sich während der Interviews über das »unmögliche Verhalten« ihres Mannes. »Ich bin inzwischen so weit, daß ich mir nicht mehr zu helfen weiß. Ich werde jetzt auch schon nervös, und der Junge merkt das natürlich. Und wenn er das spürt, stottert er noch mehr.«

Was sollte Silke tun? Wie konnte sie ihren Mann dazu bringen, sich nicht über das Stottern des Jungen aufzuregen? Und vor allem, wie sollte sie selbst mit dem Stottern umgehen? Wie konnte sie ihrem Kind helfen?

Patrick, das »Plappermaul«

Margret (34), Diplompsychologin in einer psychologischen Praxis, lebte mit Kurt (32), einem Lehrer an einer Gesamtschule, zusammen. Ihr gemeinsamer Sohn Patrick war ihr ganzer Stolz. »Patrick war ein total aufgewecktes Kind. Der konnte schon mit einem Jahr ein ganze Reihe von Wörtern sprechen, so daß wir sehr stolz auf ihn waren. Mit zwei war er schon so weit, daß er nicht nur ganze Sätze sprach, sondern auch die kompliziertesten Wörter zustande brachte«, meinte Margret während eines Interviews.

Die Psychologin bemerkte zunächst nicht, daß sich in dem frühen Sprechen von Patrick und der Verwendung komplizierter Wörter ein Problem des Kindes ausdrücken könnte. Erst als Patrick immer mehr zu sprechen anfing und sich komplexen Wörten und Sätzen zuwandte, wurde sie unruhig. »Das wurde ganz unheimlich. Natürlich waren wir stolz auf Patrick. Er schien eben ein besonders begabtes Kind zu sein, aber etwas eigenartig war das schon!«

Die Eltern begannen sich zu sorgen. Als Fachleute wollten sie sich informieren. Sie suchten nach Fachliteratur und fragten Kollegen. »Eine Freundin von mir sagte mir einmal im Vertrauen – und ich sah, daß ihr das schwerfiel: ›Sag mal, findest du nicht, daß ihr bei Patrick vieles einfach übertreibt, daß ihr euch da ein Superkind heranziehen wollt?‹«

»Das machte mich nachdenklich«, meinte Kurt, »auf einmal begann ich unsere Erziehungsmethoden etwas selbstkritischer zu sehen und mußte zumindest zugeben, daß die Freundin vielleicht nicht ganz unrecht hatte!«

Mögliche Ursachen von Sprachstörungen

Die Beziehung zwischen Eltern und Kind kann gestört sein

Damit ein Kind Sprechen lernen kann, müssen bestimmte Bedingungen erfüllt sein. Als erstes benötigt es eine tragfähige Beziehung zu seiner Mutter (oder einer anderen Bezugsperson). Diese *personenspezifische* Bindung baut das Kind normalerweise im ersten Lebensjahr in vier Etappen auf:

1. In einer ersten Vorphase (während der ersten drei Monate) ist das Kind »ohne Unterschied der Personen allgemein sozial ansprechbar«, schreibt HELLGARD RAUH in seiner *Entwicklungspsychologie.* In dieser Phase hat es keine Bedeutung, wer sich mit dem Kind befaßt, ob der Vater, die Mutter oder eine fremde Person.

2. Erst im Alter von etwa drei Monaten beginnt es, personenbezogen Unterscheidungen zu treffen. Das Kind wendet sich nun einer spezifischen oder einigen vertrauten Personen zu. Rauh hält fest, daß das Kind »sein aktives Repertoire an Bindungsverhaltensweisen« erweitert.

3. Von einer eigentlichen Bindung spricht man erst ab dem siebten oder achten Monat, wenn das Kind sich aktiv in die Nähe einer

Bezugsperson begeben kann und sie bei Abwesenheit vermißt. Nun vermag es sein Verhalten zu steuern, um Mutter, Vater oder jemand anderes in seine Nähe zu bringen.

4. Die letzte Etappe erreicht das Kind erst etwa im Alter von drei Jahren, wenn es zielorientiert und flexibel in der Lage ist, eine »zielkorrigierte Partnerschaft« mit dem Erwachsenen einzugehen.

Durch verschiedene Experimente haben Wissenschaftler herausgefunden, daß Kinder sich schlechter entwickeln, wenn das Bindungsverhalten gestört ist. Kinder, die aufgrund von Heimerlebnissen oder anderen Umweltbedingungen kein Bindungsverhalten entwickeln können, bleiben in ihrer allgemeinen Entwicklung zurück. Sie lernen nicht nur später Sprechen, sondern haben auch keinen so großen Wortschatz wie vergleichbare Kinder ihres Alters.

In den meisten Fällen aber zeigt es sich in unserem Kulturkreis, daß Kinder sogar auch dann ein ausreichendes Bindungsverhältnis entwickeln, wenn sie zum Beispiel von ihren Bezugspersonen mißhandelt werden. Wir dürfen also davon ausgehen, daß es nur bei geistig behinderten Kindern oder durch schwerwiegende Geburtsstörungen (Frühgeburt, MCD = minimale zerebrale Dysfunktion) zu Einschränkungen im Bindungsverhalten kommen kann.

Meistens erschweren bestimmte körperliche Voraussetzungen das Erlernen der Sprache: Hierzu gehört an erster Stelle das Hören. Es leuchtet ein, daß nur ein Kind, das ausreichend hört, richtig Sprechen lernen kann. Ebenso wichtig ist das Sehen beim Erlernen des Sprechens.

Bleibt ein Kind also auffallend in seiner Sprechentwicklung zurück, dann sollten die Eltern zwar an die große Variationsbreite denken, die beim Sprechenlernen durchaus »normal« ist, aber sie sollten auch nicht allzu lange warten, bis sie einen Arzt aufsuchen. Spricht das Kind auch am Ende des zweiten Lebensjahres noch nicht viel, sollte man auf jeden Fall einen Arzt konsultieren. Dieser klärt anhand von verschiedenen Untersuchungen, ob das Kind richtig hören und sehen kann.

Zum Erlernen der Sprache muß das Kind komplexe Leistungen vollbringen. Denken und Sprechen hängen eng miteinander zusammen. Das Erlernen der Sprache erfordert eine Reihe von Differenzierungen innerhalb des Gehirns und des Nervensystems sowie eine Kontrolle über die beteiligte Muskulatur. Ähnlich wie das Erlernen des Laufens erfordert es vom Kind eine erhebliche Kombinationsleistung, viele Bereiche zu koordinieren.

Eine weitere wesentliche Voraussetzung neben der Fähigkeit, denken, sehen und hören zu können, stellt das Vorbild der Eltern dar. Damit die Kinder richtig Sprechen lernen können, müssen Eltern viel mit den Kindern reden.

Dabei kommt auch die alte »Babysprache« wieder zu Ehren. Viele Eltern sprechen mit kleinen Kindern in einer Sprache, die sich aus einfachen Wörtern und einer bestimmten Tonlage zusammensetzt. Lange Zeit haben Pädagogen dagegen gewettert und gemeint, man solle auch mit Babys wie sonst sprechen. Inzwischen weiß man, daß Säuglinge bestimmte Frequenzen besser und andere schlechter hören können und daß einfache Wörter ihrem noch nicht differenzierten Hörvermögen entgegenkommen.

Aber: Diese Vereinfachung der Sprache sollte im gleichen Maße aufgegeben werden, in dem das Kind differenzierter zu hören und zu denken lernt. Wer mit fünf- bis sechsjährigen Kindern immer noch in der Babysprache spricht, hilft ihnen dabei nicht, sondern erschwert das Erlernen der richtigen Aussprache.

Das Verhalten der Eltern auf anderen Ebenen hat ebenfalls große Bedeutung. Sind die Eltern ausgeglichen und ruhig im Umgang mit ihrem Kind, fühlt es sich wohl und kann sich gut auf das konzentrieren, was es erlernen soll. Werden sie schnell nervös und schreien eventuell oder schimpfen mit dem Kind, dann besteht die Gefahr, daß das Kind sich ängstigt. Angst kann aber die Muskulatur verkrampfen und dazu führen, daß das Kind blockiert ist (und zwar auf einer psychischen und auf einer physischen Ebene). Eltern, die sich aufgrund eigener Streßsituationen so verhalten, fördern das Entstehen von Sprachstörungen, ohne es selbst zu bemerken!

Beobachtet man bei seinem Kind neben dem erschwerten Spracherwerb noch andere eigentümliche Verhaltensweisen, zum Beispiel eine auffällige Schmerzunempfindlichkeit, sollte man dies dem untersuchenden Arzt mitteilen. In diesem Fall wird er das Vorliegen einer MCD überprüfen. Die minimale zerebrale Dysfunktion entsteht meist durch einen kurzfristigen Sauerstoffmangel bei der Geburt, der bestimmte Nervenfunktionen gestört haben und zu kleinen Vernarbungen im Gehirn führen kann. Solche Narben vermögen wiederum andere Sinnesfunktionen zu beeinträchtigen.

Je früher man sich hier Klarheit verschafft, desto besser kann man seinem Kind helfen, dies auszugleichen, und es bei seiner Sprachentwicklung unterstützen.

So können Sie Sprachstörungen selbst beheben

Als erstes sollten Sie klären, ob es sich um eine Übergangsphase handelt, die sich (fast) von selbst wieder legt, eine Verlangsamung in der Entwicklung Ihres Kindes, mit der es für etwas »Luft«, eine nötige Pause sorgt, um sich anzupassen. Denken Sie aber an eine ernsthafte Entwicklungsstörung, sollten Sie fachliche Hilfe in Anspruch nehmen. Dazu ist es, wie schon gesagt, nötig, sowohl das Kind als auch sich selbst etwas genauer »unter die Lupe zu nehmen«, um besser entscheiden zu können, wie man weiter vorgeht.

Der Beantwortung dieser zentralen Fragen sollte man sich mit Bedachtsamkeit und Ruhe widmen. Vielleicht gelingt dies leichter, wenn man weiß, daß über 75 Prozent aller Verhaltensstörungen im Kleinkindalter danach wieder »verschwinden« und kaum Spuren hinterlassen.

Nur etwa ein Viertel dieser Störungen hat über das Kleinkindalter hinaus Bestand und kann zu weiteren Störungen im Schul- und Jugendalter führen.

Beobachten Sie Ihr Kind

Am Anfang aller Ihrer Bemühungen steht die möglichst genaue Beobachtung der Verhaltensweise, von der man meint, sie sei vielleicht nicht ganz »normal«.

Notieren Sie sich, wie Ihr Kind spricht und was dabei geschieht. Handelt es sich um ein Verhalten, das zu selten vorkommt (ein Verhaltensdefizit)? Oder handelt es sich um ein Verhalten, das zu oft auftritt (ein Verhaltensexzeß)?

Die Beantwortung der Frage nach dem Zuwenig oder Zuviel erbringt Aufschlüsse über das Verhalten selbst und zugleich darüber, in welche Richtung später eine Therapie verlaufen könnte. Hier entscheidet es sich schon, ob man bei einem Defizit dafür sorgen muß, es auszugleichen, oder einen Exzeß zu verringern versucht.

Selbst wenn es sich um eine ernsthafte Störung handelt, bei der Sie die Hilfe eines Experten brauchen, kann Ihnen diese Beobachtung helfen, um ihm die Störung besser zu erläutern und ihm etwas an die Hand zu geben, das ihn für Ihr Kind und Sie selbst den besten Weg weisen läßt. Je mehr Beobachtungsmaterial Sie haben, um so besser ist es.

Die Beobachtung des Kindes sollte sich auf folgende Aspekte konzentrieren:

---

1. Wie verhält sich das Kind? Wie sieht die Störung aus? (Beschreibung der Sprachstörung.)
2. Wie oft kommt sie vor? (Beschreibung des Ausmaßes, der Häufigkeit des Auftretens.)
3. In welchen Situationen tritt sie auf? (Beschreibung der Umgebungsbedingungen.)
4. Wie ist sie entstanden? (Beschreibung der Genese.)
5. Was haben Sie bisher unternommen? (Beschreibung der Selbsthilfemöglichkeiten.) Was haben Sie damit bisher erreicht?

Wie verhalten Sie sich als Eltern gegenüber dem Kind?

Wenn wir uns immer wieder mit dem Elternverhalten beschäftigen, soll Sie das nicht dazu verleiten, anzunehmen, es geschehe, um eine »Schuld« der Eltern am Verhalten der Kinder zu suchen und zu finden. Wesentlich ist vielmehr, daß Eltern erkennen, wie sehr sie auch ein Teil eines Systems sind, das an der Entstehung dieser Störung möglicherweise Anteil hat. Also nicht die Frage der Schuld, sondern die Frage nach der Mitverantwortung der Eltern ist angesprochen.

Eltern, die sich hier verweigern, alles von sich weisen, aus Angst, man könnte ihnen »etwas am Zeug flicken wollen«, nehmen sich auf diese Weise selbst die Gelegenheit, ihrem Kind zu helfen. Denn wer meint, ihn betreffe die Angelegenheit nicht, kann auch die Möglichkeiten nicht erkennen, die den Verlauf der Störung positiv beeinflussen.

Betrachten Sie sich selbst und Ihr Verhalten zum Kind möglichst selbstkritisch. Fragen Sie sich zunächst, wie Sie Ihrem Kind gegenüberstehen.

- Sind Sie zum Beispiel sehr anspruchsvoll, was das Erlernen der Sprache bei Ihrem Kind anbelangt?
- Oder vertrauen Sie darauf, daß Ihr Kind von allein schon alles Nötige lernen wird, und lassen allem seinen Lauf?
- Überfordern Sie Ihr Kind eher, oder unterfordern Sie es?
- Sind Sie unerbittlich bei der Berichtigung von Fehlern oder eher nachsichtig?
- Verhalten Sie sich mit Ihrem Partner kongruent (oder haben Sie verschiedene Ansichten?)
- Wechseln Sie häufiger die Strategie? Sind Sie einmal konsequent, dann wieder nachlässiger? Achten Sie manchmal darauf, dann wieder nicht?

Wichtig bei der Beobachtung Ihres Verhaltens gegenüber dem Kind ist es, die eigene und die Beziehung des Partners zum Kind ebenfalls einzubeziehen. Wie stehen Sie Ihrem Kind gegenüber? Handelt es sich um ein Wunschkind, dem Sie alles geben möchten? Oder war das Kind ein »Betriebsunfall«?

Wenn es sich um ein (zugegebenermaßen) ungeliebtes Kind handelt, für das Sie sich trotzdem verantwortlich fühlen, dann unterdrücken Sie diese Ihre Empfindungen nicht. (Das heißt nicht, daß man das Kind solche Gefühle spüren lassen soll!) Sondern versuchen Sie, mit sich selbst ins reine zu kommen. Suchen Sie sich jemanden, mit dem Sie offen darüber sprechen können. Vielleicht gelingt es Ihnen so, das Kind doch noch anzunehmen und ihm damit die notwendigen Chancen zu einer gesunden Entwicklung zu geben?

Führen Sie die Ergebnisse aus der Beobachtung des Kindes und aus der Selbstbeobachtung zusammen, um ihre mögliche gegenseitige Bedingtheit zu erkennen.

Sobald Sie Ihren Anteil an der Entstehung der Störung sehen, können Sie auch experimentieren, um Ihren Einfluß auf andere Weise als bisher zu nutzen. Denn es liegt auf der Hand: Wenn ein bestimmtes Verhalten zur Entstehung der Störung beitragen kann, vermag ein anderes Verhalten diese Störung vielleicht zu beseitigen.

Was bedeutet das Signal »Sprachstörung«?

Wenn ein Kind nicht richtig sprechen kann, müssen wir uns fragen, was das bedeuten könne. Zum einen liegt die Funktion der Sprache darin, sich über die Sprache ein Bild von der Welt zu schaffen. Am Anfang imitiert es das, was es hört (daran bemerken wir, wie wichtig andere Sinne bei der Sprachentwicklung sind). Es versucht mit seinen noch beschränkten sprachlichen Mitteln die Laute der Bezugspersonen nachzuahmen. In dieser Phase trainiert das Kind seine Sprechmuskulatur und bildet erste entsprechende Neuronenverbindungen im Gehirn.

Im weiteren Verlauf bekommen diese Laute eine Bedeutung zugewiesen. Aus »ba-ba-ba« wird »Papa«, aus »mmmh« wird »Mama«. Hier handelt es sich also um einfache Worte, aber zugleich um die ersten für das Kind bedeutsamen Personen. Es lernt Begriffe für diese Personen.

Im Laufe der Zeit kommen andere einfache Lautverbindungen hinzu, die dazu dienen, weitere Gegenstände oder Personen aus der unmittelbaren Umgebung des Kindes zu bezeichnen. Es erobert sich gleichsam seine Welt.

Im Körper des Kindes geschieht ebenfalls etwas. Es beginnt zu denken und lernt, die Begriffe als Repräsentanten der Welt in seinem Kopf, in seinem Gehirn zu ordnen. Dabei kommt es gerade am Anfang zu Mehrfachbedeutungen von Wörtern, etwa bei den häufig gebrauchten Verben »essen« oder »schlafen«. Wenn das Kind diese Wörter verwendet, durchläuft es verschiedene Stufen: Zuerst wird ein ähnlicher Laut gebildet, der den Vorgang und alles, was damit zusammenhängt, meint. Aus »ham-ham« wird im Laufe der Zeit eine allgemeine Bezeichnung, »essen«. Nun kann das Kind zwar »essen« sagen, aber es verbindet noch mehr Bedeutungen damit als Erwachsene. Es kann meinen: »Ich will essen!« oder »Papa soll essen!« oder »Wir wollen essen!« Auf jeder dieser verschiedenen Übergangsstufen, in denen es sich die Begriffswelt der Erwachsenen aneignet, sind Störungen und Verzögerungen, aber auch Beschleunigungen möglich.

Es läßt sich also zusammenfassen: Das Kind lernt über Imitation die ersten einfachen Worte und differenziert seinen Wortschatz immer weiter. Wichtige Übergangsphasen stellen dabei jene Zeiten dar, in denen sich das Kind von einer Stufe zur nächsten entwickelt – zum Beispiel, wenn es von »Mama« und »Papa« zu weiteren Begriffen übergeht oder mit zwei Jahren das Wort »Ich« und seine eigene Person entdeckt.

Das *Kursbuch Kinder* (von ANDREA ERNST, VERA HERBST, KURT LANGBEIN und CHRISTIAN SKALNIK) meint dazu: »In der Sprache verweben sich alle Sinnes- und Gedächtnisleistungen miteinander. Dabei genügt es nicht, Sätze oder Wörter aneinanderzureihen. Sie ergeben erst dann einen Sinn, wenn sie in einem Zusammenhang stehen, an dem Erinnerungen, Erwartungen, Erfahrungen und Emotionen beteiligt sind. Um die Botschaften der Sprache richtig zu deuten (verstehen) und zu vermitteln (sprechen), müssen alle Bereiche zusammenwirken.«

Das Kind kann in jedem dieser hochkomplexen Bereiche Schwierigkeiten haben, die uns aber anzeigen, wo Probleme liegen, und uns helfen, seine Signale besser zu verstehen. Dabei ist es wesentlich festzustellen, ob das Kind die Bedeutungen nicht gut *versteht*, oder ob es Probleme hat, diese Bedeutungen zu *vermitteln*. Im ersten Fall handelt es sich um eine Denkstörung, die mit dem Erlernen der Sprache ursächlich zusammenhängt, im zweiten Fall um eine Übermittlungsschwäche, ein Problem der Aussprache oder der Kommunikation.

Spricht ein Kind zuwenig, dann kann dieses Signal heißen, daß unser Kind Schwierigkeiten hat, die Bedeutungen zu erlernen. Hier müssen die Eltern helfend eingreifen, indem sie das Kind die Bedeutungen langsam und geduldig erlernen lassen. In diesem Fall ist es notwendig, einfache Beispiele anzuwenden und dem Kind das Verstehen ihrer Inhalte durch langsames Sprechen und, wenn nötig, Wiederholen, zu erleichtern. Sprache wird also in einer anderen Form als bisher angeboten. Ein Kind, das nur »Mama« und »Papa« sagen kann, wird nicht gleich komplette Sätze erlernen müssen, sondern weitere einfache Begriffe, wie »Ball«, »Löffel«, »Tisch«.

Es handelt sich also um Hilfe beim Vervollständigen der Welt des Kindes auf einer Vermittlungsebene, nämlich der der Eltern.

Hat das Kind hingegen im zweiten Bereich, der Kommunikation, Probleme, kennt es zwar die Bedeutungen, kann sie aber nicht ausdrücken. Die Eltern können das Kind Sprechen lehren, indem sie es ermuntern, sich mitzuteilen.

Spielend das Sprechen lernen

Im Normalfall erlernt ein Kind ohne besondere Übungen, im Alltag das Sprechen. Bereitet es ihm aber Schwierigkeiten, sollten die Eltern nicht nur darauf achten, mehr und anderes als bisher mit dem Kind zu sprechen, sondern tägliche Sprechübungen mit ihm durchführen. Je nach dem Alter des Kindes können sie ein paar Minuten bis zu einer halben Stunde bei älteren Kindern dauern.

Man sollte dieses Üben spielerisch gestalten (und dabei viel lachen). Es darf nicht zu einer Belastung für das Kind werden, denn dann verliert es die Lust daran, und die Sprachstörungen nehmen eher noch zu.

Das Verhalten der Eltern bei diesen Übungen trägt wesentlich zum Gelingen bei. Eltern sollten ein Kind, das Sprachstörungen hat, nur ermuntern und loben, nicht aber bestrafen oder gar schimpfen. Denn dies vergrößert die Schwierigkeiten möglicherweise nur. Wird das Kind bei den Übungen auch nur unter geringsten Druck gesetzt, haben sie meist genau den gegenteiligen Effekt. Das Kind verkrampft sich (auch muskulär) nur noch mehr und kann noch weniger sprechen, als es vielleicht möchte.

Wichtig für Ihr Kind ist eine ruhige und entspannte Atmosphäre. Achten Sie vor allem darauf, sich keinesfalls zu ärgern oder aufzuregen und dieses dem Kind zu zeigen! Bleiben Sie locker und entspannt. Wenn Sie nicht dazu in der Lage sind, lösen Sie Ihre Anspannung vor den Übungen durch eine Entspannungsübung (siehe Anhang). Das Kind muß das Gefühl bekommen: Meine Eltern unterstützen mich! Meine Eltern sind lieb und versuchen mir zu helfen! Es darf auf keinen Fall Angst spüren.

Suchen Sie ein einfaches Bilderbuch heraus, das nur wenige Bilder enthält, in denen verschiedene, möglichst bunte Gegenstände und Figuren dargestellt sind. Sehen Sie das Buch gemeinsam mit dem Kind an und zeigen Sie mit dem Finger auf die Figuren. Dann sagen Sie (langsam und deutlich): »Das ist eine Kuh.« Sehen Sie nun Ihr Kind an und wiederholen Sie den Satz – auf diese Weise am besten ein paar Mal. Sie brauchen Geduld. Das Kind soll nicht den Satz nachsprechen, wie einige Eltern meinen, sondern lediglich das Wort »Kuh«.

Dann können Sie Fragen stellen, wie: »Was macht eine Kuh?« »Wo lebt die Kuh?« »Was frißt die Kuh?«

In der nächsten Stufe können Sie dem Kind eine Kuh als Spielzeug anbieten und die Fragen spielerisch wiederholen, indem Sie

sie mit dem Kind erarbeiten. Sollten Sie in der Nähe eines Bauernhofes wohnen, besuchen Sie ihn mit dem Kind und zeigen Sie ihm eine Kuh. Stellen Sie wieder die gleichen Fragen. Wenn Sie Ihrem Kind dabei Zeit lassen, wird es auf Ihre Fragen schließlich antworten. Dann ist es wichtig, daß Sie freudig reagieren, Ihr Kind loben und es liebkosen. Es muß spüren, wie sehr Sie sich über jedes neue Wort, das es lernt, freuen!

Hat das Kind es geschafft, das Wort »Kuh« auszusprechen, dies mehrmals wiederholt, und sind Sie sicher, daß es die Bedeutung verstanden hat, können Sie das Kind spielerisch »auf die Probe stellen«. Nehmen Sie einen Alltagsgegenstand, zum Beispiel eine Tasse, und üben Sie diesen Begriff genauso ein wie das Wort »Kuh«. Wenn das Kind auch dieses Wort sicher einordnen kann, fragen Sie das Kind, ob die Tasse muh mache.

Vielleicht nehmen Sie dieses Kontrollspiel nicht zu ernst, sondern lachen schon etwas bei der Formulierung der Frage. Wenn Ihr Kind nicht ernsthaft gestört ist, müßte es nach einiger Zeit des Überlegens den Unterschied zwischen einer Kuh und einer Tasse ausdrücken.

Voraussetzung ist allerdings, daß Sie mit dem Kind vorher schon eine ganze Reihe neuer Wörter eingeübt haben und das Kind sie auch ziemlich sicher unterscheiden können muß. Wenn Sie Ihr Kind wählen lassen, ob die Tasse muhe, bedeutet das nicht, ihm möglichst früh eine Falle zu stellen, in die es auch hineinfällt, sondern dies soll nach einiger Zeit eine weitere Differenzierung in die Übungen einführen – die oft vergnügliches Gelächter auslöst.

Im Laufe der Zeit sollten Sie dazu übergehen, mehr mit Fragen als mit Feststellungen zu arbeiten. Kennt das Kind einen Begriff wie »Kuh«, dann fragen Sie ab und zu: »Ist das eine ...?« und formen dabei den Mund entsprechend, ohne das Wort laut auszusprechen.

Wenn das Kind solche Übungen verstanden hat und sie ausführen kann, können Sie damit beginnen, ihm immer mehr Wahlmöglichkeiten zu lassen und sie ihm als Frage anzubieten: »Möchtest du lieber mit dem roten Buntstift malen oder mit dem grünen?« »Willst du lieber einen Apfel oder eine Apfelsine?«

Spricht das Kind dagegen zuviel oder zu schnell, dann besteht die Aufgabe der Eltern darin, dies zu verlangsamen, zu verzögern, um dem Kind zu helfen, Entwicklungsstufen langsamer zu durchlaufen.

Wenn Selbsthilfe nicht ausreicht

Bevor Sie mit Ihrem Kind fachliche Hilfe aufsuchen, sollten Sie sicher sein, daß Sie Ihr Kind nicht überfordern. Die ersten Laute äußert ein Kind schon sehr früh, im Alter zwischen acht Monaten und einem Jahr verständigt es sich mit den ersten Wörtern. Gegen Ende des zweiten Jahres sollte es einige häufige Wörter mehr oder weniger flüssig beherrschen und einfache Sätze bilden können. Die Sätze brauchen nicht grammatikalisch korrekt zu sein, sondern das Kind soll nur mehrere Wörter sinngemäß verwenden können.

Es ist also wichtig, nicht zu früh schon zuviel vom Kind zu verlangen. Der Prozeß des Sprechenlernens ist, wie andere Lernprozesse auch, ein komplexes Geschehen, an dem viele unterschiedliche Bereiche beteiligt sind. In jedem dieser Bereiche, zum Beispiel dem Hören und Sehen, müssen Lernfortschritte erzielt werden, die wiederum in engem Zusammenhang mit der Entwicklung des Gehirns und des Denkens stehen.

Wenn Sie also den Eindruck haben, Ihr Kind bleibe in einem dieser Bereiche sichtbar zurück, können Sie (ohne gleich beunruhigt zu werden) vorsichtshalber als erstes einen Arzt aufsuchen und mit ihm über Ihre Sorgen sprechen. Er wird das Kind einer gründlichen körperlichen Untersuchung unterziehen und überprüfen, ob seine Fähigkeiten in einem wesentlichen Bereich noch nicht seinem Alter entsprechen. Vielleicht wird er auch den Besuch weiterer Fachärzte vorschlagen, um sicherzugehen, nichts zu übersehen.

Sollte es zu schwerwiegenden Beeinträchtigungen in einem Bereich gekommen sein, zeigt sich das meistens schon bei den Vorsorgeuntersuchungen, in denen unter anderem die altersgemäße

Entwicklung des Nervensystems beziehungsweise des Gehirns überprüft wird.

Erst wenn der Arzt Ihren Verdacht, daß etwas nicht in Ordnung ist, bestätigt, sollten Sie weitere fachliche Hilfe in Anspruch nehmen. Ihr Arzt wird Ihnen dazu Hinweise geben können.

Suchen Sie rechtzeitig fachliche Hilfe

Sie sollten zwar nicht übereilt und zu früh, aber auch nicht zu spät Hilfe aufsuchen. Wie zuvor, so gilt auch hier: Besser einmal unnötig zum Arzt gegangen, als zu spät.

Die meisten Sprachstörungen haben keinerlei körperlichen Hintergrund, sondern entstehen in der Regel auf einer psychischen Ebene. Das bedeutet, daß Sie durch Ihr Elternverhalten an der Ausbildung dieser Störung beteiligt sind. Was die einen Eltern eher als Schuldzuweisung auffassen, sehen die anderen als große Chance. Denn im Grunde ist eine Korrektur leichter, wenn Ihr Verhalten die Störung mit verursacht hat, weil Sie dann auch etwas dagegen unternehmen können, indem Sie es ändern.

Entwicklungsgestörte Kinder, die rechtzeitig Hilfe bekommen, ob die der eigenen Eltern oder die eines Fachmanns, vermögen ihren Entwicklungsrückstand in der Regel aufzuholen. Nach einigen Jahren bemerkt man nichts mehr davon, daß dieses Kind einmal Probleme beim Sprechenlernen hatte.

Bettnässen und Einkoten: Wenn mein Kind nicht sauber wird

Viele Eltern berichten voller Stolz: »Mein Kind ist schon trocken!« und meinen damit, daß es nun keine Windeln mehr braucht. Sie betrachten es als besondere Leistung, daß ihr Kind gleichsam schon vor der Zeit gelernt hat, Blase und Darm zu kontrollieren.

Andere Eltern äußern sich dazu nicht, weil sie sich vielleicht schämen, daß ihr Kind noch nicht so weit ist. Solange die Kinder sich noch in einem bestimmten Alter befinden, also »klein« sind, stellt die Erziehung zur Sauberkeit keine große Schwierigkeit dar. Erst wenn diese Kinder aus dem Kleinkindalter herausgewachsen sind und immer noch nicht rein sind, kann das für alle Beteiligten zu einem echten Problem werden. Eltern von drei-, fünf- oder gar zehnjährigen Kindern versuchen diese Tatsache zu verheimlichen, weil sie sich nicht nur für das Kind schämen, sondern es auch als Scheitern ihrer Erziehungsanstrengungen betrachten.

Wie bei vielen anderen Störungen unterläuft einigen Eltern auch hier der schon erwähnte Anfangsfehler: Sie konzentrieren sich auf das auffällige Verhalten des Kindes und neigen zwar zu Selbstvorwürfen, übersehen aber (unbewußt) ihren eigenen Anteil an diesen Prozessen. Und meist ist ihr Beitrag dazu anders, als die betroffenen Eltern sich das vorstellen. Denn das Erlernen der willentlichen Kontrolle über die Ausscheidungsorgane ist ein wesentlich komplexerer Prozeß, als die meisten Eltern glauben.

Nico: Ab wann sollte ein Kleinkind sauber sein?

Christa (23), Hausfrau, betrachtete die vollen Windeln ihres zweijährigen Sohnes Nico: »Ich bin der Meinung, nun könnte er endlich mal trocken werden!« Ihr Ehemann Martin (26) beschäftigte sich gar nicht mit »diesem Thema«. Er arbeitete in einer großen Autowerkstätte als Verkäufer und war der Meinung, das sei alles »Sache der Frau«.

Christa informierte sich lediglich durch Gespräche mit ihren Freundinnen. Sie las weder Bücher über Kindererziehung, noch wäre sie auf die Idee gekommen, mit ihren Fragen zum Kinderarzt zu gehen. Sie kam aus einfachen Verhältnissen, »da war es nicht üblich, sich über solche Sachen allzuviel Gedanken zu machen«.

Christa spürte instinktiv, daß es »nun an der Zeit wäre, etwas zu tun«. Sie hätte auch nicht daran gedacht, eine ihrer Freundinnen direkt zu fragen, was bei der Erziehung eines Kindes zur Sauberkeit vor sich ginge. »Da hätte ich ja zugeben müssen, keine große Ahnung zu haben!«

»Ich hörte genau zu, wenn dieses Thema kam. Aber niemand sagte: ›Mein Kind hat Probleme mit dem Trockenwerden‹, sondern die erzählten das nur, wenn sie glaubten, damit angeben zu können. Meine Freundin Cornelia zum Beispiel sagte: ›Miriam ist jetzt fast trocken, da brauche ich nicht mehr so viele Windeln.‹«

»Ich hoffte dann, sie würde erzählen, wie sie es geschafft hat. Aber ich wäre nie auf die Idee gekommen zu fragen, denn dann hätte sie ja bemerkt, wie wenig ich davon weiß.«

Christas Mutter, eine fast fünfzigjährige Frau, die ebenfalls »nur Hausfrau« gewesen war, fragte zwar ab und zu nach, aber sie hielt sich mit Tips zurück. So befand Christa sich in einem Dilemma. Sie sorgte sich, glaubte sogar, sie wäre »unfähig als Mutter«, weil Nico mit zwei Jahren »immer noch nicht trocken« war.

Maik: Mit drei noch Windeln brauchen?

Hätte Christa gewußt, daß im selben Ort eine Frau wohnte, die ganz andere Sorgen hatte, weil ihr Kind schon ein Jahr älter war, wäre sie erstaunt gewesen. Angelika (29) war ebenfalls Hausfrau, hatte zwei Kinder, einen dreijährigen Sohn und eine zwei Monate alte Tochter. Maik, der Dreijährige, war seit einiger Zeit nicht mehr sauber. »Das ging los, als das Baby, Simone, geboren wurde«, meinte Angelika in einem Interview.

»Mein Mann machte mir keine Vorwürfe, aber er schimpfte mit Maik.«

Beide Paare stammten »aus einfachen Verhältnissen«, für die es »eine Schande« bedeutete, wenn das Kind nicht sauber war. Sie warfen dies eher den Kindern als sich selbst vor, litten aber unter »dieser Schande« sehr.

Mirko: Wer mit zehn noch einnäßt ...

Ähnlich erging es den Petersens mit ihrem zehnjährigen Sohn, der »immer wieder nachts ins Bett machte«. Hildegard Petersen (34) arbeitete als Büroangestellte in einem großen Kaufhaus, Claude Petersen (36) war Büroleiter eines Baugeschäfts.

»Glauben Sie ja nicht, wir wären damit zu irgend jemandem gegangen und hätten das erzählt. Wir schämten uns ja in Grund und Boden«, meinte Claude in einem Interview, das während seines Aufenthaltes in einer Suchtklinik zustande kam. Claude war alkoholabhängig und hatte sich entschlossen, »nun doch eine Therapie anzunehmen, weil es so nicht weitergehen konnte«.

»Ich war froh, daß mein Mann endlich etwas unternommen hatte. Ich hielt es ja auch nicht mehr aus. Der trinkende Mann und das große Kind, das fast jede Nacht bettnäßte!«

Die Angelegenheit mit Mirko kam während eines Angehörigen-Seminars ans Licht. Frau Petersen hatte auf die Frage des Therapeuten, was sie am meisten belastete, geantwortet: »Mein Mann, der dauernd betrunken ist, und die viele Bettwäsche, die nach Urin stinkt.«

Natürlich war es den Eheleuten peinlich, daß sie auf diese Weise gleich zwei Familiengeheimnisse preisgaben. »Ich habe mich fürchterlich geschämt«, sagte Hildegard, »aber ich war auch froh, das ich das einmal loswurde!«

»Stellen Sie sich das mal vor. Abend für Abend durfte der Junge nichts mehr trinken, weil wir glaubten, das Bettnässen ließe sich so abstellen. Aber Mirko war dann schon so nervös, daß er manchmal noch während des Essens keine Kontrolle mehr über seine Blase hatte. Und wenn Claude wieder zuviel getrunken hatte, fing er an, den Jungen anzuschreien. Der heulte dann, und ich mußte ihn vor Claude beschützen.« Am nächsten Morgen war das Bettzeug trotzdem völlig naß, denn die Versuche, dem Kind auf diese Weise zu helfen, schlugen fehl.

Mögliche Ursachen einer gestörten Entwicklung zur Sauberkeit

Das Kind wird überfordert

Eltern wie Christa und Martin verfügen nur über geringes Wissen hinsichtlich der Entwicklung von Kindern. Sie sind auf das Wenige angewiesen, das ihnen ihre eigenen Eltern vermittelten, und das ist oft schon überholt.

Nico verhält sich völlig normal, aber seine Mutter weiß das nicht. Das Problem in diesem Fall besteht eher darin, daß zum Bekanntenkreis von Christa und Martin Eltern zählen, die damit prahlen, daß ihr Kind schon vor der Zeit trocken ist, und die diese frühe Sauberkeit als persönliche Leistung auffassen. Christa ließ sich davon beeindrucken.

Hätte sie gewußt, daß Kinder normalerweise erst im Alter von 20 bis 24 Monaten über die nötigen Fähigkeiten verfügen, trocken zu werden, hätte Nicos Verhalten ihr weniger Sorgen bereitet. Aber Christas Selbstbewußtsein ist aufgrund ihrer Herkunft und ihres Status eher gering. Es reicht nicht aus, um sich in ihrem Bekanntenkreis als »kompetente« Frau zu erleben. Gerade Eltern, die Wert darauf legen, daß ihre Kinder »leistungsfähig« erscheinen, haben oft selbst ein nur schwach ausgeprägtes Selbstbewußtsein und versuchen daher, mangelnde Kompetenz und mangelndes Wissen über die »Leistungen« ihrer Kinder auszugleichen.

Das kann, wie im Falle von Nico, dazu führen, daß die Kinder überfordert werden. Da die meisten Kleinkinder erst im Alter von etwa zwei Jahren körperlich und seelisch in der Lage sind, ihre Ausscheidungsfunktionen willentlich zu kontrollieren, ist es nicht sinnvoll, sie schon vorher dazu zu bewegen.

Würde man hier der Natur ihren Lauf und das Kind gleichsam von alleine trocken werden lassen, würde es ohnehin erst im Alter von etwa fünf Jahren sauber. Aber das ist den meisten Eltern viel zu spät, daher helfen sie der Natur kräftig nach. Nur darf man von

Kindern nicht zu früh mehr verlangen, als ihr Organismus physiologisch erbringen kann.

Durch unsere Tätigkeit in einer psychosomatischen Klinik werden wir jeden Tag mit Erwachsenen konfrontiert, denen in ihrer Kindheit auch in diesem Bereich schwere Traumata (seelische und körperliche Verletzungen) zugefügt wurden und die immer noch darunter leiden. Nicht zuletzt haben die Arbeiten von SIGMUND FREUD und anderen Psychoanalytikern gezeigt, welche schweren seelischen Störungen Eltern unwissentlich bei ihren Kindern verursachen können, wenn sie diese in ihrer natürlichen Entwicklung nicht fördern, sondern drängen und überfordern.

Gerade in der Erziehung zur Sauberkeit läßt sich oft Seltsames feststellen, wie das Beispiel von Christa und Martin andeuten soll. Glücklicherweise kam Christa frühzeitig mit Fachleuten in Kontakt, die ihr vermitteln konnten, daß ihr Sohn völlig normal ist. Außerdem wiesen sie darauf hin, daß Christas Freundinnen mit ihrem Übereifer bei der Erziehung zur Sauberkeit mehr Schaden als Nutzen anrichten und die Auswirkungen sich in den meisten Fällen erst im Erwachsenenalter zeigen.

Auch schon im Kindergartenalter können die schweren seelischen Störungen eines derart überforderten Kindes sich auswirken. In den meisten Fällen kommt es bei solchen Kindern zu sehr rigidem Verhalten im Umgang mit sich selbst und mit anderen. Diese Kinder haben nicht nur Schwierigkeiten in bezug auf die eigenen Gefühle, sondern auch in der Fähigkeit loszulassen. – Dies verwundert nicht, wenn man bedenkt, daß der Stuhlgang bedeutet, etwas herzugeben (das der Körper normalerweise zur geeigneten Zeit ohnehin ausschiede), und das Kind nun durch die Eltern gezwungen wird, es zurückzuhalten. Dieser Vorgang kann sich später auch auf andere, zum Beispiel seelische Bereiche übertragen. Den betroffenen Personen fällt es schwer, etwas Belastendes loszulassen und sich davon zu trennen. Ebenso kann es sich auf Gefühle zu anderen Menschen beziehen, auf Trauerprozesse, wenn ein Mensch gestorben ist, den man liebte, oder im klassischen Fall auf den Umgang mit Geld und Besitz.

Das Kind reagiert auf Vorgänge innerhalb der Familie

Sind aber, wie bei den anderen beiden Beispielen, Gegebenheiten in der Familie an der verzögerten Sauberkeit beteiligt, die auf den ersten Blick nicht mit der Erziehung dazu zusammenhängen, ist allerdings Vorsicht geboten. Während Nico sich völlig normal verhält, können wir bei Maik und Mirko auch ohne große Kenntnisse der Pädagogik und Psychologie erkennen, daß es sich hier um eine Reaktion handelt, mit der die beiden Jungen auf Vorgänge in der Familie antworten.

Gerade bei der Geburt eines Geschwisterkindes kommt es häufiger vor, daß die älteren Geschwister, die schon sauber waren, wieder in Verhaltensweisen zurückfallen, die sie eigentlich längst aufgaben. Der kleine Maik signalisiert seinen Eltern: Ich möchte auch wieder so klein wie meine Schwester sein. Er wird wieder zum Baby, indem er wieder am Daumen lutscht und sogar wieder Windeln bräuchte. Wenn wir uns nach dem (unbewußten) Motiv hinter diesem eigentümlichen Verhalten fragen, wird es schnell klar, daß der Junge sieht, wie liebevoll die Eltern, hier vor allem die Mutter, mit dem Baby umgehen. Er fühlt sich vielleicht zurückgesetzt – was jede Mutter natürlich zurückweisen würde, weil sie glaubt, sie würde das Baby gegenüber dem älteren Kind nicht bevorzugen. Sehen wir uns aber die Alltagsrealität an, so verbringen die Eltern bei Neugeborenen mehr Zeit als bei deren etwas älteren Geschwistern.

Und sehen wir uns die Folgen des Rückfalls ins Babyalter beim dreijährigen Maik an, so liegt Maiks Beweggrund auf der Hand. Wie muß seine Mutter zwangsläufig handeln? Sie muß sich nun wieder mehr um Maik kümmern. Das Kind zwingt sie mit dem Auftreten des Symptoms der nicht beherrschten Blase dazu, sich ihm wieder verstärkt zuzuwenden, und zwar in einer Weise, die der Betreuung von Babys gleichkommt und nicht dem Umgang mit Dreijährigen entspricht.

Auch bei Mirko kann man als Laie sofort sehen, daß hier innerhalb der Familie etwas nicht in Ordnung ist. Der Vater trinkt, das zwingt die Mutter dazu, sich verstärkt um ihn zu kümmern. Und nicht nur das. Frauen von Alkoholikern müssen, um die Familie zu retten, fast alle Aufgaben des Mannes übernehmen. Sie kümmern sich dann nicht nur um die finanzielle Seite, sondern auch um vieles andere, das der trinkende Mann vernachlässigt.

Das Kind signalisiert: In unserer Familie stimmt etwas nicht. Kümmert euch um mich. Ich komme hier völlig zu kurz.

Was dem Kind fehlt, zeigt der Rückfall in das Babyalter deutlich: Es möchte Zuwendung, Liebe und Zärtlichkeit, all das, was Babys selbstverständlich erhalten, wenn die Eltern das Kind lieben.

Natürlich lieben auch Hildegard und Claude ihren Sohn, nur haben beide durch die Krankheit des Vaters weder die Zeit noch die Nerven, sich um den zehnjährigen Jungen liebevoll zu kümmern. Die Mutter ist durch den trinkenden Vater völlig überlastet. Sie ist nervös und hat Angst um den Mann und um die Familie. Da bleibt kein Raum mehr für liebevolle Gefühle dem Sohn gegenüber. Der trinkende Vater ist ganz mit sich selbst und seinem ständigen Trinken beschäftigt und kann dem Jungen das auch nicht mehr geben.

Viele Kinder von Alkoholikern reagieren auf diese oder ähnliche Weise, um die Aufmerksamkeit auf sich zu lenken und den Eltern zu zeigen: Wir kommen zu kurz, kümmert euch auch um uns! Das können neben dem beschriebenen Verhalten des Einkotens und Bettnässens auch alle anderen auffälligen Verhaltensweisen sein, wie verstärkte Aggressionen oder nachlassende Schulleistungen, bis hin zu kriminellen Aktivitäten im Jugendalter.

Die natürliche Entwicklung zur Sauberkeit – Störungen beheben

Hier handelt es sich um zwei grundsätzliche Strategien: Die eine betrifft die Säuglingspflege und -erziehung, die andere bezieht sich auf die Korrektur möglicherweise fehlgerichteter Entwicklungen. Beides läßt sich von Eltern auch ohne fachliche Hilfe bewältigen, wenn sie einiges Wesentliche beachten. Nur in schwierigen Einzelfällen kann es sinnvoll sein, sich der Hilfe eines Experten zu versichern. Aber zum Beispiel bedurfte es selbst bei einem auf den ersten Blick so schwierigen Fall wie beim zehnjährigen Mirko nicht der Hilfe eines Fachmanns.

Die beste Form der Erziehung zur Sauberkeit

Der schon erwähnte Entwicklungspsychologe ULRICH DIEKMEYER schreibt in seinem *Elternbuch 2*, die Kontrolle über die Ausscheidungsorgane sei kein einfacher physiologischer Reflex, »sondern eine komplizierte, von Reifungsvorgängen bestimmte Verhaltensweise des ›ganzen‹ Kindes«. Er meint damit, daß verschiedene Bereiche des kindlichen Körpers ausgereift sein müssen, damit eine Erziehung zur Sauberkeit Erfolg haben kann.

Dazu gehört an erster Stelle die entsprechende Ausbildung der beteiligten Muskulatur. Sie steht, wie bereits genannt, in einem engen Zusammenhang mit der Weiterentwicklung des Gehirns. Das Kind muß in der Lage sein, seine Muskeln bewußt zu kontrollieren. Das heißt aber auch: Die Entwicklung der Sprache muß so weit fortgeschritten sein, daß das Kind verstehen kann, was die Eltern meinen. Ist es zum Beispiel im Bereich der Sprache zu Verzögerungen gekommen, kann dies dazu führen, daß das Kind den kognitiven Vorgang im Gehirn nicht zu leisten vermag.

Ebenso sollten wir beachten, daß die Kontrolle der Muskulatur bei der Ausscheidung auf zwei wesentliche Eigenschaften zurückgeht: Das Kind muß gleichsam »auf Befehl« zurückhalten können, was natürlicherweise zur Entleerung drängt, es muß seinen Körper also bei dessen natürlicher Arbeit stören, andererseits das »Festgehaltene« zu einem bestimmten Zeitpunkt loslassen können.

Hat ein Kind nun aus bestimmten Gründen, die zunächst nicht mit der Ausscheidung selbst zusammenhängen müssen, Angst, behindert sie meist einen Teil des Vorgangs. Stellen Sie sich vor, ein dreijähriges Kind fürchtet sich davor, in den Kindergarten zu gehen, und, weil die Toiletten im Kindergarten alle in einem einzigen

Raum sind, auch davor, gleichzeitig mit anderen auf der Toilette zu sitzen. Dann kann es geschehen, daß das Kind sich im Kindergarten nicht auf die Toilette zu gehen getraut. Es hält seine natürlichen Bedürfnisse zurück, bis es am Nachmittag wieder zu Hause ist. Dadurch verändert es aber die Abläufe im Verdauungsapparat. Der Kot bleibt länger im Darm, als notwendig, und das hat zur Folge, daß er weiter entwässert wird. Er wird hart und fest und ist am Nachmittag nur unter erschwerten Bedingungen herauszubefördern. Das Kind wird also unter Bauchschmerzen beim Stuhlgang leiden und durch die verstärkte Preßarbeit bereits im frühen Alter Hämorrhoiden bekommen.

Sehen wir uns nun an, wie man als Eltern diese natürlichen Vorgänge unterstützen kann.

Zunächst sollten Eltern ihr Kind genau beobachten. Wie bei anderen Verhaltensweisen zeigen alle Kinder es genau an, wenn der Darm sich entleeren möchte. Eltern können in etwa herausfinden, wann die Verdauung ihres Kindes abgeschlossen ist. Sie sollten damit beginnen, das Kind genau in diesem Augenblick auf das Töpfchen zu setzen. Dadurch kann man sich für Eltern und Kind unangenehme lange »Sitzungen« ersparen.

Aber vergessen Sie nicht, daß es erst im Alter von etwa zwei Jahren sinnvoll ist, mit dieser Prozedur zu beginnen – und nur dann, wenn sich das Kind bis dahin altersgemäß (in allen beschriebenen Bereichen, hauptsächlich in bezug auf Muskulatur und Sprache) entwickelt hat. Fängt man zu früh damit an, wird man nur Enttäuschungen erleben. Sie schlagen sich nicht nur bei den Eltern, sondern auch beim Kind nieder. Je mehr Mißerfolgserlebnisse Eltern und Kind bei diesen Vorgängen sammeln, desto schwieriger gestaltet es sich. Außerdem schädigen Mißerfolge das Selbstbewußtsein der Eltern und das Selbstvertrauen des Kindes. Ein Kind, das auf dem Töpfchen viele unangenehme Stunden verbringt und dem man zusätzlich vermittelt, »was du tust, ist nicht in Ordnung«, erwirbt so ein nur schwach ausgeprägtes Durchsetzungsvermögen.

Das Kind kann den Darminhalt besser zurückhalten als loslassen. Daher ist es wichtig, den Zeitpunkt genau zu treffen, in dem er ohnehin in die Windeln ginge. Achten Sie dann aber auch darauf, dem Kind das Ergebnis zu zeigen und es für seine Leistung laut und deutlich zu loben.

Ein kleiner Tip: Kinder lernen am besten, wenn Eltern ihnen etwas vorzeigen. Scheuen Sie sich also nicht, gemeinsam mit dem Kind auf die Toilette zu gehen. Das elterliche Vorbild wirkt gerade bei Kindern, die Probleme mit der Erziehung zur Sauberkeit haben, oft wahre Wunder. Allerdings verspüren manche Eltern Hemmungen, sich vor ihrem Kind zu entleeren. Der natürliche Umgang mit Ausscheidungen ist in unserer klinisch reinen Gesellschaft mit einem »unsauberen« Beigeschmack belegt. Die Verteufelung der Ausscheidungen und vor allem der Ausscheidungsorgane hat in unserer Kultur bekanntlich eine lange Geschichte. Bedenken Sie aber: Je natürlicher Sie selbst damit umgehen, desto natürlicher werden diese Vorgänge auch für Ihr Kind.

Im Alter von 26 bis 30 Monaten gelingt dem Kind beides: Es kann den Darminhalt nun ohne große Anstrengung sowohl zurückhalten als auch loslassen und entleeren. Wenn Sie die natürliche Entwicklung Ihres Kindes unterstützen wollen, dann sollten Sie Ihre ersten Versuche, dem Kind das Töpfchen näherzubringen, in diese Zeit legen, damit der Lernvorgang schon einige Wochen danach abgeschlossen ist. Dann kann es Ihnen geschehen, daß alles fast wie von selbst abläuft.

Schwierigkeiten treten dann auf, wenn Eltern diesen Prozeß von sich aus beschleunigen wollen. Wie schon gesagt, schaden Sie Ihrem Kind damit aber mehr, als Sie ihm helfen. Lösen Sie sich also von überkommenem und vor allem übertriebenem Sauberkeitsdenken und gestatten Sie Ihrem Kind, sich auf seine individuelle Weise natürlich zu entwickeln. Dann gelingt die Erziehung zur Sauberkeit fast mühelos.

Manchmal wollen Kinder mit ihren Ausscheidungen spielen. Das ist ein normaler und natürlicher Impuls, der Sie nicht erschrecken sollte. Kinder sind in diesem Alter sehr neugierig. Das verliert sich aber auch schnell wieder. Sie können es unterbinden, indem Sie Ihr Kind nicht auf dem Töpfchen allein lassen und dessen Inhalt, wenn der Vorgang beendet ist – Sie dem Kind das Ergebnis gezeigt haben und es gelobt haben –, vor den Augen des Kindes in die Toilette spülen.

Wie soll man auf schwere Störungen reagieren?

Kommt es, wie im Beispiel mit Maik und Mirko zu schweren Störungen bei der Entwicklung zur Sauberkeit, dann ist es notwendig, sich die gesamte Familiensituation genauer anzusehen. Gerade wenn sich etwas in der Familie geändert hat, wie im Falle von Maik, sollten die Eltern sich bemühen, die Not des Jungen zu sehen. Er fühlt sich zurückgestellt, weil er ständig sieht, wie Mutter und Vater sich um das neue Baby kümmern. Auch wenn den Eltern in einem solchen Fall nur selten bewußt wird, daß sie ihr Kind tatsächlich vernachlässigen, sollten sie sich bemühen, sich besonders dem anderen, älteren Kind zuzuwenden.

Es ist ja nicht das Ziel, die Regression (den Rückfall) Maiks in die Babyzeit zu unterstützen und ihn wieder wie ein Baby zu wickeln, sondern ihm das Gefühl zu geben, daß er den Eltern genauso wichtig ist wie die kleine Schwester. In dem Moment, in dem die Eltern sich verstärkt wieder dem Jungen zuwandten, verschwand auch das Symptom, und Maik blieb sauber.

Hier ist also keine professionelle Behandlung durch einen Arzt notwendig, sondern die Eltern müssen sich lediglich etwas mehr mit ihrem Kind beschäftigen und ihm das Gefühl geben, trotz des Babys so geliebt zu werden wie vorher. Geschieht das nicht, bleibt diese Störung bestehen und weitere treten wahrscheinlich hinzu. Es wird auch zu einem Konkurrenzkampf zwischen den Geschwistern kommen, sobald sie älter sind.

Etwas anders verhielt es sich bei Mirko. Hier war offensichtlich, daß ein anderes Familienmitglied ein Problem hatte, nämlich der trinkende Vater. Die Mutter kümmerte sich verstärkt um den Ehemann, und der Junge wurde immer mehr in den Hintergrund gedrängt. Aber auch hier war, trotz der Schwere des Falles, keine Behandlung des Bettnässens nötig. Sobald der Vater sich in eine Therapie begab und mit dem Trinken aufhörte, endete auch das Bettnässen des Jungen.

Fassen wir an dieser Stelle zusammen: Wenn ein Kind eine Verhaltensstörung zeigt, ist es neben der genauen Beobachtung des Kindes und des Auftretens der Störung (Häufigkeit, Intensität, Zeit, Auslöser und so weiter) wichtig, sich auch mit dem eigenen (elterlichen) Einfluß auf diese Störung zu beschäftigen. Erst das Erkennen des gesamten Lebenszusammenhangs der Familie ermöglicht es uns, dem betroffenen Kind wirksam zu helfen. Dies gilt für alle auffälligen Verhaltensweisen.

Das »trotzige« Kind

Wir hatten in unserem ebenfalls im Ariston Verlag erschienenen Buch *Tyrannen in Turnschuhen* schon darauf hingewiesen, daß wir die sogenannte »Trotzphase« für ein pädagogisches Märchen halten. Die Argumente dazu möchten wir hier nicht wiederholen. Wer sich dafür interessiert, wie dieses Phänomen im Wissenschaftsbetrieb entstanden ist und sich so lange beharrlich halten konnte, sei auf die *Tyrannen in Turnschuhen* verwiesen.

Hier wollen wir uns darauf beschränken aufzuzeigen, wie beim einzelnen Kind ein trotzähnliches Verhalten entstehen kann und, vor allem, was Eltern dagegen unternehmen können.

Bastian: Der kleine Tyrann räumt ab!

Michele (22) war Fremdsprachenkorrespondentin und lebte mit Konstantin (29), einem Diplomübersetzer, zusammen. Die beiden wollten auf keinen Fall heiraten, auch nicht, als Sebastian (2) geboren wurde. »Damals lehnten wir diesen ›bürgerlichen Unsinn‹ ab. Inzwischen überlegen wir schon, ob wir nicht doch heiraten sollten. Aber eine Entscheidung ist noch nicht gefallen!« meinte Michele in einem Interview. Später gab sie zu, sie würde sich schon gerne offiziell verbinden, aber Konstantin habe ›keine Lust‹.

Michele und Konstantin verstanden sich als fortschrittliches Paar, das nicht auf bürgerliche Konventionen sieht und sich dagegen auch, wo es kann, »zur Wehr setzt«. Sie waren deshalb um so erstaunter, als ihr Sohn im Alter von zwei Jahren massive »Trotzanfälle« zeigte, obwohl sie ihm »alles gestatteten«.

»Das fing an, als er im Wohnzimmer auf dem Boden mit Bauklötzen spielte, während ich in der Küche etwas holte. Ich öffnete gerade den Schrank, da hörte ich ein fürchterliches Kreischen und lief sofort zurück. Ich dachte, es seit etwas passiert. Aber der Junge saß nur auf dem Boden und schlug mit einem Klotz auf die anderen ein. Er schrie dabei wie am Spieß!«

Michele versuchte den Jungen zu beruhigen, was ihr aber erst nach Minuten gelang. »Ich wußte gar nicht, was mit ihm los war. Abends erzählte ich das Konstantin, der es gar nicht richtig registrierte. Wie Männer halt so sind, wenn sie kaputt von der Arbeit kommen. Erst als er ein paar Tage später, an einem Wochenende, selbst Zeuge einer ähnlichen Szene wurde, erinnerte er sich an den Vorfall, den ich ihm erzählt hatte.«

Diesmal wollte der Junge eine Zeitung zerreißen, die Konstantin gerade las. »Das war ein Bild für Götter. Sebastian zerrte am einen Ende der Zeitung, Konstantin am anderen, mit einem Mal riß sie mitten durch, und Konstantin fiel nach hinten. Sebastian begann genauso zu kreischen wie beim Bauklötzespielen.«

Konstantin gab dem Jungen, als er mit dem Geschrei nicht aufhören wollte, ohne lange zu überlegen, einen Klaps auf den Po. Während der folgenden Wochen kam es immer wieder zu kleinen Auseinandersetzungen zwischen den Eltern und Sebastian. »Wir hatten ihm bis dahin jeden Willen gelassen. Aber nun glaubten wir, das wäre auch nicht richtig, weil er sich immer wieder aufregte. Doch das nützte nichts. Ließ man ihn in Ruhe, schrie er los. Nahm man ihm irgend etwas weg, weil man meinte, er würde sich damit verletzen, schrie er gleichfalls wie am Spieß.« Nach drei Wochen war aus dem fortschrittlich denkenden Elternpaar ein Nervenbündel geworden. »Wir mußten immer öfter feststellen, daß wir uns dem Kind gegenüber nicht so verhielten, wie wir es eigentlich wollten!« meinte Konstantin in einem Interview.

Anne: Auch Mädchen können einen Dickkopf haben

Aber nicht nur kleine Jungen können einen »Dickkopf« haben. Das mußten Sybille (31), Krankenschwester, und Thomas (32), Starkstromanlagenbauer, feststellen. Ihre dreijährige Tochter Anne ging schon in den Kindergarten, als ihr »Trotzverhalten« das erste Mal auffiel.

»Wir bekamen einen Anruf von der Kindergärtnerin, der das hörbar peinlich war. Sie sagte, Anne habe einem anderen Kind aus ihrer Gruppe wiederholt einen Topf an den Kopf geschlagen.«

Es kam zu einem Gespräch zwischen den Eltern und der zuständigen Kindergärtnerin, die ihnen erzählte, Anne sei seit einiger Zeit sehr auffällig. Man habe zwar erst versucht, die Angelegenheit »intern« zu lösen, aber es sei nicht bei einer Beule geblieben, das andere Kind habe im Krankenhaus behandelt werden müssen. Es handle sich zwar nur um eine Prellung und nichts Schlimmeres, aber die Eltern des Kindes hätten sich beschwert.

Sybille und Thomas waren selbst »wie vor den Kopf geschlagen«! Sie konnten es gar nicht fassen. Ihr kleines, süßes Mädchen sollte so etwas tun?

Auch Thomas und Sybille verstanden sich als »forschrittliche Eltern«, denen es sehr peinlich war, daß gerade ihr Kind eine »kleine Schlägerin« sein sollte. Zunächst versuchten sie, das Kind in Schutz zu nehmen, und glaubten, wie die meisten Eltern, ihr Kind habe keine Schuld, das andere Kind habe »bestimmt angefangen oder so«.

Doch die Kindergärtnerin hatte den ganzen Vorgang genau gesehen. Anne sei in eine Spielsituation einer kleinen Kindergruppe hineingekommen und habe mitspielen wollen. Die anderen Kinder hätten das nicht gewünscht und es dem Kind auch freundlich zu verstehen gegeben. Aber Anne habe einem Jungen einen Kochtopf aus der Hand gerissen (die Kinder spielten Kochen) und ihn, bevor die Kindergärtnerin eingreifen konnte, dem Jungen an den Kopf geschlagen.

Nele: Mit dem Kopf durch die Wand?

Der Kopf hatte auch bei der zweijährigen Nele große Bedeutung – allerdings nicht als Ziel eines Angriffs, sondern als Mittel, um sich durchzusetzen. Neles Eltern, Cilly (24), Sozialpädagogin, und Robert (27), Versicherungsvertreter, bekamen einen »Riesenschrekken«, als sie eines Abends mit ansehen mußten, wie ihre Tochter »mit dem Kopf immer wieder gegen die Wand schlug«.

Was war geschehen? Das Kind hatte gespielt und war dabei mit der Rückseite gegen die Wand gestoßen. Es hatte sich umgedreht, »die Wand mit der Hand gehauen« und sich dabei verletzt. »Aber anstatt sich zurückzuziehen, begann sie mit dem Kopf dagegenzuschlagen«.

Die Eltern erschraken sehr und liefen sofort zu ihrer Tochter. »Die weinte und schrie und wollte damit nicht wieder aufhören. Wir hatten Angst, sie könne sich ernsthaft verletzen. Robert nahm sie auf den Arm und versuchte sie zu beruhigen. Aber dann fing sie an, mit ihren kleinen Fäusten in seinem Gesicht herumzuhämmern.«

»Das tat sogar weh«, meinte Robert, »dann hätte sie fast meine Brille zerschlagen, und da habe ich ihr einen Klaps auf den Po gegeben.«

Die Ursachen des kindlichen »Trotzes«

Dieses sogenannte »Trotzverhalten«, das viele Eltern an ihren Kindern beobachten, wurde lange von der Wissenschaft für ein ganz normales Phänomen gehalten, das bei jedem Kind auftreten sollte und dann wieder verschwindet. Man glaubte, es sei notwendig, damit Kinder einen eigenen Willen entwickeln könnten.

Inzwischen legen neue Erkenntnisse nahe, daß es sich um keine zwangsläufige Entwicklungsstufe handelt, sondern um ein Verhalten, das keineswegs bei allen Kindern auftritt, sondern von vielfältigen Faktoren und Einflüssen abhängig ist.

Das Märchen von der »Trotzphase«

Die Ursprünge der Theorie von der »Trotzphase« gehen auf Einzelfalluntersuchungen einiger bekannter Psychologen dieses Jahrhunderts zurück, die bei ihren eigenen Kindern das Phänomen zum ersten Mal beobachteten und wissenschaftlich dokumentierten. Moderne Psychologen vertreten jedoch die Ansicht, die starren Phasenlehren der Vergangenheit träfen nicht zu. Sie betrachten »trotziges« Verhalten als eine Reaktion auf ein Entwicklungsdefizit. Kinder zeigen es dann, wenn die bislang erlernten Kompetenzen zur Lösung einer bestimmten Aufgabe (noch) nicht ausreichen.

Das Beispiel vom kleinen Sebastian macht das deutlich: Er wollte einen Turm aus Bauklötzen aufbauen. Seine motorische Koordination reichte aber noch nicht aus, um seine Idee von einem Turm in die Tat umzusetzen.

Er war von seiner Vorstellungskraft her zwar wahrscheinlich in der Lage, sich einen Turm vorzustellen, aber er hatte noch nicht die Ruhe, die nötig ist, um einen so komplexen Vorgang mit seinen kleinen Händen zu realisieren. Er hatte noch nicht die völlige Kontrolle über seine Muskulatur erreicht.

Seine Wut über sein Scheitern richtet sich zunächst gegen die Bauklötze. Sie hält er für verantwortlich, daß sein Vorhaben nicht gelingt. In Wirklichkeit ist er aber in seiner Entwicklung noch nicht so weit, daß er so eine Aufgabe schon lösen könnte.

Das hat er vom Papa geerbt?

Viele Eltern sind nun der Meinung, ihr Kind sei einfach »etwas temperamentvoll«. Sie glauben dies vor allem dann, wenn ein Elternteil öfter ein ähnliches Verhalten an den Tag legt, sich schnell aufregt und »aus der Haut fährt«. Natürlich mag da ein Zusammenhang bestehen. Aber er läßt sich nicht damit erklären, daß das Kind dieses »Temperament« vielleicht »vom Papa geerbt« habe. Er verdeutlicht lediglich, daß Kinder auf Frustrationen individuell reagieren können und es auch von ihrem Temperament abhängt, ob sie dabei gleich »ausflippen« oder nicht.

Der Psychologe HEINZ HECKHAUSEN erklärt kindliches Trotzverhalten damit, »daß das Kind in seiner Zielplanung zunächst noch sehr starr ist. Wird es in seiner Tätigkeitsabsicht gestört oder bei der Ausführung unterbrochen, gerät es in ein Handlungsvakuum: Es weiß nicht mehr ein noch aus. Trotzverhalten ist ein Systemzusammenbruch.«

Wie Eltern das Trotzverhalten verstärken

Nach der früheren Auffassung der Psychologie war das Trotzverhalten eine feste Größe in der Entwicklung von Kindern, die Forscher ordneten sie hauptsächlich den zweijährigen Kindern zu. Heute weiß man aber, daß Trotz auch ein kulturspezifisches Verhalten ist, das durch den Umgang der Eltern mit dem trotzigen Kind chronifiziert wird. Das heißt, erst durch die Reaktion der Eltern wird aus einem zufälligen Verhalten, das eine Entwicklungshemmung (nur in dem Moment, in dem das Kind trotzig wird, nicht generell!) darstellt, eine Verhaltensweise, die nun immer wieder auftritt. Kinder, die immer wieder trotzig reagieren, sind ein Produkt der Umgangsweise der Eltern mit dem Kind.

Viele Eltern begehen hierbei einen eigentümlichen Fehler. Ohne es zu wissen, verstärken sie das trotzige Verhalten, anstatt jenes Verhalten zu fördern, über das das Kind noch nicht verfügt.

Sie nehmen zunächst das aufgeregte Kind auf den Arm und versuchen es zu beruhigen. Wenn das nicht erfolgreich ist, »rutscht« vielen Eltern »die Hand aus«, und das Kind bekommt einen Klaps. Für das Kind bedeutet das: Ich kann etwas, das ich tun möchte, nicht, und meine Eltern bestrafen mich dafür!

Entwicklungshemmung oder Kompetenzstörung?

Eben behaupteten wir, es handle sich um eine momentane Entwicklungshemmung, die aber nicht generell anzeige, daß dieses Kind in seiner Entwicklung gehemmt ist. Dies bedeutet aber nur, das Kind kann in dem Augenblick, in dem es zum Beispiel mit Bauklötzen spielt, seine Motorik noch nicht ausreichend mit seinem vorhandenen Willen (»Ich will einen großen Turm bauen!«) koordinieren. Seine kleinen Hände folgen noch nicht dem, was das Gehirn will, beziehungsweise sie führen es noch nicht entsprechend aus.

Es handelt sich also nicht um eine Entwicklungshemmung, sondern nur um eine zeitweilige Kompetenzstörung, die man mit einfachen Mitteln schnell beheben könnte. Statt dessen bestärken viele Eltern ihre Kinder aber in dem Bewußtsein: »Ich kann das nicht!«

Das kleine Kind möchte es aber zuwege bringen, weil seine kognitive Entwicklung schon weiter fortgeschritten ist. Sein Gehirn kann sich den fertigen Turm schon vorstellen. Das Kind hat vielleicht schon einen Turm eines älteren Kindes gesehen, oder Papa oder Mama haben schon einmal einen schönen Turm gebaut. Es möchte es schaffen, aber die Hände wollen nicht ruhig sein und stoßen den Turm aus Versehen um. Es ist kein Wunder, daß das Kind wütend reagiert. Anstatt die Kinder durch die elterliche Reaktion noch wütender und verzweifelter werden zu lassen, könnten Eltern dem Kind mit einfachen Übungen helfen, einen Turm zu bauen.

Vom richtigen Umgang mit »trotzigen« Kindern

So lernt Ihr Kind, sich ohne »Anfall« durchzusetzen

Haben Sie erst einmal festgestellt, daß Ihr Kind einen bestimmten Vorgang noch nicht ausführen kann, weil seine Motorik und sein Willen noch nicht ausreichend koordinierbar sind, dann sollten Sie Ihrem Kind dabei helfen.

Beoachten Sie es genau und achten Sie darauf, schon im Vorfeld aktiv zu werden, bevor es bei ihm zum »Systemzusammenbruch« kommt.

Am besten zerlegen Sie komplexe Verhaltensweisen, wie das Bauen eines Turms, in viele kleine Einzelschritte, die Sie mit dem Kind einüben, und loben Sie vor allem das Kind für jeden einzelnen Schritt. Wenn Ihr Kind einen Bauklotz auf einen anderen setzen kann, loben Sie es! Freuen Sie sich mit dem Kind darüber und zeigen Sie es ihm deutlich. Unterbrechen Sie die Aufgabe hier und sprechen Sie ausführlich mit ihm darüber, daß es jetzt *einen* Bauklotz auf den anderen setzen kann.

Betonen Sie dabei: »Du kannst nun *einen* Bauklotz auf den anderen setzen!« Anstatt nun gleich fortzufahren und den nächsten Schritt zu versuchen, sollten Sie diese Übung (täglich) ein paar Mal wiederholen. Erst wenn das Kind diesen Teil sicher beherrscht (und beim Üben lernt es besser, seine Motorik zu kontrollieren), sollte man es den nächsten Bauklotz nehmen und auf den anderen stellen lassen.

Dieser Vorgang dient dazu, das Kind zu unterstützen und es in seiner »Arbeit« zu bestärken. Kein Maurerlehrling kann im ersten Lehrjahr ein ganzes Haus alleine bauen. Auch er muß immer wieder Teilabläufe einüben, bis es gelingt, auch komplexere Aufgaben zu lösen.

Denken Sie nur an Ihre ersten Fahrstunden zurück. Konnten Sie gleich alles, was mit dem Autofahren zusammenhing? Mußten Sie nicht vielmehr in den ersten Stunden immer wieder überlegen, wie man in den zweiten oder dritten Gang schaltet?

Das Bauen eines Turms oder jede andere kleine Aufgabe, mit der kleine Kinder sich beschäftigen, besteht meistens aus vielen Einzelschritten. Ist Ihr Kind dabei zu schnell, entstehen Frustrationen, die es (noch) nicht ertragen kann, deshalb »explodiert« es.

Das Zerlegen in einzelne Teilschritte läßt sich ebenso auf andere Verhaltensweisen übertragen. Als etwas schwieriger erweisen sich die eingangs geschilderten aggressiven Verhaltensweisen. Sie sind komplexer als das Aufbauen eines Turms. Aber sie »funktionieren« nach den gleichen Entwicklungsgesetzen.

Das aggressive Kind

Publikumszeitschriften berichten immer wieder über die Zunahme aggressiven Verhaltens von Kleinkindern schon im Kindergarten, so etwa der *Stern*: »Polternd fällt das Türmchen mit den Bauklötzen um. ›Du bist doof!‹ sagt der vierjährige Baumeister Benjamin zu dem gleichaltrigen Spielverderber Markus. Der antwortet seinem Gegenüber nicht, sondern tritt ihm mit Wucht in den Bauch, lacht und läuft weg.« So erzählt eine Kindergärtnerin aus Hamburg und sagt: »Das ist Alltag bei uns.«

Der Bielefelder Kinder- und Jugendforscher KLAUS HURRELMANN bestätigt das: »Der Anteil der schwierigen Kinder steigt stetig. Fünf Prozent der Drei- bis Sechsjährigen sind aggressiv und gewalttätig. In manchen Kindergärten liegt die Quote sogar bei zwanzig Prozent.«

Inzwischen sei die Aggressivität so angestiegen, daß viele Kindergärtnerinnen ihren Beruf wechseln, behauptet die Zeitschrift *Stern*.

Auch Sybille und Thomas, die Eltern der kleinen Anne aus einem unserer Beispiele, können »ein Lied davon singen«. »Wir schämten uns fürchterlich, daß ausgerechnet unser Kind so sein sollte!« meinte Sybille während eines Gesprächs mit uns.

Viele Eltern fragen sich, warum ihr Kind so aggressiv ist.

Wo liegen die Ursachen für die Aggressivität im Kindergartenalter?

Glaubt man den Zeitschriften, ist die Angelegenheit ganz einfach: Die Mütter sind schuld, weil sie alleinerziehend und/oder berufstätig sind. Diese Meinung vertreten (leider) auch einige ernstzunehmende Wissenschaftler. Doch so leicht, wie es viele uns erklären wollen, ist es nun doch nicht. Die Ursachen für die Aggression sind vielfältiger, als auf den ersten Blick angenommen, aber sie sollten kein Anlaß sein, frühzeitig zu resignieren.

Wer ist »schuld« am aggressiven Verhalten von Kleinkindern?

Die einseitige Schuldzuweisung zeugt von der Hilflosigkeit der meisten an diesem Prozeß Beteiligten. Die Eltern fühlen sich schnell mit einem aggressiven Kind überfordert, das gleiche gilt für andere am Erziehungsprozeß beteiligte Personen. Es nützt auch wenig, wenn man sich, wie das oft in Familie, Kindergarten und Schule geschieht, gegenseitig den »schwarzen Peter« zuschiebt. Eltern klagen über Kindergarten und Schule, und Kindergärtnerinnen und Lehrer beschweren sich über die Eltern. Damit ist niemandem geholfen, am wenigsten den betroffenen Kindern.

Bevor wir uns jedoch näher mit den Ursachen und den Behandlungsmöglichkeiten von kindlicher Aggression befassen, wollen wir zunächst den Begriff der Aggression klären.

Einige Wissenschaftler verstehen unter »Aggression« einen Vorgang, der meist dazu dient, andere Personen zu schädigen. Ausnahme sind die sogenannten »Autoaggressionen«, bei denen sich eine Person, zum Beispiel beim Nägelkauen, selbst schädigt. So gesehen liegt der Aggression zweifelsohne ein Ziel, eine bestimmte Absicht zugrunde. Es handelt sich also um ein »zielgerichtetes Verhalten«. Unserer Meinung nach reicht diese einleuchtende Definition aber nicht aus. Denn bei genauerem Hinsehen handelt es sich bei aggressiven Handlungen – wie es auch in unseren Beispielen deutlich wird – unter anderem um eine Verteidigungsreaktion.

Wir wissen aus der Biologie und aus anderen Disziplinen, daß aggressives Verhalten ebenso dem Schutz der eigenen Unversehrtheit dienen kann. Menschen waren zu allen Zeiten – und sind es noch heute – aggressiv, wenn sie sich angegriffen glaubten. Die Betonung liegt hier absichtlich auf »glauben«. »Du bist doof!« sagte der vierjährige Benjamin aus dem vorangegangenen Beispiel zu seinem Spielkameraden Markus. Wir wissen natürlich nicht, ob dieser sich angegriffen fühlte, aber wir können eine solche Äußerung durchaus als »Angriff« werten. Wir brauchen uns nur vorzustellen, unser Chef würde uns so bezeichnen. In jedem Fall würden wir ärgerlich reagieren und je nach Temperament entsprechend damit umgehen. Der eher Ängstliche würde diese Äußerung in sich »hineinfressen«, der Aggressive würde etwas Drastisches antworten und der eher Selbstbewußte würde sich so etwas verbieten.

Schon anhand dieser kurzen Beispiele können wir schnell sehen, daß Aggression wahrscheinlich viel komplexer abläuft und von vielen Umständen abhängig ist. Es ist viel zu kurz gedacht, die Quelle der Aggression ausschließlich im Kind oder im falschen Verhalten der Eltern zu sehen. Die Verwendung des Wortes »Schuld« in diesem Zusammenhang verführt dazu zu glauben, es sei ein direkter Verantwortlicher für die Aggression vorhanden. Doch die Aggression ist ein komplexer Vorgang, der nicht durch einen einzelnen auslösenden Faktor bestimmt wird. Vielmehr müssen einige Bedingungen zusammentreffen, die im Wechselspiel aggressives Verhalten auslösen können.

Wird Aggression vererbt?

Aggression ist zunächst ein natürliches Verhalten, das uns hilft, in einer bestimmten Umwelt zu überleben. Es ist in seinen Grundzügen auch genetisch bestimmt, weil es zu allen Zeiten der Menschheitsentwicklung notwendig war, sich gegenüber der Natur, zum Beispiel gefährlichen Tieren, oder Mitmenschen zu schützen. Kein Verhalten weist eine so hohe Kontinuität auf wie das aggressive Verhalten des Menschen.

Jedes Kind hat ein anderes Temperament und dieses sicherlich in großen Teilen von Eltern oder anderen Vorfahren geerbt. Aber ebensogut kann ein Kind von sehr temperamentvollen Eltern oder Großeltern durch Nachahmen deren Verhaltensweisen erlernen. Hierüber streiten die Wissenschaftler schon seit Jahren.

Aggression ist nicht gleich Aggression

Wenn wir uns aggressives Verhalten genauer ansehen, können wir verschiedene Formen aggressiven Verhaltens feststellen, die sich manchmal sehr differenziert äußern.

Einerseits kann sie, wie wir schon gezeigt haben, dazu dienen, jemanden anzugreifen, um sich vor ihm zu schützen. Andererseits kann die Aggression aber auch einem Vorgang dienen, der nicht gleich erkennbar ist, nämlich dazu, Gefühle zu regulieren.

Erinnern Sie sich noch an unser Beispiel des Turmbauens mit Holzklötzen?

Da handelte es sich zunächst nur um ein mögliches Kompetenzdefizit des Kindes. Aber bei solchen explosiven Gefühlsäußerungen wird zugleich deutlich, daß das Kind einen Gefühlsstau abreagiert, der durch die vorangegangenen Mißerfolge entstanden sein kann. Solange ein Kind noch nicht über die entsprechenden, kulturell anerkannten und angemessenen Möglichkeiten zur Regulierung verfügt, wird es sich so zu helfen wissen. Ähnlich verhält es sich beim Schreien des Säuglings. Auch das Schreien kann dazu dienen, einen

Stau unangenehmer Gefühle durch eine expressive Handlung abzubauen.

Wir Erwachsenen kennen ähnliches. Wenn wir uns über etwas immer wieder ärgern und es uns nicht gelingt, die Ursachen unseres Ärgers zu beseitigen, dann »platzen« wir irgendwann damit heraus und fühlen uns nach einem solchen Ausbruch scheinbar erleichtert. Doch muß uns klar sein, daß wir immer wieder den gleichen Vorgang nachvollziehen und explodieren, solange wir nichts an den Ursachen ändern. Erst wenn wir über die entsprechenden Möglichkeiten zur Veränderung verfügen, können wir Alternativen praktizieren, die das »Aus-der-Haut-Fahren« ersetzen, weil sich kein Gefühlsstau mehr aufbaut.

Weil Kinder noch nicht über die entsprechenden Kompetenzen verfügen, brauchen sie die Eltern – aber nicht, wie verschiedene Wissenschaftler meinen, als Verursacher solcher Zustände beim Kind, sondern als »Helfer in der Not«.

Wie Eltern helfen können, wenn ihr Kind aggressiv ist

Eltern sind nach Meinung der meisten Wissenschaftler nicht die Urheber von Aggressionen oder aggressivem Verhalten beim Kind, aber sie können solches durch ihren Umgang mit dem Kind aufrechterhalten. Das heißt, wenn sie nicht aufmerksam sind, sorgen sie mit ihren Reaktionen auf das aggressive Verhalten dafür, daß das Kind es weiter praktizieren kann.

Die Aufgabe der Eltern besteht also darin, solche fehllaufenden Prozesse bei ihrem Kind möglichst frühzeitig zu erkennen, um ein entsprechendes bleibendes Verhalten zu verhindern, oder, wenn dieser Prozeß schon zu weit fortgeschritten ist, sich um kompetente Hilfe bei einer Erziehungsberatungsstelle zu bemühen.

Eltern haben keinen erzieherischen Einfluß auf das Temperament ihres Kindes. Aber sie können sehr wohl so oder anders damit umgehen. Das heißt, sie können ein sehr temperamentvolles Kind dämpfen oder die Ausbrüche verstärken und damit auch zu späteren Schwierigkeiten beitragen.

Wichtig beim Verständnis der Aggression eines Kindes ist das Erkennen der Zusammenhänge. Eltern, die meinen, sie müßten ihr Kind lediglich bestrafen, damit es etwas einsieht, das es nicht begreifen kann, werden später große Probleme mit ihren Kindern bekommen.

Eltern hingegen, die sich nicht scheuen, ihren Anteil bei der Aufrechterhaltung dieses Verhaltens zu sehen, haben gute Chancen, es durch die richtigen Interventionen wieder zum Verschwinden zu bringen.

Wie können Eltern vorgehen?

---

1. Beobachten Sie Ihr Kind. In welchen sozialen Situationen tritt das aggressive Verhalten vermehrt auf?
2. Versuchen Sie anhand dieser Situationen herauszubekommen, welche Kompetenzen Ihrem Kind fehlen.
3. Helfen Sie Ihrem Kind dabei, diese Kompetenzen zu erwerben, indem Sie sie spielerisch mit dem Kind einüben.
4. Beziehen Sie in Ihre Analyse auch Ihr Erziehungsverhalten mit ein. In welcher Form gingen Sie bisher mit dem aggressiven Verhalten Ihres Kindes um?
5. Entwickeln Sie vernünftige Alternativen, die Ihrem Kind helfen können, andere, sozial akzeptierte Verhaltensweisen zu entwickeln.
6. Helfen Sie Ihrem Kind zu lernen, daß es Frustrationen und Ärger auch aushalten kann.

Suchtvorbeugung im Säuglings- und Kleinkindalter

Während der vergangenen Jahre hat die Suchtprävention im Säuglings- und Kleinkindalter an Aufmerksamkeit gewonnen. Aufgrund von Studien wissen wir, daß bestimmte elterliche Verhaltensweisen den späteren Suchtmittelmißbrauch ihrer Kinder fördern können.

Ein einfaches Beispiel stellt das weitverbreitete Rauchen dar. Kinder aus Raucherfamilien werden häufiger zu Rauchern als Kinder aus Nichtraucherfamilien.

Bei diesem einfachen Ergebnis werden Zusammenhänge zwischen dem elterlichen Vorbild und dem späteren Suchtverhalten deutlich. Eltern, denen der allgemeine Suchtmittelmißbrauch Sorgen bereitet, sollten also zuerst bei sich selbst in bezug auf Rauchen oder Alkoholgenuß nachsehen und versuchen, ihren Kindern hier ein gutes Vorbild zu bieten.

Aber eine umfassende Suchtmittelprävention bleibt natürlich nicht auf das Vorbildverhalten der Eltern beschränkt. Der Grundstein für eine spätere Suchtmittelabhängigkeit kann schon viel früher, nämlich im Säuglingsalter gelegt werden, wie neueste Studien belegen. Und vieles, das wir bereits als Ursache von Störungen in der Entwicklung von Kindern und Eltern dargestellt haben, hat bei der Entwicklung eines späteren Suchtmittelmißbrauchs große Bedeutung. Eltern, die darum wissen, können das Schlimmste verhindern, indem sie vorbeugen oder schon begangene Fehler so gut wie möglich korrigieren.

Zuwenig oder zuviel Liebe? Auf das richtige Maß kommt es an

Eltern, die ihre Kinder nicht lieben, weil sie unverwünscht waren, fördern – wie schon erwähnt – ohne es zu wissen, die Entstehung von vielfältigen Schwierigkeiten, die unter anderem zu einer späteren Suchtentwicklung führen können. Wer in seiner Kindheit zuwenig Liebe erhalten hat, ist für das Entstehen einer Sucht anfällig. Der Zusammenhang ist leicht herzustellen, denn ein Mangel an Liebe kann einen Hunger nach Ersatz durchaus fördern.

Aber wir wissen aus der pädagogischen Forschung, daß das Gegenteil oft genauso viel Schaden anrichtet. Auch Eltern, die ihre Kinder zu sehr lieben, können eine spätere Suchtentstehung begünstigen. Denn Kinder, die ständig verwöhnt werden, können nicht lernen, Frustrationen, die das Leben nun einmal in reichhaltiger Auswahl zur Verfügung hält, zu ertragen, und greifen später häufig zu Sucht- und Ersatzmitteln.

Betrachten wir diese beiden Möglichkeiten genauer, dann können wir feststellen, daß es sich bei beiden um das richtige Maß an Zuwendung, Liebe und Zärtlichkeit handelt, aber auch um das Umgehen mit den eigenen Gefühlen. Kinder müssen lernen, das, was sie in ihrer und durch ihre Umwelt erleben, entsprechend zu verarbeiten.

Meist bereitet der unangemessene Umgang mit Gefühlen den Weg in eine Suchtmittelabhängigkeit. Dabei ist es unerheblich, ob es Gefühle der Einsamkeit und Verlassenheit sind, Gefühle der Unruhe und Überforderung oder Gefühle der Hochstimmung, Euphorie und Freude. Der Schwerpunkt liegt auf der entsprechenden Handhabung dieser Gefühle.

Kinder, die nicht gelernt haben, Frustrationen zu ertragen, mit Freude umzugehen, zu genießen, Lust oder Liebe zu empfinden, sind in höchstem Maße gefährdet, später zu einem Suchtmittel zu greifen.

Wir haben in den ersten Kapiteln versucht darzustellen, wie wichtig es ist, seinem Kind das Gefühl zu geben, daß es geliebt wird. Diese Liebe der Eltern bildet für den Säugling die Grundlage dafür, Vertrauen in diese Welt und ihre Vertreter zu gewinnen. Der schreiende Säugling, der in seiner Not noch nicht über andere Möglichkeiten verfügt, sich bemerkbar zu machen, braucht Zuwendung, Zärtlichkeit und Liebe. Aber Eltern, die glauben, diese Grundhaltung ebenso in den späteren Monaten und Jahren praktizieren zu müssen, begehen einen folgenschweren Fehler.

In dem gleichen Maße, wie das Kind langsam Vertrauen entwickelt, muß es mit zunehmenden Kompetenzen auch lernen, erst kleine Frustrationen zu ertragen.

Wer seine Kinder mit immerwährender Liebe »zuschüttet« und ihnen nicht die Möglichkeit bietet, langsam zu lernen, mit Versagungen zurechtzukommen, fördert eine mögliche spätere Suchtentwicklung ebenso wie das Versagen in anderen Lebenszusammenhängen, zum Beispiel in Kindergarten und Schule.

Eltern sollten sich darüber im klaren sein, daß zuwenig Liebe genauso falsch ist wie zuviel Liebe. Beides kann zu einem unangemessenen Ausdruck und Handhaben der eigenen Gefühle beim Kind und später beim Erwachsenen führen.

Eltern haben auch nicht die Aufgabe, dem Kind Frustrationen und Ärger zu ersparen, ihm ein Leben zu bieten, das diese Gefühle nicht enthält. Viele Eltern mißverstehen ihren Erziehungsauftrag in dieser Richtung.

Die Aufgaben der Eltern

Erinnern Sie sich noch an den Begriff der physiologischen Frühgeburt, den Biologen für das Neugeborene geprägt haben? Dieser Begriff weist zunächst auf die Aufgaben der Eltern vor allem während der Säuglingsphase hin.

Die meisten Eltern wissen, daß Frühgeborene viel Wärme und Zuwendung brauchen und ohne ihre Hilfe zum Tode verurteilt wären. Aber im gleichen Maße, wie sie ihm helfen zu leben, lernt dieses Kind auch, sich selbst mit der Umwelt auseinanderzusetzen. Nach und nach übernimmt es vieles allein, zu dem es am Anfang noch nicht in der Lage war – ob es das Füttern ist, das nach einiger Zeit in eigenständiges Essen übergeht, oder das Getragen- und Gehaltenwerden, das nach einem Jahr von eigenständigem Stehen und Gehen aus eigener Muskel- und Willenskraft abgelöst wird oder vieles andere mehr.

Aufgabe der Eltern ist es, die heranwachsenden Kinder zu lehren und sie darin zu unterstützen, selbst mit der Welt fertig zu werden und ohne elterliche Hilfe darin überleben zu können. Anders ausgedrückt ist es die Aufgabe der Eltern, sich selbst immer mehr zurückzuziehen, damit das Kind selbstständig zu werden vermag.

Am Beginn brauchen unsere Kinder uns sehr, aber mit jedem Lebensmonat werden sie unabhängiger von uns. Viele Eltern mißverstehen ihren Erziehungsauftrag, indem sie sich unentbehrlich machen und ihr Kind lange Zeit in einer Abhängigkeit von ihnen belassen.

Wie Kinder lernen, Enttäuschungen zu ertragen

Denken Sie noch einmal an das Beispiel mit der wütenden kleinen Anne im Kindergarten zurück. Anne schlug einem anderen Kind einen Kochtopf an den Kopf. Es bedarf keines großen pädagogischen Fingerspitzengefühls, um herauszufinden, daß Anne mit Frustrationen, die kleine Kinder im Kindergarten und zu Hause häufig erleben, nicht fertig werden konnte.

Annes Eltern waren zwar liebevolle Eltern, die ihrem Kind jeden Wunsch von den Augen ablasen, aber sie hatten bislang versäumt, ihrer Tochter einen angemessenen Umgang mit Ärger und Frustrationen beizubringen.

Wie oft haben Eltern gerade bei Kleinkindern keine Zeit, wenn diese etwas von ihnen möchten, und setzen die kleinen Nörgler schnell vor das Fernsehgerät. Das Kind lernt auf diese Weise nicht, daß Eltern auch einmal keine Zeit haben können und daß es das akzeptieren muß. Eltern, die glauben, Fernsehen im Kleinkindalter sei ein Ersatz für die eigene sinnvolle Beschäftigung, schaffen mehr neue Probleme, als sie ahnen. Denn einerseits erhält ein solcherart behandeltes Kind keine Gelegenheit, sich mit sich selbst und seinen Bedürfnissen auseinanderzusetzen, andererseits bekommt es etwas angeboten, das es sonst vielleicht nicht darf.

Richtig wäre es in einer solchen Situation, dem Kind zu vermitteln: »Ich kann im Moment noch nicht für dich da sein, wenn ich mein Vorhaben erledigt habe, komme ich gleich zu dir!«

Natürlich können kleine Kinder Frustrationen noch nicht allzulange erdulden. Aber wenn man das langsam einübt, lernen sie, diese für sie unangenehmen Gefühle zu ertragen.

Man kann seinem Kind schrittweise ermöglichen, Frustrationen auszuhalten. In diesem Beispiel bedeutet das: Die Mutter sollte das

Kind beim ersten Mal nur kurz warten lassen, um sich nach ein paar Minuten mit ihm spielend zu beschäftigen. Muß die Mutter das Mittagessen vorbereiten, kann sie dies später mit dem Kind mit Puppen oder Figuren (nach)spielen und ihm so die Zusammenhänge verstehbar machen: »Mama muß für dich und Papa das Essen kochen.« Oder umgekehrt gilt: »Papa muß für dich und Mama das Essen kochen.«

Diesen Vorgang kann man einige Male wiederholen, bevor man ihn zeitlich vorsichtig ausdehnt, so daß das Kind Gelegenheit bekommt, noch etwas länger warten zu müssen.

Solche Situationen lassen sich auf viele andere Lebensbereiche übertragen, die dem Kind verstandesgemäß zugänglich sind. So kann man ihm ermöglichen, mit Unlustgefühlen umzugehen, ohne es vom eigentlichen Thema abzulenken. Versuchen Sie es einmal. Ihr Kind kann auf diese Weise langsam und seinem Alter entsprechend lernen, seine Gefühle auszuhalten. Wesentlich ist dabei auch, ihm zu vermitteln: Es ist in Ordnung, wenn du dich nun etwas unruhig fühlst. Erlauben Sie Ihrem Kind diese Gefühle, aber bedeuten Sie ihm ebenso: Man kann damit leben, einmal ein paar Minuten warten zu müssen.

Doch das ist nicht die einzige Fertigkeit, die Ihr Kind sich zu erwerben hat. Es benötigt noch weitere Kompetenzen.

So lernt Ihr Kind soziales Verhalten

Nach dem Erscheinen unseres Buches *Tyrannen in Turnschuhen*, das ja schon ein Kapitel »Rebellen in Strampelhosen« enthält, wurden wir häufig von Kindergärtnerinnen zu Vorträgen und Elternabenden eingeladen. Die Kindergärtnerinnen klagten dabei über das Sozialverhalten der Kinder. Es sei viel schlechter geworden, die Kinder würden sich untereinander sehr brutal verhalten und nur über wenig angemessene soziale Kompetenzen verfügen.

Die Eltern waren bei diesen Elternabenden sehr interessiert daran zu erfahren, wie man den Kindern so etwas sinnvoll vermitteln könnte. Der erste Schritt bestand aber darin, die gegenseitigen Schuldzuweisungen der Eltern und Kindergärtnerinnen aufzuarbeiten. Jede Seite warf der anderen Versäumnisse vor. Aber darin zeigte sich neben der Hilflosigkeit der Betroffenen ebenso der eigene Umgang mit Frustrationen.

Eltern, die wünschen, daß ihre Kinder ein angemessenes soziales Verhalten an den Tag legen, müssen natürlich selbst soziale Verhaltensweisen im Umgang mit anderen praktizieren. Und für die Kindergärtnerinnen gilt dasselbe. Ziel der Auseinandersetzung war es also, gemeinsam nach neuen Wegen zu suchen und die gegenseitigen Schuldzuweisungen als untaugliches Mittel dafür zu erkennen.

Eltern und Kindergärtnerinnen haben die gleichen Interessen. Sozialverhalten können beide, zu Hause und im Kindergarten, mit den Kindern einüben.

Natürlich muß Anne lernen, sich anders als durch Schlagen mit ihren Bedürfnissen und Gefühlen auseinanderzusetzen. Aber wie können Eltern ihren Kindern dies nahebringen?

---

1. Als erstes müssen Eltern ihre eigenen Bedürfnisse und ihren Umgang damit besser kennenlernen. (Wie gehen Sie selbst mit Konflikten in der Familie um? Wie reagieren Sie, wenn Sie etwas nicht bekommen?)
2. Was wird dem Kind vermittelt, wenn es Konflikte lösen soll? (Helfen Sie ihm dabei? Oder lassen Sie es damit allein?)
3. Wann haben Sie Zeit für das Kind, und wie beschäftigen Sie sich während dieser Zeit mit dem Kind?
4. Wie handeln Sie, wenn das Kind auffällig geworden ist? Verhalten Sie sich eher beleidigt, so, als habe das Kind Sie blamiert? Oder können Sie erkennen, daß Ihrem Kind bestimmte Kompetenzen fehlen, die es nur in der Familie zu lernen vermag?)
5. Betreiben Sie eine Ursachenanalyse, in die Sie sich selbst mit einbeziehen? (Sind Sie in der Lage, Versäumnisse in der Kindererziehung einzugestehen und sie nachzuholen?)

Das sollten Sie Ihrem Kind vermitteln

- Umgang mit Liebe und Zärtlichkeit (»Ich mag dich, ich bin für dich da!«),
- Umgang mit der Genußfähigkeit (»Genießen lernen«, »Zeit für Genuß«),
- Umgang mit Frustrationen (»Es ist in Ordnung, wenn du dich ärgerst, aber du kannst nicht alles sofort bekommen!«),
- Umgang mit anderen Gefühlen (»Alles, was du fühlst, ist okay!«),
- Umgang mit Konflikten (»Ich helfe dir dabei, deine Konflikte zu lösen, und zeige dir, wie man das bewerkstelligt!«),
- Umgang mit Kompetenzmängeln (»Man kann alles lernen!«),
- Umgang mit sozialem Verhalten (»Andere respektieren und ihre Bedürfnisse anerkennen«).

Nur die wenigsten Eltern sehen zwischen diesen Fähigkeiten und einem späteren Suchtmittelkonsum einen Zusammenhang. Daher ist es wichtig zu wissen, daß man die Suchtentwicklung bei den eigenen Kindern verhindern kann, wenn man sich mehr um die angemessene Befriedigung ihrer Bedürfnisse in der Kindheit kümmert. Kinder, die den Umgang mit sich selbst und anderen in der Kindheit vernünftig erlernen, sind gut gegen spätere Einflüsse zur Suchtentwicklung immunisiert. Es läßt sich zwar noch nicht beweisen, daß eine solche Erziehung eine Suchtentwicklung gänzlich verhindern könnte, aber es gilt als gesichert, daß diese Erziehung den Einstieg in eine spätere »Suchtkarriere« erschwert. Kinder, die gelernt haben, mit Liebe und Zuwendung umzugehen, die ihre Enttäuschung aushalten können, die vor allem auch zu genießen verstehen, über soziale Kompetenzen verfügen und sich durchzusetzen vermögen, ohne andere dabei zu schädigen, sind gut gegen die Verführung durch Suchtmittel geschützt!

Anhang

Kurzentspannungstraining

Suchen Sie sich einen ruhigen Platz, an dem Sie nicht gestört werden. Am wirkungsvollsten ist das Training, wenn Sie es regelmäßig ausführen und möglichst immer zur gleichen Zeit. Wenn Sie nur ab und zu trainieren, sind die Entspannungseffekte weniger groß. Je mehr Training – desto mehr Entspannung.

Lesen Sie sich den folgenden Text durch und prägen Sie sich die Abläufe ein. Die Übungen berücksichtigen alle großen Muskelgruppen. Sie beginnen bei den beiden Händen, setzen mit Oberarmmuskeln, Brust, Bauch und Po fort, um dann zu den Oberschenkeln, den Unterschenkeln und schließlich zu den Füßen überzugehen.

Die betreffende Muskelgruppe wird nur einmal kräftig angespannt, diese Spannung halten Sie ein paar (etwa vier bis sechs) Sekunden, dann lassen Sie die jeweiligen Muskeln gleichsam wieder los und entspannen sich etwa sechs bis acht Sekunden lang.

Ein kleiner Tip: Um es sich am Anfang zu erleichtern, sprechen Sie die Instruktionen auf ein Magnetband (Kassette), dann brauchen Sie sie nicht auswendig zu lernen. Nach ein paar Wiederholungen können Sie sich die Anweisungen selbst geben.

Achten Sie bitte darauf, die Muskeln beim Anspannen nicht zu verkrampfen. Wenn Sie eine Muskelgruppe bearbeiten, die schnell zu Krämpfen neigt, zum Beispiel die der Waden, seien Sie hier etwas vorsichtiger mit dem Anspannen. Gleiches gilt natürlich auch für Muskelgruppen, die bereits stark verspannt oder gar verletzt sind. Lassen Sie diese ganz aus, oder spannen Sie sie nur kurz und sehr leicht an.

Viel Spaß beim Üben! Denken Sie bitte daran: Nur wenn Sie diese Übungen regelmäßig einmal pro Tag ausführen, werden Sie die volle Entspannungswirkung spüren.

Die Kurzentspannungsübung

1. Setzen Sie sich aufrecht auf einen Stuhl (halten Sie den Oberkörper in der Waage). Oberkörper, Oberschenkel und Unterschenkel sollten jeweils im rechten Winkel zueinander stehen. Die Arme legen Sie bitte auf die Oberschenkel (Kutscherhaltung).
2. Schließen Sie die Augen und versuchen Sie sich körperlich zu entspannen, indem Sie sich »absacken« lassen.
3. Konzentrieren Sie sich auf Ihre Hände. Gehen Sie geistig in die Hände hinein, indem Sie sich auf den Blutfluß in den Händen konzentrieren. Stellen Sie sich vor, wie das Blut durch Ihre Hände fließt.
4. Spannen Sie nun die beiden Hände zur Faust an, und zwar etwa vier bis acht Sekunden lang. Spüren Sie die Spannung in Ihren Fäusten.
5. Lassen Sie nun los, und entspannen Sie die Fäuste. Spüren Sie die Entspannung in Ihren Händen und fühlen Sie, wie die Entspannung immer tiefer wird, wie sie sich in den Händen gänzlich ausbreitet. Lassen Sie das etwa acht bis zehn Sekunden auf sich wirken.
6. Winkeln Sie nun die Arme an den Oberkörper an und schließen Sie die Hände dabei wieder zur Faust. Die Fäuste sollten unter Ihrem Kinn anliegen. Spüren Sie die Anspannung in den Armen und in den Fäusten etwa vier bis acht Sekunden lang.
7. Lösen Sie die Anspannung und entspannen Sie die Fäuste. Legen Sie die Hände auf die Oberschenkel zurück. Spüren Sie, wie die Entspannung sich von den Händen bis in die Oberarme hin ausbreitet und tiefer und tiefer wird. Entspannen Sie sich etwa sechs bis acht Sekunden lang.

8. Nun atmen Sie tief ein und halten die Luft an. Empfinden Sie die Spannung in Ihrer Brust etwa vier bis sechs Sekunden lang.
9. Lassen Sie jetzt wieder los, und atmen Sie ruhig weiter ein und aus. Spüren Sie beim Ausatmen, wie die Entspannung sich in Ihrer Brust ausbreitet und immer tiefer wird.
10. Spannen Sie dann Ihre Bauchmuskulatur an und halten Sie die Spannung etwa vier bis sechs Sekunden. Spüren Sie die Spannung in Ihrem Bauch.
11. Lassen Sie los und fühlen Sie die Entspannung in Ihrem Bauch etwa sechs bis acht Sekunden lang. Konzentrieren sich darauf, wie die Entspannung sich von der Brust in den Bauch hin ausbreitet und immer tiefer wird.
12. Spannen Sie nun die Pomuskulatur ganz fest an. Halten Sie die Spannung etwa vier bis sechs Sekunden lang. Spüren Sie die Spannung in Ihren Pomuskeln.
13. Lösen Sie die Spannung und spüren Sie, wie die Entspannung sich vom Bauch in den Po hinein ausbreitet und allmählich tiefer wird. Empfinden Sie die Entspannung etwa sechs bis acht Sekunden lang.
14. Spannen Sie dann die Oberschenkelmuskeln kräftig an, indem Sie Ihre Füße fest auf den Boden drücken. Halten Sie diese Spannung etwa vier bis sechs Sekunden lang.
15. Lassen Sie los, und spüren Sie etwa sechs bis acht Sekunden lang, wie die Entspannung sich langsam vom Po bis in die Oberschenkel hinein ausbreitet und immer tiefer wird. Spüren Sie die Entspannung.
16. Spannen Sie nun Ihre Wadenmuskeln an, indem Sie die Fußspitzen vom Boden heben und nach oben ziehen. Spüren Sie die Spannung etwa vier bis sechs Sekunden lang.
17. Lösen Sie sie und spüren Sie, wie die Entspannung sich auch in den Waden ausbreitet und immer tiefer wird. Fühlen Sie die Entspannung in den Waden etwa sechs bis acht Sekunden lang.
18. Krallen Sie nun Ihre Zehen in den Schuhen (wenn Sie welche anhaben) zusammen, und spüren Sie etwa vier bis sechs Sekunden lang die Spannung in den Zehen.

19. Lassen Sie nun wieder los, empfinden Sie, wie die Entspannung sich langsam auch in den Füßen ausbreitet, wie sie tiefer und tiefer wird.
20. Gehen Sie nun zum Schluß in Gedanken noch einmal alle Muskelgruppen, die Sie an- und entspannt haben, durch. Fangen Sie bei den Füßen an, setzen Sie bei den Waden, den Oberschenkelmuskeln, Po- und Bauchmuskeln fort und nehmen sich dann die Brustmuskeln, die Arme und die Hände vor. Bleiben Sie jeweils ein paar Sekunden gedanklich bei den betreffenden Partien und spüren Sie noch einmal der Entspannung nach. Dann zählen Sie langsam von zehn bis eins, spannen dann noch einmal die Hände zur Faust und öffnen die Augen. Entspannen Sie die Hände, bleiben Sie dann noch einen Moment ruhig sitzen, um den Veränderungen in Ihrem Körper nachzuspüren. Sind Sie nun etwas ruhiger (als zu Beginn der Übung) geworden?

Literaturhinweise

ARMINGER, MARGRET: *Das innere Kind.* Schlüsselerlebnisse, die uns befreien. Ariston Verlag, Genf/München 1993.

BECK-GERNSHEIM, ELISABETH: *Mutterwerden – der Sprung in ein anderes Leben.* S. Fischer. 5. Auflage, Frankfurt/Main 1993.

BECK-GERNSHEIM, ELISABETH und BECK, ULRICH: *Das ganz normale Chaos der Liebe.* Suhrkamp, Frankfurt/Main 1989.

BENARD, CHERYL, und EDIT SCHLAFFER: *Sag uns, wo die Väter sind.* Rowohlt, Reinbek 1991.

BETTELHEIM, BRUNO: *Erziehung zum Überleben.* Zur Psychologie der Extremsituation. Deutscher Taschenbuch Verlag, München 1992.

BETTELHEIM, BRUNO: *Gespräche mit Müttern.* R. Piper Verlag, München 1989.

BETTELHEIM, BRUNO: *Ein Leben für Kinder.* Erziehung in unserer Zeit. Deutscher Taschenbuch Verlag, München 1990.

BOWLBY, JOHN: *Elternbindung und Persönlichkeitsentwicklung.* Therapeutische Aspekte der Bindungstheorie. Dexter Verlag, Heidelberg 1993.

BOWLBY, JOHN: *Mutterliebe und kindliche Entwicklung.* E. Reinhardt Verlag, München 1985.

BRADSHAW, JOHN: *Das Kind in uns.* Droemer, München 1994.

BRAZELTON, T. BERRY: *Mein Kind verstehen.* Entwicklungsprobleme der ersten Lebensjahre. R. Piper & Co. Verlag, München 1992.

BRAZELTON, T. BERRY: *Zerreißproben.* Familienkrisen und wie sie bewältigt werden können. R. Piper & Co. Verlag, München 1991.

DIEKMEYER, ULRICH: *Das Elternbuch.* rororo, Reinbek 1992.

ERATH, PETER: *Wieviel Mutter braucht ein Kind?* Die wahre Qualität einer Beziehung. Ariston Verlag, Genf/München 1994.

ERNST, ANDREA, HERBST, VERA, LANGBEIN, KURT und SKALNIK, CHRISTIAN: *Kursbuch Kinder.* Kiepenheuer und Witsch, Köln 1993.

GIESEKE, HERMANN: *Einführung in die Pädagogik.* Juventa, 2. Auflage, Weinheim 1991.

HECKHAUSEN, HEINZ: *Motivationsanalysen.* Springer, Berlin 1974.

HURRELMANN, KLAUS: *Familienstreß, Schulstreß, Freizeitstreß.* Beltz, 2. Auflage, Weinheim 1994.

HURRELMANN, KLAUS: *Sozialisation und Gesundheit.* Juventa, 3. Auflage, Weinheim 1994.

KEUDEL, HELMUT: *Kinderkrankheiten.* Gräfe und Unzer, München 1994.

KITZINGER, SHEILA: *Natürliche Geburt.* Ein Buch für Mütter und Väter. Kösel Verlag, 7. Auflage, München 1991.

KITZINGER, SHEILA: *Schwangerschaft und Geburt.* Das umfassende Handbuch für junge Eltern. Kösel Verlag, 7. Auflage, München 1992.

KLOEHN, EKKEHARD: *Verhaltensstörungen – eine neue Kinderkrankheit?* Mosaik, München 1977.

LAUTERBOUR, CORINNE, LEHNERS, MARYSE und THOMMES, CHRISTIANE: *Stillen: Ein Handbuch von A - Z.* Rowohlt, Reinbek 1992.

MARTENS, GABRIELA: *Auch Eltern waren Kinder.* Knaur, München 1993.

MILLER, ALICE: *Das Drama des begabten Kindes und die Suche nach dem wahren Selbst.* Suhrkamp Verlag, Frankfurt am Main 1979.

MONTESSORI, MARIA: *Die Entdeckung des Kindes.* Herder Verlag, 10. Auflage, Freiburg 1991.

MONTESSORI, MARIA: *Kinder sind anders.* Deutscher Taschenbuch Verlag, München 1992.

MORRIS, DESMOND: *Babywatching.* Heyne, 2. Auflage, München 1992.

MURPHY, JOSEPH: *Die Macht Ihres Unterbewußtseins.* Das große Buch innerer und äußerer Entfaltung. 50. Auflage, Ariston Verlag, Genf/München 1993.

ODENT, MICHEL: *Die sanfte Geburt.* Kösel Verlag, 6. Auflage, München 1986.

OERTER, ROLF: *Entwicklungspsychologie.* PVU, 2. Aufl., Weinheim 1987.

POPP, ULRIKE: *Mythen und Motive autoritären Handelns.* Campus, Frankfurt/Main 1989.

POSTMAN, NEIL: *Das Verschwinden der Kindheit.* S. Fischer Verlag, Frankfurt am Main 1986.

PREKOP, JIRINA: *Der kleine Tyrann.* dtv, 3. Aufl., München 1991.

PREUSCHOFF, GISELA: *Familie sein heißt Probleme lösen.* Keine Sackgasse ohne Ausweg! Ariston Verlag, Genf/München 1992.

REICH, WILHELM: *Die Charakteranalyse.* Kiepenheuer & Witsch, Köln 1989.

SCHMIDBAUER, WOLFGANG: *Alles oder nichts.* Rowohlt, Reinbek 1980.

SCHMIDTCHEN, STEFAN: *Kinderpsychotherapie.* Kohlhammer, Stuttgart 1989.

SEYLE, HANS: *Streß. Bewältigung und Lebensgewinn.* R. Piper Verlag, München 1988.

SICHTERMANN, BARBARA: *Leben mit einem Neugeborenen.* Ein Buch über das erste halbe Jahr. Fischer Taschenbuch Verlag GmbH, Frankfurt am Main 1991 (Auflage 1992).

DR. SPOCK: *Eltern.* Ravensburger, Ravensburg 1990.

VESTER, FREDERIC: *Denken, Lernen, Vergessen.* DVA, Stuttgart 1975.

VOGEL, DONALD, RAUH, HELLGARD und JORDAN, SABINE: *Therapieangebote für behinderte Kinder.* Volker Spieß, Berlin 1990.

WEIKERT, ANNEGRET: *Tyrannen in Turnschuhen.* Überlebenstraining für geplagte Eltern. Ariston Verlag, Genf, München 1993.

WEIKERT, ANNEGRET und WOLFGANG. *Alles im Griff.* Wie Männer in der Partnerschaft mit Gefühlen umgehen. Schneekluth, München 1992.

WINNICOT, DONALD W.: *Das Baby und seine Mutter.* Klett-Cotta Verlag, Stuttgart 1990.

WINNICOT, DONALD W.: *Kind, Famile und Umwelt.* E. Reinhardt Verlag, 5. Auflage, München 1990.

WINNICOT, DONALD W.: *Familie und individuelle Entwicklung.* S. Fischer Verlag, Frankfurt/Main 1984.